Schnell Anleitung

Blitzschnell zum Erfolg - komplett in Farbe!

Windows 98 Second Edition

Wolfgang Gieseke

DATA BECKER

Copyright © 1999 by DATA BECKER GmbH & Co. KG
Merowingerstr. 30
40223 Düsseldorf

1. Auflage 1999 cb

Reihenkonzeption Silvia Dreger

Lektorat Silvia Dreger

Umschlaggestaltung Inhouse-Agentur DATA BECKER

Schlussredaktion Sibylle Feldmann

Textbearbeitung und Gestaltung Cornelia Dörr

ISBN 3-8158-1341-7

Wichtiger Hinweis

Inhaltsverzeichnis

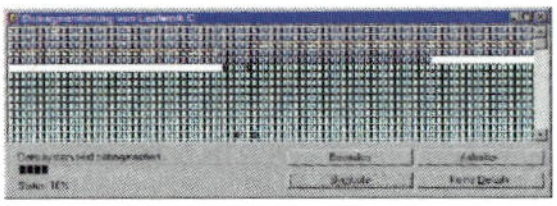

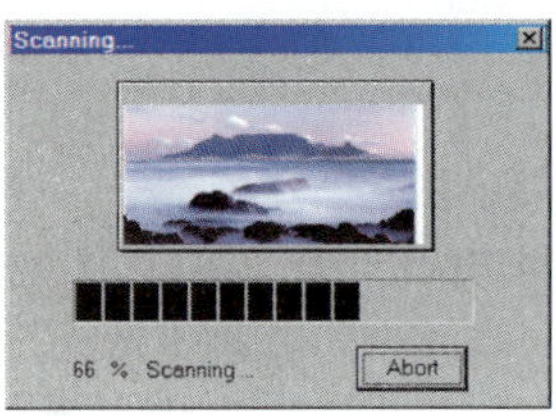

Scanning...
66 % Scanning...
Abort

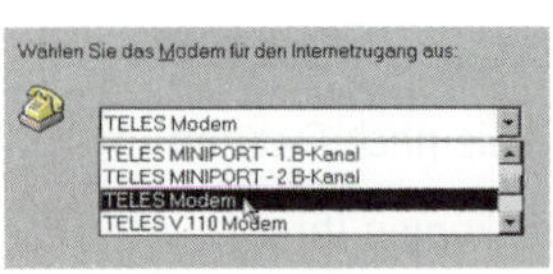

Wahlen Sie das Modem für den Internetzugang aus:
TELES Modem
TELES MINIPORT - 1 B-Kanal
TELES MINIPORT - 2 B-Kanal
TELES Modem
TELES V.110 Modem

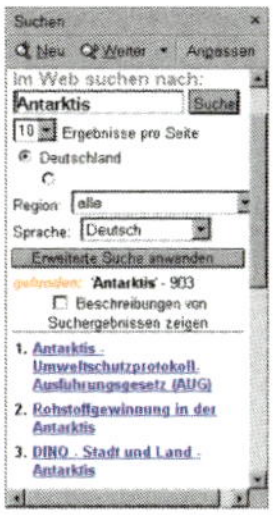
Suchen
Neu
Weiter
Anpassen
Im Web suchen nach:
Antarktis
Suchen
10 Ergebnisse pro Seite
Deutschland
Region: alle
Sprache: Deutsch
Erweiterte Suche anwenden
'Antarktis' - 903
Beschreibungen von Suchergebnissen zeigen
1. Antarktis - Umweltschutzprotokoll Ausführungsgesetz (AUG)
2. Rohstoffgewinnung in der Antarktis
3. DINO - Stadt und Land - Antarktis

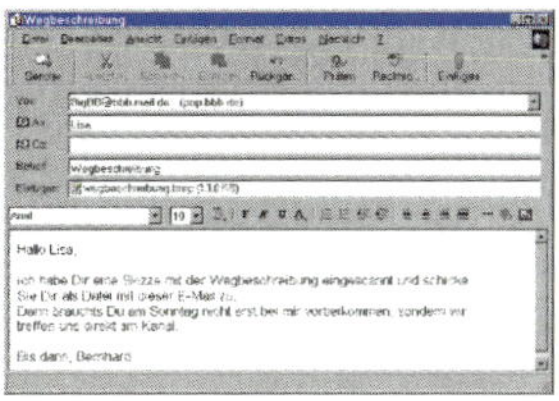
Wegbeschreibung
Hallo Lisa,

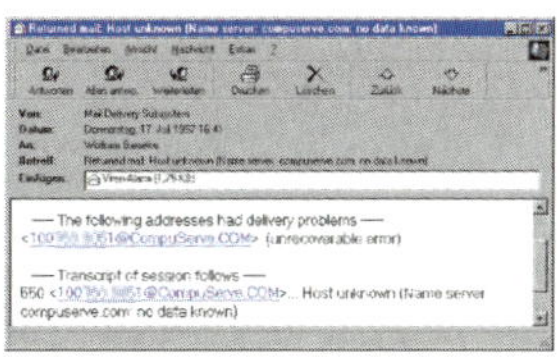
— The following addresses had delivery problems —
— Transcript of session follows —

Was ist neu an der Second Edition?

Dass es zu einem Betriebssystem oder überhaupt zu einem Computerprogramm plötzlich eine „zweite Ausgabe“ gibt, ist ja schon etwas ungewöhnlich. Üblicherweise gibt es gleich eine neue Version, wenn das Programm viele neue Funktionen bietet, oder man gibt einfach nur ein Update heraus, wenn es sich eher um eine Fehlerbereinigung denn um etwas wirklich Neues handelt. Da das neue Windows 98 doch einiges an neuen Funktionen und Komponenten zu bieten hat, wollte Microsoft es wohl nicht bei einem Update belassen, wie dies noch bei Windows 95b der Fall gewesen war. Aber zu einer neuen Version hat es dann doch nicht gereicht, weil man wohl auch nicht gleich wieder ein Windows 99 herausbringen wollte. Deshalb wählte man den Zwischenweg einer „Second Edition“, also quasi einer überarbeiteten Neuauflage. In diesem ersten Kapitel wollen wir Ihnen einen Überblick über die neuen bzw. überarbeiteten Komponenten von Windows 98 SE geben. So sehen Sie gleich, was wirklich neu ist.

Der Internet Explorer – Neue Möglichkeiten entdecken

Eine der ganz großen Neuerungen bei Windows 98 SE ist der Internet Explorer 5. Bei der Urversion von Windows 98 war der Internet Explorer ebenfalls schon im Lieferumfang enthalten, allerdings in der damals aktuellen Version 4. Seit März 99 gibt es die Internet Explorer-Version 5, die folgerichtig samt ihren Komponenten und Werkzeugen in das neue Windows 98 SE integriert wurde.

Was bietet der Internet Explorer 5 Neues?

Der Internet Explorer 5 ist eine konsequente Weiterentwicklung der Internet Suite von Microsoft. Viele Veränderungen fanden unter der Haube statt, so dass man auf den ersten Blick nicht viel davon sieht. Der Webbrowser wurde an die neusten Protokolle und Standards angepasst. Viele kleinere Probleme, wie die Darstellung von Tabellen und Frames, wurden behoben bzw. die entsprechenden Funktionen optimiert. Aber auch an der Oberfläche hat sich einiges getan. Die Favoriten wurden neu organisiert und die Funktionen zum Offline-Lesen verbessert. Mit Intellisense wurde eine ganz neue Technik eingeführt, die den Benutzer bei Auswahlen und Eingaben unterstützt. So können gespeicherte Adressen noch schneller abgerufen und regelmäßig auftauchende Webformulare automatisch ausgefüllt werden. Optisch wurden einige Kanten abgeschliffen. Alles in allem ist der Internet Explorer 5 im Vergleich zur Version 4 kein riesiger Fortschritt. Wer gern und regelmäßig surft, sollte deshalb unbedingt auf die Version 5 umsteigen.

Info

Internet Explorer 5 kostenlos

Um in den Genuss des Internet Explorer 5 zu gelangen, müssen Sie nicht unbedingt auf Windows 98 SE umsteigen. Der Internet Explorer 5 ist auch als separates Produkt und zudem kostenlos erhältlich. Er kann z. B. unter

http://www.microsoft.com/ie5

heruntergeladen werden. Wenn Sie den umfangreichen Download scheuen, sollten Sie die aktuellen Computerzeitschriften mit CD-ROMs durchforsten. Mit etwas Glück finden Sie eine, auf der der Internet Explorer in seiner aktuellen Version enthalten ist.

Einer für alle – Die Internetverbindungsfreigabe für kleine Netzwerke

Eine der wirklich neuen Funktionen von Windows 98 SE, die auch nicht separat erhältlich ist, ist die Internetverbindungsfreigabe. Sie ermöglicht es, ein kleines Netzwerk von Windows-PCs ganz einfach und kostengünstig mit dem Internet zu verbinden. Dazu muss nur einer der PCs über eine Online-Verbindung ins Internet verfügen, wofür er z. B. ein Modem oder eine ISDN-Karte verwenden kann. Diese Online-Verbindung kann für die anderen PCs im Netzwerk freigegeben werden, so wie dies bisher schon mit Laufwerken und Druckern der Fall war. Die Netzwerk-PCs benötigen also keine eigene Internetverbindung, sondern tauschen die Daten mit dem Verbindungsfreigaberechner aus. Der gibt über seine Online-Verbindung Anfragen an das Internet weiter. Die Antworten nimmt er ebenfalls entgegen und verteilt sie über das Netzwerk an den richtigen Empfänger. Die Online-Verbindung auf dem Verbindungsfreigaberechner muss dabei nicht ständig bestehen, sondern wird bei Bedarf automatisch aufgebaut. Wenn Sie ein kleines Netzwerk von Windows-PCs benutzen und alle oder einige der darin enthaltenen PCs mit dem Internet verbinden wollen, ist die Internetverbindungsfreigabe von Windows 98 SE eine praktische und kostengünstige Alternative.

Info

Internetverbindungsfreigabe für ältere Windows-Versionen

Damit die Internetverbindungsfreigabe funktioniert, muss nur auf dem Verbindungsfreigaberechner, also dem PC mit der Internetverbindung, Windows 98 SE installiert sein. Alle anderen PCs im Netzwerk können auch mit Windows 98 (Urversion) oder auch Windows 95 arbeiten. Sie müssen also nicht alle PCs aktualisieren, um in den Genuss dieser neuen Technik zu kommen. Dadurch wird die Internetverbindungsfreigabe noch günstiger und attraktiver.

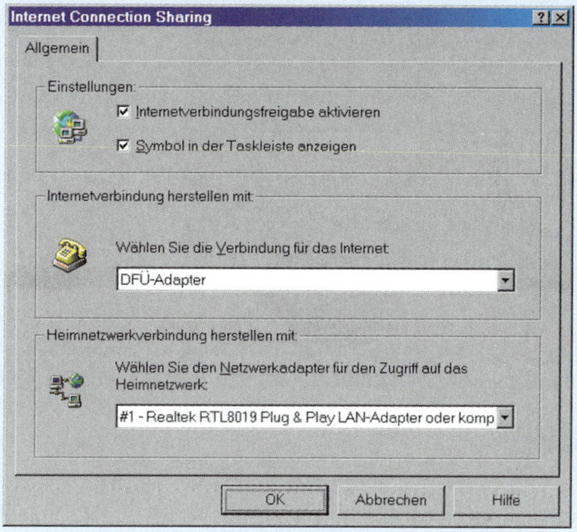

Windows mit dem grünen Punkt – Strom sparen mit ACPI

Ebenfalls wirklich neu in Windows 98 SE ist der neue Standard ACPI für die Energiesparfunktionen. Bislang wurde für die Stromsparfunktionen das Advanced Power Management (APM) verwendet, das allerdings nur begrenzte Möglichkeiten zum vorübergehenden Abschalten einiger Komponenten bot. Schon vor einiger Zeit entwickelten Microsoft und Intel gemeinsam mit einigen anderen Firmen das Advanced Configuration and Power Interface (ACPI). Es erweitert die Energiesparfunktionen erheblich, indem alle ACPI-konformen Geräte bei Bedarf fast völlig abgeschaltet werden können. Außerdem kann der PC mit ACPI so ab-

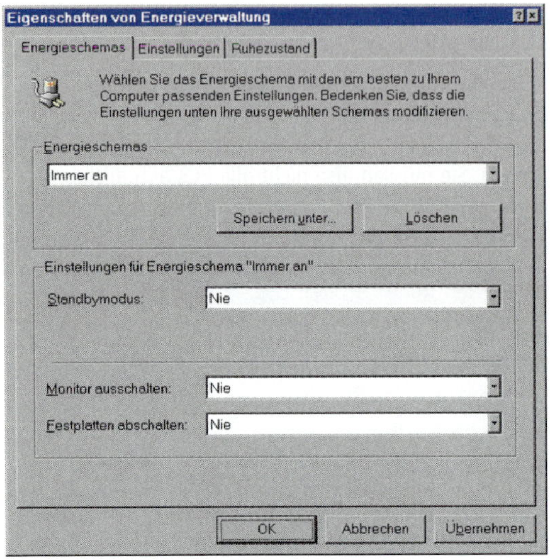

geschaltet werden, dass er innerhalb weniger Sekunden wieder hochfährt und sich so z. B. auch für Aufgaben wie den automatischen Faxempfang eignet, ohne rund um die Uhr laufen zu müssen. Im Kapitel „Werkzeuge und Helferlein - Die besten Tools" gehen wir auf die neuen Energiesparfunktionen ausführlicher ein.

Für unter die Haube – Das Service Pack 1 inklusive

Ein wichtiger Bestandteil von Windows 98 SE ist schließlich das Service Pack 1. Bei Microsoft ist es schon Tradition, alle Jahre wieder sogenannte Service Packs für die aktuellen Betriebssysteme und Anwendungen zu veröffentlichen. Wie bei allen komplexen Programmen sammeln sich im Lauf der Zeit allerhand kleinere und größere Fehler an, die meist nur provisorisch geflickt werden (engl. Patch). Solche Patch-Dateien können in der Regel kostenlos heruntergeladen und installiert werden, um den Fehler zu beheben. Damit die Benutzer nicht alle Paar Wochen neue Patches herunterladen und einspielen müssen, werden sie in regelmäßigen Abständen zu einem Service Pack zusammengefasst und veröffentlicht. Bei Windows 98 ist es soweit, und Microsoft hat das Service Pack 1, das übrigens auch separat und kostenlos erhältlich ist, gleich in die SE-Version integriert. Welche Fehler damit genau behoben werden, das verrät Microsoft nicht ganz genau, so dass nur einige Aspekte bekannt sind. So werden z. B. einige Schwierigkeiten rund um das Jahr-2000-Problem und die Einführung des Euro behoben. Ebenso werden einige exotische Bugs korrigiert, so stürzte z. B. Windows 98 nach 49,7 Tagen ständigen Betriebs ohne ersichtlichen Grund ab, was jetzt behoben sein soll. Ein ganz wichtiger Bereich von Korrekturen ist schließlich der **U**niversal **S**erial **B**us (USB), der seit dem Erscheinen der Urversion von Windows 98 erheblich an Bedeutung gewonnen hat. Zwar unterstützte auch das „alte" Windows 98 schon USB, aber dabei gab es viele Ecken und Kanten, die inzwischen behoben sein sollen.

Info

Achten Sie auf die richtige CD-ROM

Wenn Sie einen PC mit vorinstalliertem Windows 98 SE kaufen, achten Sie unbedingt darauf, die passenden Installations-CD-ROM zu erhalten. Bei der zweiten Windows 95-Ausgabe Windows 95b installierten manche Computerhändler die aktuelle Version, legten aber aus Kostengründen eine Installations-CD mit der alten Version bei. Wenn mal eine Neuinstallation notwendig sein sollte, könnte Sie das vor einige Probleme stellen.

Herzlich willkommen! – Die Windows-Oberfläche erkunden

Windows 98 ist ein grafisches Betriebssystem, das sehr darauf ausgelegt ist, möglichst leicht bedienbar zu sein. Dazu gehört eine Oberfläche, die komfortabel, intuitiv und flexibel sein sollte, um sich den Arbeitsweisen und Anforderungen der verschiedensten Benutzertypen anzupassen. Wer schon mit der 95er-Version von Windows gearbeitet hat, wird auf den ersten Blick keine allzu großen Unterschiede bei Windows 98 feststellen. Statt wieder auf eine grundlegende Änderung des Bedienkonzepts zu setzen, hat sich Microsoft diesmal darauf konzentriert, das bestehende Konzept zu verfeinern. Zentrale Komponente dieser Weiterentwicklung ist der Active Desktop, der die Oberflächenfunktionen erweitert und vor allem eine viel größeren Flexibilität bei der individuellen Gestaltung der Oberfläche ermöglicht. In diesem Kapitel wollen wir Ihnen die wichtigsten Elemente des Windows 98-Desktops vorstellen.

Symbole, Leisten, Menüs – Der Desktop auf den ersten Blick

Nach dem ersten Start präsentiert sich Windows 98 ungefähr so wie in der nachfolgenden Abbildung. Wir wollen dieses Bild nutzen, um Ihnen die wichtigsten Elemente des Desktops vorzustellen.

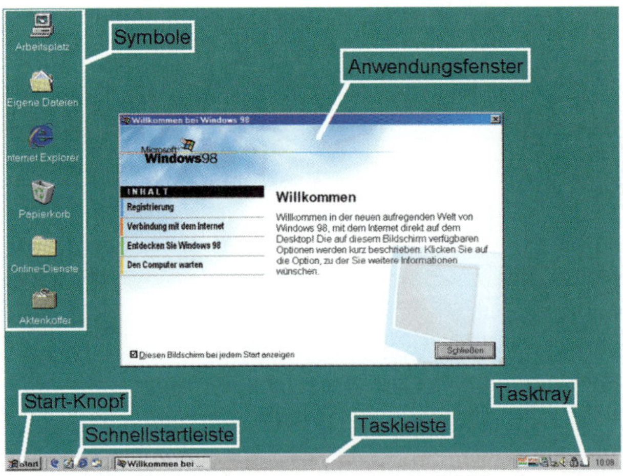

Symbole

Die Symbole auf dem Desktop sind Verknüpfungen mit bestimmten Ordnern und Anwendungen. Standardmäßig versieht Windows den Desktop mit Symbolen für einige wichtige Ordner, wie z. B. den Arbeitsplatz, und für die wichtigsten Windows-eigenen Anwendungen, wie z. B. den Internet Explorer. Sie können aber selbst bestimmen, welche Symbole auf dem Desktop aufgeführt werden sollen. So können Sie z. B. auch ein Symbol für Ihr Textverarbeitungsprogramm erstellen und auf dem Desktop ablegen. Aber nicht nur für Programme und Ordner sind Symbole möglich. Auch Web- und E-Mail-Adressen können z. B. auf dem Desktop abgelegt werden. Symbole auf dem Desktop haben den Vorteil, dass Sie jederzeit schnell erreichbar sind. Der Desktop ist immer vorhanden. Selbst, wenn er von einer Anwendung im Vollbild verdeckt wird, sind nur ein oder zwei Mausklicks notwendig, um ihn wieder hervorzubringen.

Anwendungsfenster

Alle Anwendungen unter Windows laufen in einem eigenen Anwendungsfenster. Manche Anwendungen haben sogar mehrere dieser Fenster. Durch die Fenstertechnik können mehrere Anwendungen gleichzeitig auf dem Bildschirm dargestellt werden und man kann durch den Wechsel von einem Fenster zum anderen schnell zwischen Anwendungen hin- und herwechseln. Zu jedem Anwendungsfenster gehört eine Titelleiste, die verschiedene Elemente enthält. Ganz links finden Sie die Schaltfläche für das Fenstermenü. Diese Schaltfläche ist mit einem Minisymbol versehen, das dem Symbol der jeweiligen Anwendung entspricht. Mit einem Klick auf diese Schaltfläche öffnen Sie das Fenstermenü, das die wichtigsten Funktionen zum Steuern des Fensters enthält.

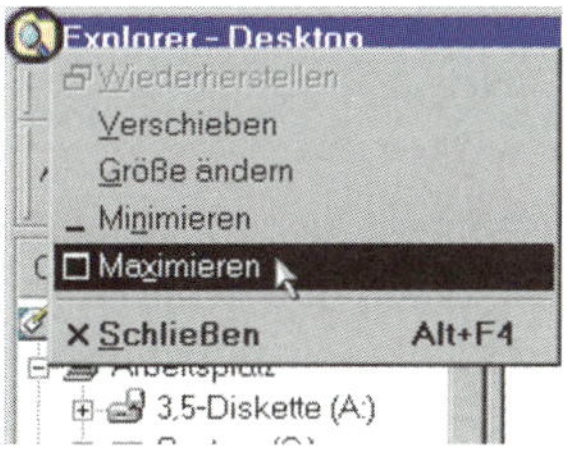

1 Mit *Wiederherstellen* setzen Sie die Fenstergröße auf den ursprünglichen Wert zurück, nachdem Sie es vergrößert oder verkleinert haben.

2 Mit *Verschieben* können Sie die Position eines Fensters auf dem Desktop verändern.

3 Mit *Größe ändern* verändern Sie die Fenstergröße. Dabei können Sie den Mauszeiger auf eine der Fensterecken oder -kanten bewegen und die entsprechende Größendimension mit gedrückter Maustaste auf den gewünschten Wert ziehen.

4 Mit *Minimieren* blenden Sie das Fenster aus, um für andere Anwendungen Platz zu machen. Dabei wird es vollständig vom Desktop entfernt, ohne dass die Anwendung aber geschlossen wird. Sie ist nach wie vor in der Task-Leiste vorhanden und kann jederzeit wieder in den Vordergrund geholt werden.

5 Mit *Maximieren* erreichen Sie das genaue Gegenteil: Das Fenster wird in den Vollbildmodus geschaltet, d. h., die Anwendung erstreckt sich über den gesamten Bildschirm. Von anderen Anwendungen ist dann nichts mehr und vom Desktop höchstens nach die Task-Leiste ganz unten zu sehen. Dieser Modus ist für das konzentrierte Arbeiten mit einer bestimmten Anwendung vorgesehen.

6 Mit *Schließen* schließen Sie das Anwendungsfenster. Im Unterschied zum *Minimieren* wird es dabei endgültig geschlossen und die dazugehörende Anwendung wird beendet. Die Schließen-Funktion ist in der Regel mit der Beenden-Funktion der entsprechenden Anwendung identisch, so dass eventuell noch geöffnete Daten der Anwendung gespeichert werden, bevor das Fenster endgültig verschwindet. Um ein neues Fenster mit dieser Anwendung zu öffnen, müssen Sie die Anwendung neu starten.

Rechts neben dem Minisymbol für das Fenstermenü finden Sie den Fenstertitel. Er verrät üblicherweise den Namen der Anwendung und in vielen Fällen (z. B. bei einem Textverarbeitungsprogramm) auch die Bezeichnung des gerade bearbeiteten Dokuments. An diesem Fenstertitel können Sie sich gut orientieren, wenn Sie z. B. mehrere Anwendungsfenster mit der gleichen Anwendung geöffnet haben. Ein häufiges Beispiel dafür ist der Windows-Explorer, von dem man mehrere Instanzen in verschiedenen Verzeichnissen gleichzeitig benutzen kann, wobei schnell mal die Übersicht verloren gehen kann.

Ganz rechts in der Titelleiste befinden sich drei Symbole, mit denen die wichtigsten Funktionen des Fenstermenüs noch schneller zugänglich sind.

1 Das ganz linke Symbol der Gruppe ist das Minimieren-Symbol, das das Anwendungsfenster ausblendet, ohne es zu beenden.

2 Die mittleren Symbole variieren abhängig vom Zustand des Fensters. Befindet dieses sich im Vollbildmodus, wird in der Mitte ein Wiederherstellen-Symbol angezeigt mit dem sich das Fenster auf seine übliche Größe zurückbringen lässt. Hat das Fenster nur eine mittlere Größe, verwandelt sich dieses Symbol in ein Maximieren-Symbol, mit dem man das Fenster bei Bedarf in den Vollbildmodus bringen kann.

3 Ganz rechts befindet sich das Schließen-Symbol, mit dem Sie die Anwendung beenden und das Fenster schließen können.

Die hier vorgestellten Symbole in der Fenstertitelleiste müssen nicht immer und nicht alle vorhanden sein. Bei manchen Fenstern ist nur ein Schließen-Symbol vorhanden, wenn die Größe durch den Benutzer nicht verändert werden soll. Es gibt sogar einige Fenster (z. B. Warnmeldungen oder Hinweise), die nicht mal ein Schließen-Symbol haben. Diese Fenster werden durch die Anwendung selbst geschlossen, wenn Sie z. B. den Hinweis oder die Warnung bestätigt haben.

Start-Schaltfläche

So klein und unscheinbar sie auch sein mag, die *Start*-Schaltfläche hat bei Windows 98 eine ganz wichtige Bedeutung. Er öffnet nämlich das *Start*-Menü, über das Sie Zugang zu allen Anwendungen und Einstellungen haben.

1 Um das *Start*-Menü zu öffnen, klicken Sie mit der linken Maustaste einfach auf die *Start*-Schaltfläche.

2 Windows öffnet daraufhin das *Start*-Menü. Um einen der Einträge auszuwählen, bewegen Sie den Mauszeiger darauf und klicken erneut einfach mit der linken Maustaste.

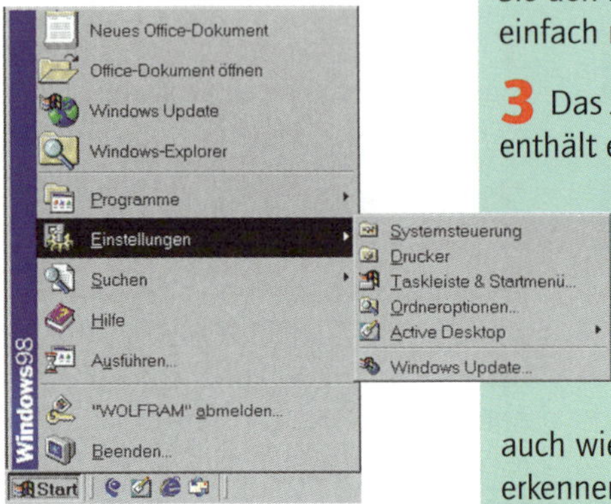

3 Das *Start*-Menü ist verschachtelt, d. h., es enthält eine Reihe von Untermenüs, die Sie aufrufen, indem Sie den Mauszeiger darauf bewegen. Ein Anklicken ist in diesem Fall nicht nötig. Solange der Mauszeiger sich über dem Untermenüeintrag befindet, wird das Untermenü angezeigt, das seinerseits auch wieder Untermenüs enthalten kann. Sie erkennen einen Eintrag für ein Untermenü an dem Pfeilsymbol am rechten Rand des Eintrags. Die meisten Anwendungen finden Sie übrigens im Untermenü *Programme* des *Start*-Menüs.

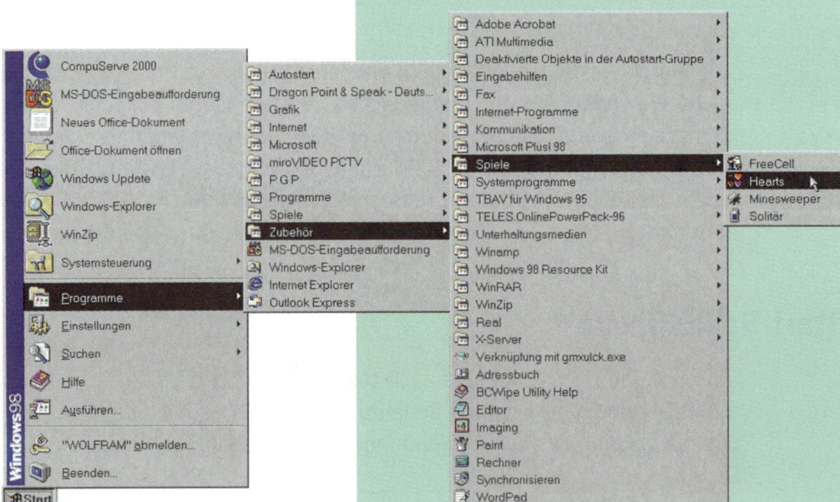

Schnellstartleiste

Die Schnellstartleiste ist eine der Symbolleisten des Active Desktop. Insgesamt gibt es vier Symbolleisten, die Sie bei Bedarf einblenden können. Außerdem bietet der Active Desktop die Möglichkeit, sich ganz eigene Symbolleisten zu erstellen und zu benutzen. Symbolleisten können wie in diesem Fall als Teil der Task-Leiste dargestellt werden. Ebenso kann eine Symbolleiste aber auch eigenständig an einem der vier Bildschirmränder platziert werden. Die Schnellstartleiste enthält Symbole für die wichtigsten Anwendungen wie z. B. den Internet Explorer und Outlook Express. Sie können sie auch durch Symbole für andere Anwendungen ergänzen.

Task-Leiste und Tasktray

Ein ganz wichtiges Element des Windows Desktops ist schließlich die Task-Leiste mit der darin enthaltenen Tasktray. Die Task-Leiste ist zum einen deshalb so wichtig, weil Sie die *Start*-Schaltfläche beherbergt, mit der das *Start*-Menü geöffnet werden kann, das den Zugang zu allen Einstellungen und Anwendungen ermöglicht. Aber die Task-Leiste kann noch weitaus mehr. Wie am Beispiel der Schnellstartleiste gesehen, kann sie Symbolleisten enthalten, die den schnellen Zugriff auf bestimmte Anwendungen und Daten erlauben. Schließlich kommt die Task-Leiste auch noch ihrer eigentlichen Aufgabe nach, dem Verwalten der Anwendungen.

1 Für jedes Anwendungsfenster wird in der Task-Leiste eine Schaltfläche angelegt, der mit dem Symbol und der Bezeichnung der Anwendung versehen ist. Da die Task-Leiste standardmäßig immer auf dem Desktop zu sehen ist, können Sie so ganz schnell zwischen den laufenden Anwendungen hin und her schalten, auch wenn die Anwendungsfenster z. B. alle im Vollbildmodus laufen. Die Schaltfläche der gerade aktiven Anwendung wird dabei optisch von den anderen, gerade inaktiven Anwendungen unterschieden. So dient die Task-Leiste dem Überblick und dem schnellen Wechseln zwischen den gerade geöffneten Fenstern.

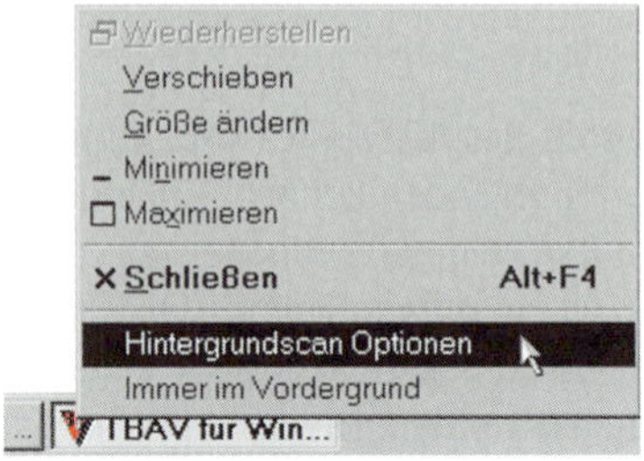

2 Die Schaltflächen in der Task-Leiste sind kontextsensitiv, d. h., Sie können mit der rechten Maustaste darauf klicken, um ein kontextabhängiges Menü zu öffnen. Dieses enthält bei den meisten Anwendungen zumindest die Funktionen des Fenstermenüs wie z. B. Maximieren und Schließen. So können Sie eine minimierte Anwendung gleich schließen, anstatt Sie erst vergrößern und dann beenden zu müssen. Viele Anwendungen platzieren außerdem wichtige Funktionen in diesem kontextabhängigen Menü, das spart Zeit.

Eine weitere wichtige Komponente der Task-Leiste ist der Tasktray. Das ist ein besonderer Bereich der Task-Leiste, in dem für bestimmte laufende Programme ein kleines Minisymbol angezeigt wird. Dabei handelt es sich nicht um Anwendungen im üblichen Sinn, sondern um Programme, die normalerweise im Hintergrund laufen und ihre Arbeit ganz unauffällig verrichten. Ein klassisches Beispiel dafür ist ein Antivirenprogramm, das im Hintergrund alle benutzten Dateien auf Viren hin untersucht. Das Symbol im Tasktray zeigt das Vorhandensein des Programms an, damit Sie sicher sein können, dass z. B. Ihr Virenprogramm auch wirklich aktiv ist und Sie schützt. Außerdem sind die Minisymbole in der Regel kontextsensitiv. Ein Klick oder Doppelklick mit der linken Maustaste öffnet das Hauptfenster oder die Einstellungen für das Programm. Mit einem Klick der rechten Maustaste öffnen Sie das kontextabhängige Menü, über das in der Regel die wichtigsten Funktionen des Programms zugänglich sind.

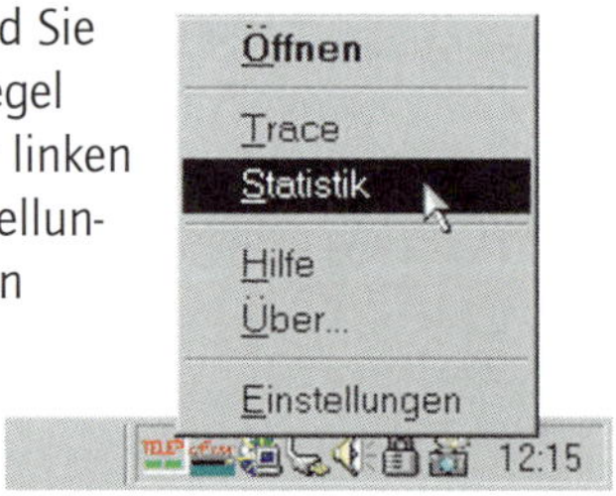

Auf die Plätze, fertig, los! – Das Start-Menü

Das *Start*-Menü ist eine ganz zentrale Komponente für die Arbeit mit Windows. Es stellt Ihnen den Zugriff auf alle Windows-Programme und -Werkzeuge und auf alle Einstellungen wie z. B. die Systemsteuerung zur Verfügung. Auch für andere Anwendungen, die Sie auf Ihrem PC installieren, werden Einträge im

Start-Menü angelegt. Damit Sie mit dem *Start*-Menü optimal arbeiten und z. B. den Aufruf von häufig genutzten Programmen so effizient wie möglich gestalten können, gibt es eine Reihe von Möglichkeiten, das Erscheinungsbild dieses Menüs zu beeinflussen.

Start-Menü-Einträge aufräumen

Standardmäßig richtet Windows das *Start*-Menü bei der Installation in einer bestimmten Form ein. Es werden also ganz bestimmte Einträge und Unterverzeichnisse angelegt. Die sind auch ganz praktisch und sinnvoll. Installieren Sie später weitere Anwendungen auf Ihrem PC, werden für die meisten dieser Programme auch wieder ein Unterverzeichnis, teilweise sogar mehrere angelegt. Manche Anwendungen verteilen ihre Einträge auch über verschiedene der bereits vorhandenen Untermenüs. Da kann im Lauf der Zeit schnell ein leichtes Chaos aufkommen. Dem können Sie entgegenwirken, wenn Sie von Zeit zu Zeit ein wenig im *Start*-Menü aufräumen und dabei z. B. überflüssige Einträge und Unterverzeichnisse entfernen.

1 Öffnen Sie mit *Start/Einstellungen/Taskleiste & Startmenü* die Einstellungen für die Task-Leiste und wechseln Sie hier in die Kategorie *Programme im Menü „Start"*.

2 Klicken Sie im Bereich *Menü „Start" anpassen* auf die *Entfernen*-Schaltfläche, um einen Eintrag aus dem *Start*-Menü zu entfernen.

3 Windows zeigt Ihnen daraufhin den derzeitigen Inhalt des *Start*-Menüs an. Diese Anzeige funktioniert wie der Navigationsbereich des Windows-Explorers, d. h., Sie können den Inhalt von Untermenüs einblenden, indem Sie auf das jeweils vorangestellte + klicken. Markieren Sie den zu entfernenden Eintrag. Sie können auch eines der Unterverzeichnisse markieren. Es wird dann mitsamt aller enthaltenen Einträge und Unterverzeichnisse entfernt.

Das Startverzeichnis enthält nur Verknüpfungen

Wenn Sie Einträge aus dem *Start*-Menü entfernen, müssen Sie sich keine Gedanken über die dahinterstehenden Anwendungen oder Dokumente machen. Im Startverzeichnisse werden nur Verknüpfungen auf die entsprechenden Dateien gespeichert, also virtuelle Verweise auf die tatsächliche Position der jeweiligen Datei. Wenn Sie einen Eintrag entfernen, löschen Sie nur diesen Verweis, nicht aber die Datei selbst. Umgekehrt reicht es zum Deinstallieren einer Anwendung nicht, deren Einträge im *Start*-Menü zu entfernen. Die Dateien sind dann noch immer da und belegen unnötig Speicherplatz. Außerdem gibt es zum gründlichen Entfernen von Anwendungen in der Regel eine Deinstallierfunktion, die sowohl die Einträge im *Start*-Menü als auch die Dateien selbst sauber entfernt.

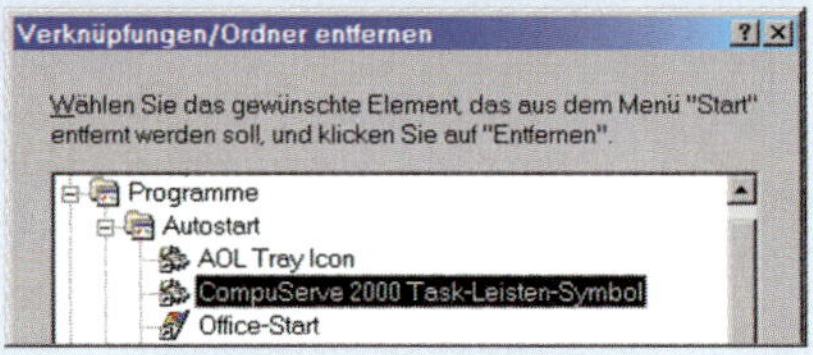

4 Nachdem Sie das zu löschende Objekt ausgewählt haben, klicken Sie auf die *Entfernen*-Schaltfläche am unteren Rand des Fensters.

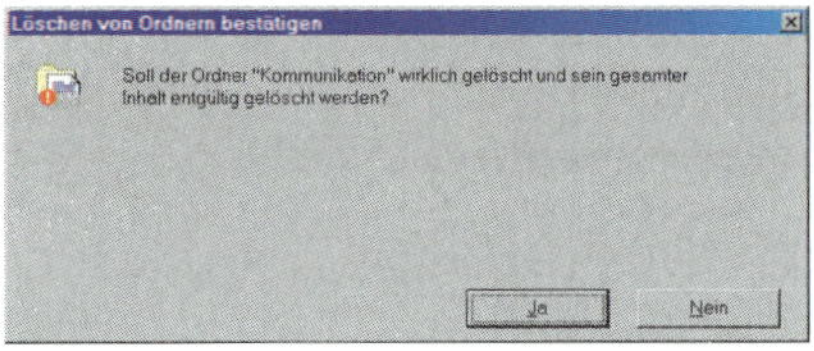

5 Haben Sie gleich ein ganzes Untermenü zum Entfernen ausgewählt, vergewissert sich Windows zunächst mit einer Sicherheitsabfrage, ob Sie das angegebene Menü mit allen enthaltenen Einträgen wirklich entfernen wollen. Wenn alles so richtig ist, Bestätigen Sie mit *Ja*.

6 Anschließend können Sie weitere Einträge oder Untermenüs entfernen oder das Fenster mit *Schließen* beenden.

Eigene Einträge im Start-Menü

Sie können aus dem *Start*-Menü nicht nur überflüssige Einträge entfernen, sondern auch eigene Einträge dafür erstellen. Vielleicht haben Sie sich ja ein eigenes Windows-Programm geschrieben, das Sie auch komfortabel über das *Start*-Menü aufrufen wollen. Oder Sie wollen die wichtigsten Programme aus verschiedenen Untermenüs in einem eigens dafür erstellten Menü zusammenfassen, um alles auf einen Blick zu haben.

vom Windows-Explorer bekannten Funktionen wie Kopieren, Löschen, Umbenennen und auch das Verschieben per Drag & Drop zur Verfügung. Sie können diesen Windows-Explorer auch in Verbindung mit anderen Explorer-Instanzen oder ganz anderen Anwendungen verwenden und so z. B. Dateien oder Dokumente in das *Start*-Menü „hineinziehen".

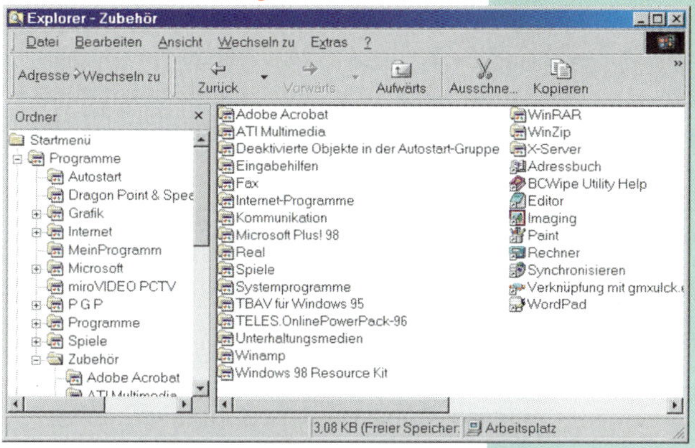

Start-Menü per Maus bearbeiten

Bislang haben wir Ihnen sozusagen die konventionellen Methoden zum Gestalten des *Start*-Menüs gezeigt. Windows 98 bietet aber noch mehr Wege zum Bearbeiten dieses Menüs. Schließlich kann man bei diesem Betriebssystem und den dazugehörenden Anwendungen fast alles per Drag & Drop erreichen, also Objekte einfach mit der Maus aus einem Fenster in ein anderes oder aus einer Liste in eine andere ziehen. Warum sollte das nicht auch beim *Start*-Menü möglich sein. Tatsächlich erlaubt der Active Desktop diese Möglichkeit. Wenn Sie also gut mit der Maus umgehen können, sollten Sie das mal ausprobieren. Es ist mit Abstand die schnellste und flexibelste Methode zum Bearbeiten des *Start*-Menüs. Sie hat vor allem den Vorteil, dass man Dinge, die einem bei der Arbeit mit dem *Start*-Menü unangenehm auffallen, praktisch umgehend beseitigen kann. Im Folgenden Beispiel zeigen wir Ihnen, wie Sie auf diese Weise den vorhin eingefügten Eintrag für *MeinProgramm* aus seinem eigenen Untermenü in ein anderes Menü ziehen und das *MeinProgramm*-Untermenü ganz schnell wieder entfernen.

1 Öffnen Sie das *Start*-Menü mit einem Klick auf die *Start*-Schaltfläche.

2 Öffnen Sie hier das Menü *Programme* und dann das Untermenü *MeinProgramm*, in dem sich der gesuchte Eintrag befindet.

3 Klicken Sie den *MeinProgram*-Eintrag mit der linken Maustaste einfach an und halten Sie die Taste gedrückt.

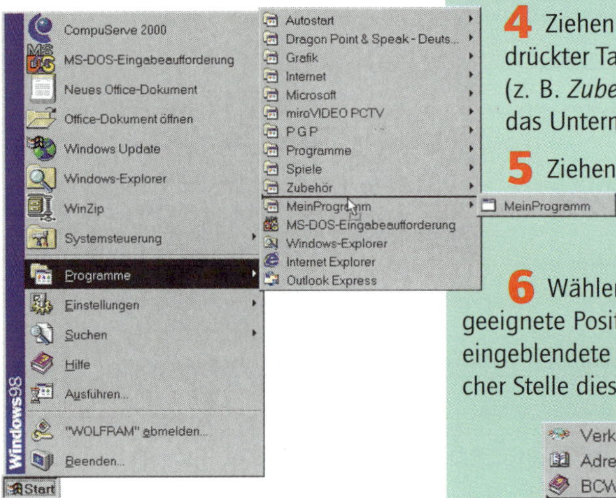

4 Ziehen Sie den Mauszeiger mit gedrückter Taste auf ein anderes Untermenü (z. B. *Zubehör*). Warten Sie dort, bis sich das Untermenü öffnet.

5 Ziehen Sie den Mauszeiger dann mit gedrückt gehaltener Maustaste in das Untermenü hinein.

6 Wählen Sie in dem Untermenü eine geeignete Position für den neuen Eintrag. Die eingeblendete Hilfslinie zeigt Ihnen, an welcher Stelle dieser jeweils eingefügt würde.

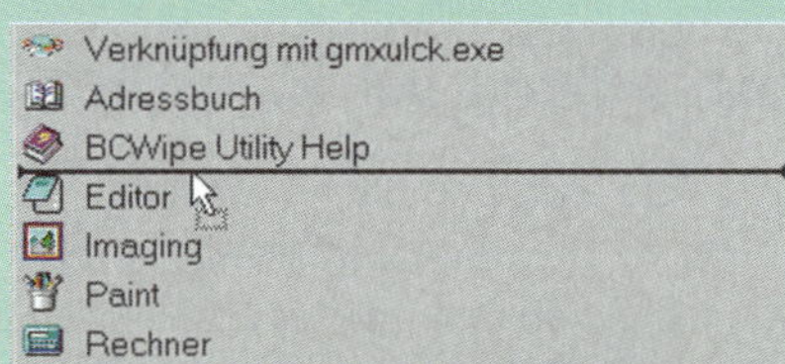

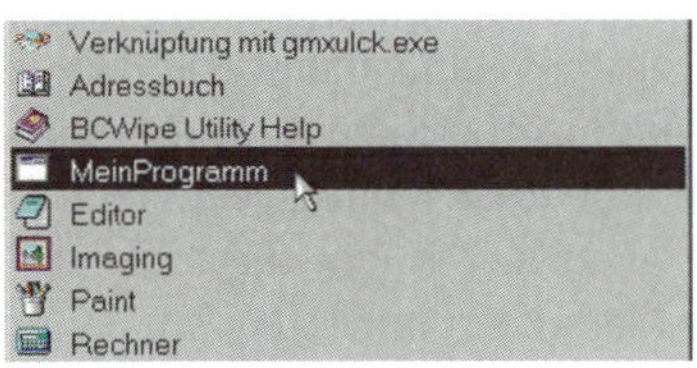

7 Sind Sie mit der gefundenen Position zufrieden, lassen Sie die linke Maustaste los, um den Eintrag an der vorgesehenen Stelle einfügen zu lassen.

Die Menüeinträge im *Start*-Menü lassen sich nicht nur wie eben beschrieben verschieben. Wie Sie es vom Windows-Explorer vielleicht kennen, können Sie einen Eintrag auf diese Weise auch kopieren, also eine Kopie des ursprünglich ausgewählten Eintrags an einer anderen Stelle (z. B. in einem anderen Untermenü) erstellen. Halten Sie dazu beim Loslassen der linken Maustaste zusätzlich [Strg] gedrückt.

1 Um unser Beispiel zu vervollständigen, zeigen wir Ihnen jetzt noch, wie Sie das (jetzt leere) Untermenü *MeinProgramm* entfernen können. Öffnen Sie dazu wiederum das *Start*-Menü und suchen Sie das zu löschende Untermenü.

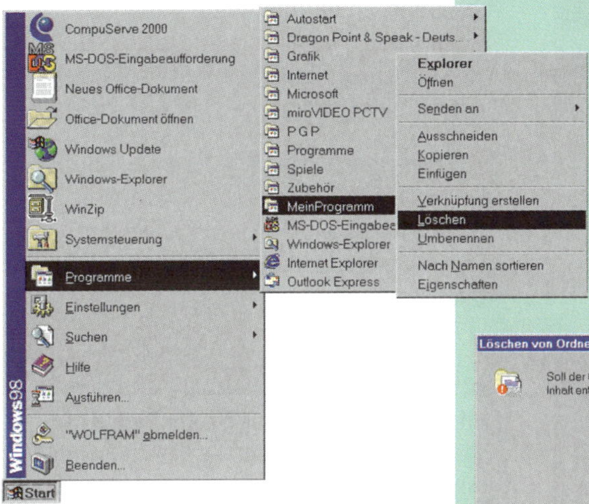

2 Klicken Sie mit der rechten Maustaste auf den Eintrag des Untermenüs. Dadurch öffnen Sie das kontextabhängige Menü.

3 Wählen Sie im Kontextmenü die Funktion *Löschen* aus. Bestätigen Sie die abschließende Sicherheitsabfrage mit *Ja*. Daraufhin wird das Untermenü entfernt.

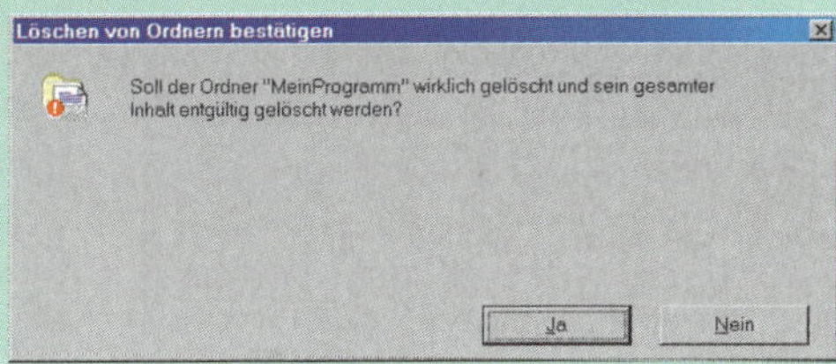

Anwendungen und Dokumente schnell in das *Start*-Menü aufnehmen

Da das systemweite Drag & Drop auch für das *Start*-Menü funktioniert, können Sie auf diese Weise auch ganz schnell Anwendungen oder Dokumente in dieses Menü aufnehmen. Markieren Sie dazu die entsprechende Datei z. B. im Windows-Explorer und ziehen Sie diese dann mit gedrückter linker Maustaste auf die *Start*-Schaltfläche in der Task-Leiste. Nach kurzer Pause öffnet sich das *Start*-Menü und Sie können die Datei darin weiter an die gewünschte Position ziehen.

An die Arbeit – Nutzen Sie die Task-Leiste optimal

Die Task-Leiste ist eines der wichtigsten Arbeitsmittel von Windows 98. Besonders wenn Sie häufig mit mehreren Anwendungen gleichzeitig arbeiten, werden

Sie sie schätzen lernen. Sie verfügt über einige interessante Funktionen, die die Arbeit erheblich erleichtern können.

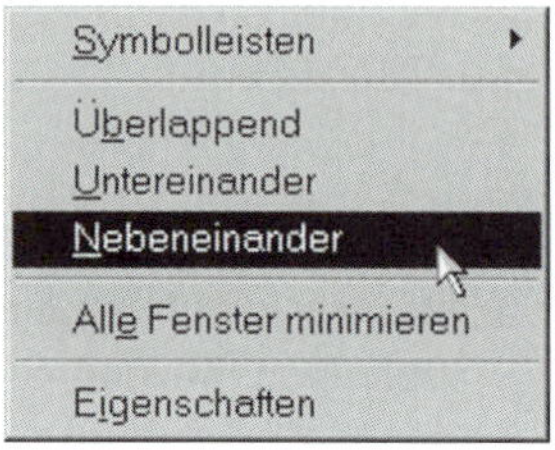

1 Eine große Hilfe kann das kontextabhängige Menü der Task-Leiste sein. Sie öffnen es, indem Sie mit der rechten Maustaste auf einen freien Bereich der Task-Leiste klicken. Das ist wichtig, denn wenn Sie auf eine der Schaltflächen klicken, öffnet sich stattdessen das Kontextmenü der entsprechenden Anwendung.

2 Mit Symbolleisten erhalten Sie Zugriff auf die Symbolleisten des Active Desktop. Diese stellen wir später in diesem Kapitel noch ausführlicher vor, weshalb wir jetzt nicht näher darauf eingehen.

3 Mit den folgenden drei Funktionen können Sie die Anwendungsfenster, die sich gerade auf dem Desktop befinden, anordnen. Mit *Überlappend* ordnen Sie die Fenster so an, dass von jedem Fenster zumindest die Titelleiste zu sehen ist. Besonders, wenn Sie sehr viele Fenster geöffnet haben, ist das sehr praktisch.

4 Mit *Untereinander* und *Nebeneinander* ordnen Sie die geöffneten Anwendungsfenster horizontal bzw. vertikal an. Wie diese Anordnung genau aussieht, hängt von der Anzahl der Fenster ab. Windows versucht stets, eine möglichst optimale Verteilung zu erreichen. Bei mehr als vier Fenstern bringen diese Funktionen aber meist nicht viel, da die entstehenden Fenster zu klein werden, um darin etwas erkennen oder sinnvoll arbeiten zu können.

Task-Leiste nur bei Bedarf einblenden

Standardmäßig wird die Task-Leiste als fester Bestandteil des Desktops am unteren Bildschirmrand angezeigt. Im Unterschied zu den Symbolleisten des Active

Desktop wird sie immer angezeigt und kann auch nicht entfernt werden. Trotzdem belegt die Task-Leiste wertvollen Platz am unteren Bildschirmrand, der Anwendungen im Vollbildmodus verloren geht. Das muss aber nicht sein, denn die Task-Leiste kann standardmäßig ausgeblendet und nur bei Bedarf eingeblendet werden.

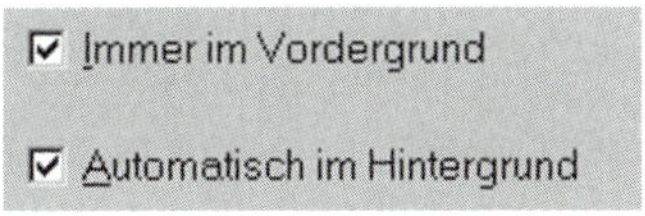

1 Öffnen Sie mit *Start/Einstellungen/Taskleiste & Startmenü* die Einstellungen für die Task-Leiste und wechseln Sie hier in die Kategorie *Optionen der Taskleiste.*

2 Schalten Sie die Option *Immer im Vordergrund* ein, die dafür sorgt, dass die Task-Leiste stets im Vordergrund angezeigt wird. Andernfalls könnte Sie von laufenden Anwendungen überdeckt werden, die Sie dann erst manuell minimieren müssten, um an die Task-Leiste zu gelangen.

3 Aktivieren Sie gleichzeitig die Option *Automatisch im Hintergrund.* Dadurch wird die Task-Leiste standardmäßig ausgeblendet. Dadurch wird der Platz, den sie sonst auf dem Desktop benötigen würde, für andere Anwendungen frei.

4 Übernehmen Sie die neuen Einstellungen mit *OK.* Die Task-Leiste wird daraufhin sofort ausgeblendet.

Wenn Sie die Task-Leiste benutzen wollen, ziehen Sie den Mauszeiger einfach an den unteren Bildschirmrand. Mit einer kurzen Verzögerung wird die Leiste eingeblendet und legt sich über eventuell vorhandene andere Fenster. Nun können Sie die Funktionen der Task-Leiste wie gewohnt benutzen. Sie müssen lediglich darauf achten, dass Sie den Bereich der Task-Leiste nicht mit dem Mauszeiger verlassen. Sonst wird die Leiste sofort wieder ausgeblendet.

Die Uhrzeit in der Task-Leiste anzeigen

Beim Arbeiten oder Spielen am PC kann man schnell die Zeit vergessen. Damit Sie dabei keinen wichtigen Termin verpassen, brauchen Sie eine Uhr im Blickfeld. Wenn Sie keine über Ihren Schreibtisch hängen wollen, benutzen Sie doch den PC selbst als Uhr. Der weiß doch ohnehin immer, wie spät es ist. Dazu müssen Sie nicht mal extra ein Programm laufen lassen, denn Windows kann eine kleine Digitaluhr direkt in die Task-Leiste einbauen.

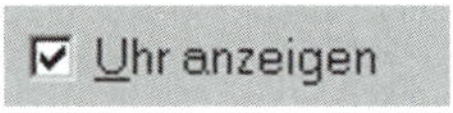

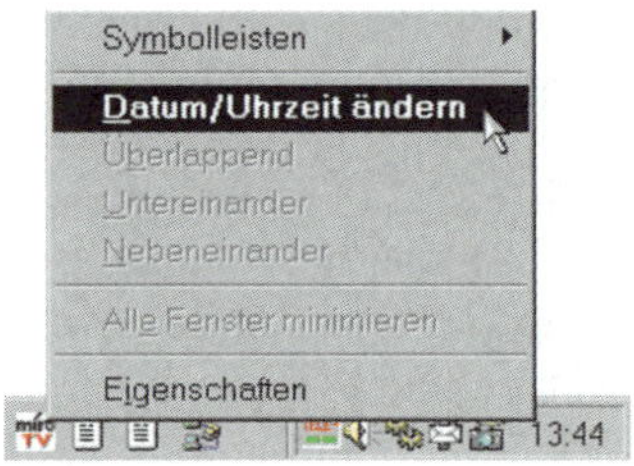

1 Öffnen Sie wiederum die Einstellungen der Task-Leiste und wechseln Sie dort in die Kategorie *Optionen der Taskleiste*.

2 Schalten Sie hier die Option *Uhr anzeigen* ein und bestätigen Sie mit *OK* oder *Übernehmen*.

3 Windows blendet daraufhin ganz rechts in der Task-Leiste die Uhrzeit ein.

4 Sollten Sie bei dieser Gelegenheit bemerken, dass Ihr PC „nicht richtig tickt" und eine falsche Uhrzeit anzeigt, lässt sich das ganz schnell beheben. Klicken Sie mit der rechten Maustaste auf die angezeigte Uhr. Damit öffnen Sie das kontextabhängige Menü, in dem Sie den Befehl *Datum/Uhrzeit ändern* aufrufen.

5 Dadurch gelangen Sie in die *Eigenschaften von Datum/Uhrzeit*. Hier können Sie die fehlerhaften Daten korrigieren.

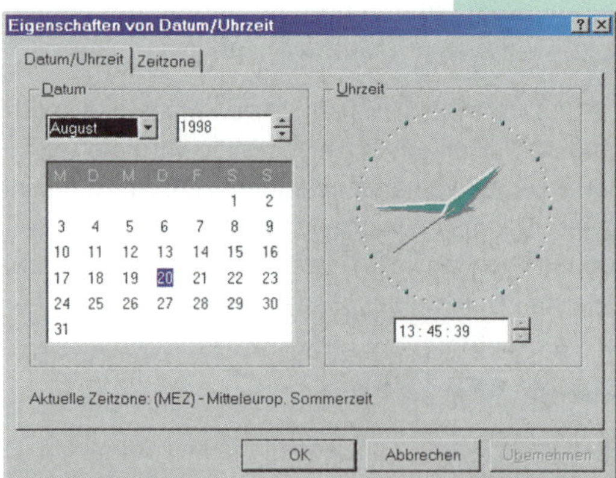

Alles im Griff – Arbeiten mit den Symbolleisten

Der Active Desktop von Windows 98 stellt vier Symbolleisten zur Verfügung, die sich ähnlich wie die Task-Leiste an den Rändern des Bildschirms platzieren lassen und dort schnellen Zugriff auf Anwendungen und Daten ermöglichen. Wir wollen Ihnen zunächst anhand der besonders praktischen Adressleiste den prinzipiellen Vorgang mit den Symbolleisten des Active Desktop vorstellen. Da die drei anderen Symbolleisten prinzipiell genauso funktionieren, stellen wir diese anschließend nur kurz vor.

Die Adressleiste

Die Adressleiste ist eine von den vier Symbolleisten des Active Desktop. Sie erlaubt das Aufrufen von Anwendungen und Dokumenten ohne Rücksicht darauf, ob das gewünschte Objekt lokal auf Ihrem Rechner verfügbar ist oder erst über das Internet geladen werden muss. Bevor Sie die Adressleiste benutzen können, müssen Sie sie zunächst aktivieren und einrichten.

1 Zum Aktivieren der Adressleiste klicken Sie mit der rechten Maustaste auf eine freie Stelle in der Task-Leiste.

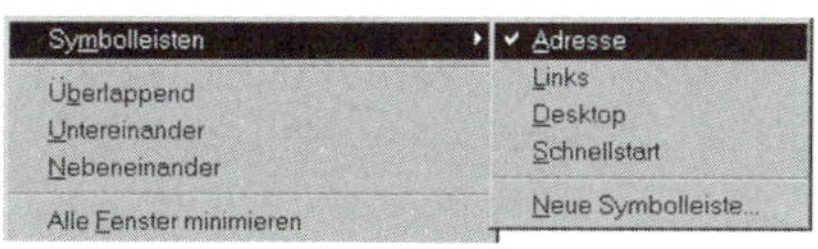

2 Dadurch öffnen Sie das kontextabhängige Menü der Task-Leiste, wo Sie die Funktion *Symbol-Leisten/Adresse* aufrufen.

3 Daraufhin wird die Adressleiste eingeblendet, wobei sie zunächst automatisch in die Task-Leiste eingebunden wird.

4 Damit müssen Sie sich aber nicht zufrieden geben, denn die Adressleiste kann ganz beliebig auf dem Desktop platziert werden. Klicken Sie dazu mit der linken Maustaste auf den Schriftzug *Adresse* in der Adressleiste und halten Sie die Taste gedrückt. Dabei verwandelt sich der Mauszeiger in ein Pfeilkreuz.

5 Ziehen Sie den Mauszeiger mit gedrückter Taste an die Position auf dem Bildschirm, wo Sie die Adressleiste platzieren möchten. Wenn Sie die Maustaste irgendwo in der Mitte des Desktops loslassen, wird die Adressleiste dort in einem eigenen Fenster angezeigt.

6 Sie können die Adressleiste aber auch – ähnlich wie die Task-Leiste am unteren Bildschirmrand – an einen der Bildschirmränder „anheften". Das hat den Vorteil, dass Sie die Leiste genau wie die Task-Leiste standardmäßig ausblenden und nur bei Bedarf aufrufen.

Damit ist die Adressleiste auf dem Desktop platziert, aber es gibt noch weitere Möglichkeiten, Erscheinungsbild und Verhalten zu steuern. Wenn Sie die Leiste als eigenständiges Fenster (und nicht am Rand) platziert haben, können Sie die Leiste *Immer im Vordergrund* darstellen. Sie wird dann über eventuell vorhandenen Fenstern eingeblendet und ist so immer zugänglich. Haben Sie die Leiste am Desktop-Rand angeheftet, gibt es noch weitere Möglichkeiten.

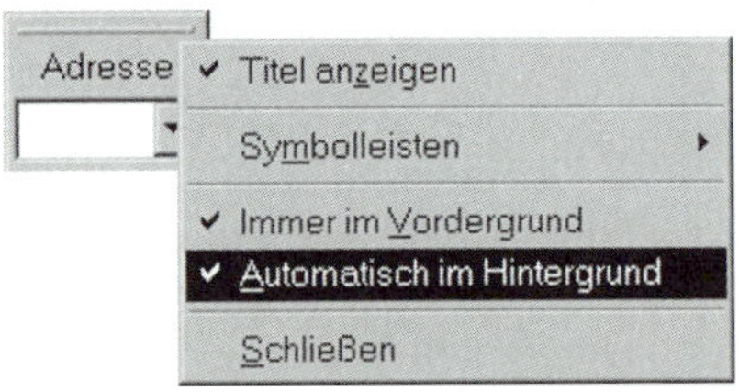

1 Klicken Sie mit der rechten Maustaste auf den Namenszug der Symbolleiste oder auf eine freie Stelle innerhalb der Adressleiste, um das kontextabhängige Menü zu öffnen.

2 Die Option *Titel anzeigen* gibt an, ob der Name der Leiste angezeigt werden soll. Wenn Sie sich mit Ihren Leisten gut auskennen, können Sie auf die Bezeichnung verzichten und so zusätzlichen Platz schaffen.

3 Mit *Immer im Vordergrund* sorgen Sie dafür, dass die Adressleiste nicht hinter anderen Fenstern verschwindet. Das ist besonders zusammen mit der darunter stehenden Option wichtig.

4 *Automatisch im Hintergrund* kennen Sie vielleicht schon von der Task-Leiste. Diese Opti-

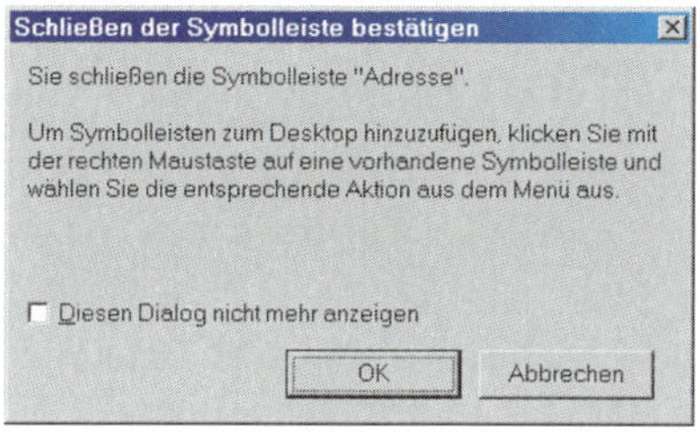

on besagt, dass Windows die Adressleiste ausblendet, wenn sie nicht benötigt wird. Da spart Platz auf dem Bildschirm. Um die Adressleiste in diesem Modus anzuzeigen, bewegen Sie den Mauszeiger an den Bildschirmrand, an dem sie angeheftet ist.

5 Wenn Sie auf die Adressleiste doch verzichten wollen, können Sie sie mit *Schließen* wieder vom Bildschirm verbannen. Bestätigen Sie die Sicherheitsabfrage *Schließen der Symbolleiste bestätigen* mit *OK*.

Sie können die Adressleiste dazu benutzen, beliebige Objekte von Ihrem lokalen PC oder auch aus dem Netzwerk bzw. Internet anzufordern. Unter Objekten sind dabei Anwendungen, Dokumente, aber auch Internet- oder E-Mail-Adressen zu verstehen. Durch diese Vielseitigkeit ist die Adressleiste so leistungsfähig und praktisch. Wenn Sie lieber mal ein paar Zeichen auf Ihrer Tastatur eintippen, anstatt sich mit der Maus durch tief verschachtelte Menüs zu quälen, werden Sie sich mit der Adressleiste bestimmt bald anfreunden. Ein paar Geschmacksproben gefällig?

1 Wenn Sie eine bestimmte Webseite abrufen wollen, müssen Sie nicht mehr extra den Internet Explorer starten. Geben Sie die Adresse einfach in der Adressleiste ein. Der Active Desktop erkennt die Eingabe automatisch und startet den Internet Explorer, um die entsprechende Seite abzurufen.

2 Auch zum Starten einer Anwendung geben Sie im *Adresse*-Feld einfach den Namen der auszuführenden Datei ein. Um beispielsweise Microsoft Word für Windows aufzurufen, tippen Sie „winword" ein. Liegt das Programm nicht im vordefinierten Suchpfad, müssen Sie zusätzlich den Pfad zur ausführbaren Datei eingeben (z. B. „c:\programme\grafik\painter.exe"). Mit [Enter] ruft der Active Desktop das angegebene Programm auf.

3 Statt erst die Anwendung zu starten, können Sie aber auch gleich das Dokument aufrufen. Der Active Desktop erkennt anhand der Dateiverknüpfung, welche Anwendung zum Bearbeiten des Dokuments benötigt wird, startet diese und öffnet das Dokument darin.

4 Statt eines einzelnen Dokuments können Sie auf diese Weise auch einen ganzen Ordner aufrufen. Geben Sie dazu den Pfad an und lassen Sie die Angabe einer konkreten Datei weg. Windows startet daraufhin den Explorer und zeigt den Inhalt des Ordners an.

Wenn Sie ein Objekt regelmäßig über die Adressleiste aufrufen, müssen Sie den Namen nicht jedesmal eintippen, sondern können sich stattdessen das „Gedächtnis" dieser Funktion zunutze machen.

1 Öffnen Sie die Adressleiste, je nachdem, wo und wie Sie die Leiste eingerichtet haben.

2 Öffnen Sie mit einem Klick auf den Auswahlschalter rechts eine Liste der zuletzt aufgerufenen Objekte.

3 Wählen Sie daraus das gewünschte Objekt mit einem Mausklick aus.

Die Linkleiste

Wenn Sie gern mit dem Internet Explorer durch das World Wide Web surfen, ist die Linkleiste genau das Richtige für Sie. Der Internet Explorer pflegt eine spezielle Liste, die sich standardmäßig in der Browseroberfläche befindet und den direkten Zugriff auf verschiedene wichtige Internetadressen ermöglicht. Diese Liste können Sie dank des Active Desktop auch direkt auf dem Windows-Desktop anzeigen. So können Sie sich den Start des Internet Explorer sparen, und die ganz wichtigen und oft genutzten Webadressen sind wirklich nur einen Mausklick entfernt.

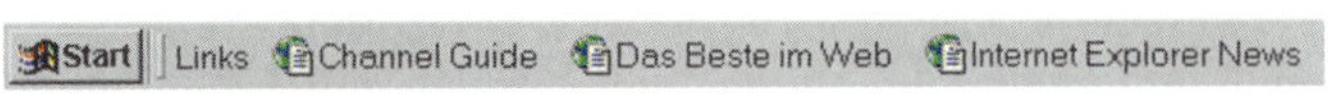

Standardmäßig ist die Linkleiste mit einigen vordefinierten Links gefüllt. Diese können Sie aber beliebig durch eigene Adressen ergänzen oder ersetzen. Dazu verwenden Sie die *Favoriten*-Verwaltung des Internet Explorers.

1 Starten Sie den Internet Explorer und öffnen Sie die Webseite, die Sie in die Linkleiste aufnehmen wollen.

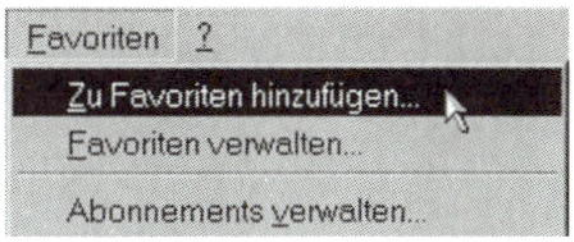

2 Benutzen Sie im Internet Explorer die Menüfunktion *Favoriten/Zu Favoriten hinzufügen*, um die aktuelle Webseite als Favorit aufzunehmen.

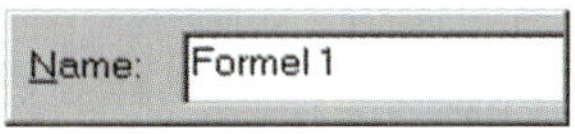

3 Im Feld *Name* geben Sie eine Bezeichnung für die Adresse an. Für die Verwendung in der Linkleiste sollte der Name möglichst kurz sein, damit Sie möglichst viele Einträge in die Linkleiste bekommen.

4 Klicken Sie auf die *Erstellen in*-Schaltfläche, um eine Auswahl der Favoriten-Ordner anzeigen zu lassen.

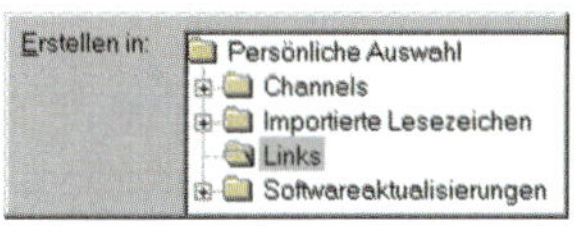

5 Wählen Sie hier den Ordner *Links* aus. Er enthält die Adressen, die in der Linkleiste angezeigt werden.

6 Übernehmen Sie die Adresse mit *OK* in die Linkleiste.

Die Schnellstartleiste beliebig auf dem Bildschirm platzieren

Mit der Schnellstartleiste haben Sie direkt vom Desktop aus mit einem Mausklick Zugriff auf die wichtigsten Anwendungen. Standardmäßig finden Sie in der Schnellstartleiste vor allem Komponenten des Internet Explorer, aber Sie können auch ganz eigene Anwendungen und Dokumente in die Schnellstartleiste aufnehmen. Auch diese Leiste können Sie nicht nur in der Startleiste, sondern ganz beliebig auf dem Desktop platzieren.

1 Um den Inhalt der Schnellstartleiste zu bearbeiten, klicken Sie mit der rechten Maustaste auf eine freie Stelle in dieser Leiste, um das kontextabhängige Menü zu öffnen.

2 Wählen Sie hier die Funktion *Öffnen*, die den Ordner *C:Windows\Anwendungsdaten\Internet Explorer\Quick Launch* im Windows-Explorer anzeigt. In diesem Ordner sind die Einträge für die Schnellstartleiste gespeichert. Nun stehen Ihnen die gewohnten Funktionen des Explorers zum Bearbeiten der Objekte zur Verfügung.

3 Um einen der Einträge zu löschen, markieren Sie ihn, drücken [Entf] und bestätigen die Sicherheitsabfrage mit *Ja*.

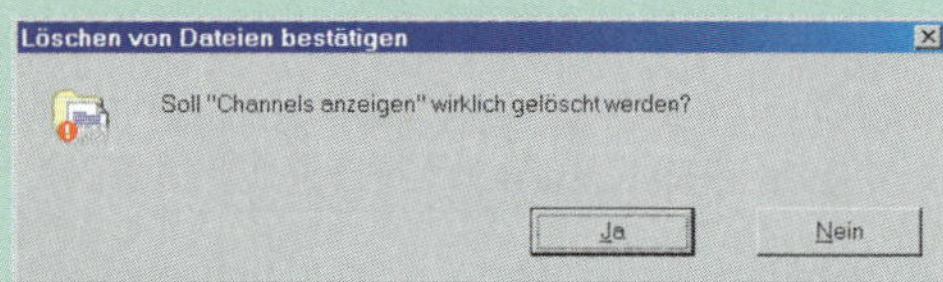

4 Wollen Sie einem Eintrag eine andere (z. B. kürzere) Bezeichnung verpassen, klicken Sie zweimal mit einer kurzen Pause dazwischen (kein Doppelklick!) auf den Namen und geben dann im Eingabefeld einen geeigneteren ein.

5 Um neue Anwendungen in die Schnellstartleiste aufzunehmen, ziehen Sie die entsprechenden Einträge (z. B. aus dem *Start*-Menü) per Drag & Drop in die Schnellstartleiste. Halten Sie dabei am besten zusätzlich [Strg] gedrückt, damit in der Schnellstartleiste nur Kopien der ursprünglichen Objekte gespeichert werden. Sonst fehlen die Einträge nachher an anderer Stelle.

Die Desktop-Leiste

Schließlich stellt der Active Desktop noch die Desktop-Leiste zur Verfügung. Diese Leiste enthält die Symbole auf Ihrem Desktop als Minisymbole. Der Vorteil ist, dass Sie während der Arbeit nicht mehr die aktuellen Anwendungen minimieren müssen, um auf eines der auf dem Desktop abgelegten Symbole klicken zu können. Die Desktop-Leiste passt sich immer automatisch dem Desktop an. Wenn Sie ein neues Symbol auf Ihrem Desktop anlegen, erscheint es (eventuell mit einer minimalen Verzögerung) auch in der Desktop-Leiste. Ebenso ist es beim Entfernen oder Umbenennen von Desktop-Symbolen.

Der Arbeitsplatz – Viel Inhalt für mehr Überblick

Der Arbeitsplatz ist ein spezieller Ordner von Windows 98, in dem die wichtigsten Quellen und Einstellungen zusammengefasst sind. Sie können alle diese Funktionen auch über das *Start*-Menü oder den Windows-Explorer erreichen, aber im Arbeitsplatz ist alles schön zusammengefasst. Da der Arbeitsplatz technisch ein Ordner ist – wenn auch ein besonderer –, können Sie außerdem selbst Ihre wichtigsten Anwendungen und Dokumente darin platzieren, um alles auf einmal griffbereit zu haben.

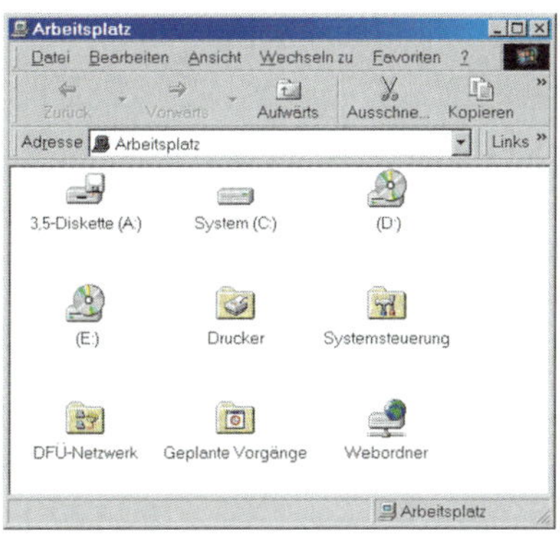

1 Um den Arbeitsplatz zu öffnen, steht Ihnen das *Arbeitsplatz*-Symbol auf dem Desktop zur Verfügung. Sie finden dieses Symbol aber auch im Windows-Explorer als Unterordner des Desktops.

2 Ein Doppelklick darauf startet den Windows-Explorer und zeigt den *Arbeitsplatz*-Ordner darin an.

3 Im *Arbeitsplatz*-Fenster finden Sie zunächst Symbole für alle Laufwerke vor. Das schließt Diskettenlaufwerke, alle unter Windows zugänglichen Festplattenpartitionen sowie CD-ROM-Laufwerke mit ein. Mit einem Doppelklick auf eines dieser Symbole öffnen Sie den Windows-Explorer mit einem Inhaltsverzeichnis des entsprechenden Laufwerks.

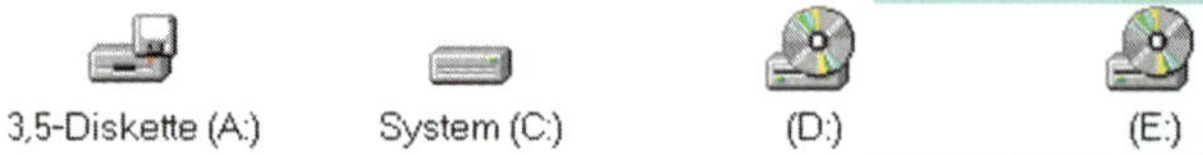

4 Hinter dem Symbol *Drucker* verbirgt sich der Drucker-Manager von Windows 98. Hier können Sie die Drucker einrichten und steuern und die Druckerwarteschlange verwalten.

5 Die Systemsteuerung ist die Steuerzentrale für die meisten Einstellungen für Ihr Windows-System. Technisch gesehen verbirgt sich dahinter ein spezieller Ordner, in dem die einzelnen Steuermodule zusammengefasst sind. Diesen Ordner lassen Sie mit einem Doppelklick auf das Symbol öffnen und haben dann Zugang zu den einzelnen Komponenten.

6 Das DFÜ-Netzwerk ist dann interessant, wenn Sie sich von Ihrem PC aus per Modem oder ISDN-Karte ins Internet einwählen wollen. Dann können Sie hier DFÜ-Verbindungen zu Ihrem Internetprovider oder Online-Dienst einrichten und starten.

7 Den Ordner *Geplante Vorgänge* benutzt Windows, um bestimmte regelmäßige Wartungsaufgaben automatisch durchzuführen. Diese Aufgaben sind als Vorgang zu einem bestimmten Termin (z. B. jeden 1. des Monats) geplant. Um solche Wartungsvorgänge zu planen, benutzen Sie den Wartungs-Assistenten, den wir im Kapitel „Werkzeuge und Helferlein – Die besten Tools" ausführlicher vorstellen. Sie können hier aber auch beliebige Aufgaben selbst planen.

Webordner

8 Windows 98 bietet die Möglichkeit, Verzeichnisse auf Webservern in Ihr lokales Dateisystem einzubinden. Sie können diese Verzeichnisse dann genauso wie lokale Ordner verwenden, um Dateien zu öffnen und zu speichern. Wenn es notwendig ist, baut Windows automatisch eine Internetverbindung auf, um die entsprechenden Daten mit dem Internet auszutauschen. Solche Webordner sind vor allem für Benutzer interessant, die viel mit dem Internet oder mit einem lokalen Intranet arbeiten.

Dateien, Ordner und der Windows-Explorer

In diesem Kapitel wollen wir Ihnen näher bringen, wie Windows 98 Ihre Daten speichert. Wenn Sie schon Erfahrungen mit Windows 95 haben, dürften Sie damit keine Probleme haben. An den grundlegenden Prinzipien hat sich nichts geändert. Kennen Sie bislang nur Windows 3.x oder DOS, müssen Sie auch nur ein bisschen umlernen. Der Begriff „Datei" ist Ihnen bestimmt schon bekannt, aber aus den Verzeichnissen sind nur die Ordner geworden, was eigentlich nur ein neuer Name für das gleiche Prinzip ist. Wenn Sie bislang noch gar keine Erfahrungen mit PCs haben, müssen Sie sich an dieser Stelle mit den beiden Begriffen „Datei" und „Ordner" erst noch vertraut machen.

Virtuelle Zettel – Dateien speichern Informationen

Wenn Sie sich den PC als einen gut gefüllten Schreibtisch vorstellen, liegt da einiges an Informationen herum: Briefe, Mitteilungen, Notizen, Skizzen, Terminkalender, Bilder etc. Alle solche Informationen lassen sich auch in einem Computer speichern. Der legt für jede Information, also z. B. einen Brief, den Sie schreiben, eine sogenannte Datei an. In dieser Datei ist der Text des Briefes enthalten und eventuell auch Informationen zur Gestaltung. Die Dateien sind notwendig, damit der Computer die verschiedenen Informationen voneinander trennen kann. Auf Ihrem Schreibtisch ist das einfach, weil der eine Brief auf einem Blatt Papier steht und der andere auf einem anderen. Für den Computer bestehen aber alle Informationen letztendlich nur aus Nullen und Einsen. Da muss er einfach wissen, bei welcher Null oder Eins eine Information aufhört und die nächste beginnt.

Auch für Sie als Benutzer haben Dateien Vorteile. Da jede Datei mit einem Namen versehen ist, können Sie dem PC recht einfach mitteilen, welche Information Sie gerade bearbeiten wollen. Um z. B. einen Brief auszudrucken, können Sie einfach die Anweisung geben, die Datei *Xyz.txt* zu drucken, und der Computer weiß gleich Bescheid und führt der Auftrag aus.

Auf Ihrem Schreibtisch können Sie die Arten von Informationen meist auf den ersten Blick unterscheiden, d. h., Sie können erkennen, was ein Brief, was ein Buch und was ein Terminkalender ist. Computer haben es da nicht so leicht. Für den PC ist eine Datei an sich nichts anderes als eine Menge an Informationen.

Was die genau besagen, weiß er nicht. Damit Sie es leichter haben, die verschiedenen Arten von Dateien zu unterscheiden, bemüht sich Windows 98 aber, zusätzliche Angaben zu Dateien zu speichern und diese grafisch darzustellen. Alle Dateien werden nämlich durch Symbole angezeigt. Wenn der Windows-PCs weiß, um was für eine Art von Datei es sich handelt, verwendet er zur Darstellung ganz bestimmte Symbole. So werden z. B. Dateien, die mit dem Textverarbeitungsprogramm Word für Windows erstellt wurden, immer mit dem Symbol eines Papierblatts mit einem blauen „W" gekennzeichnet. So erkennen Sie Word-Dateien auf den ersten Blick.

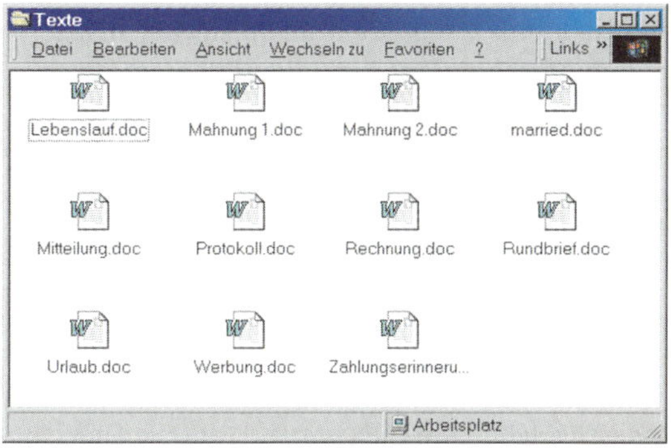

Wollen Sie mal nachschauen, was so alles für Dateien auf Ihrem PC vorhanden sind?

1 Doppelklicken Sie auf das *Arbeitsplatz*-Symbol auf dem Desktop Ihres Windows-PCs.

2 Damit starten Sie den Windows-Explorer, der zum Verwalten der Dateien und Ordner unter Windows benutzt wird. Wir gehen später noch näher auf seine Funktionen ein. Doppelklick Sie hier auf das Symbol für Ihre Festplatte *(C:)*, um Zugriff auf deren Inhalt zu erlangen.

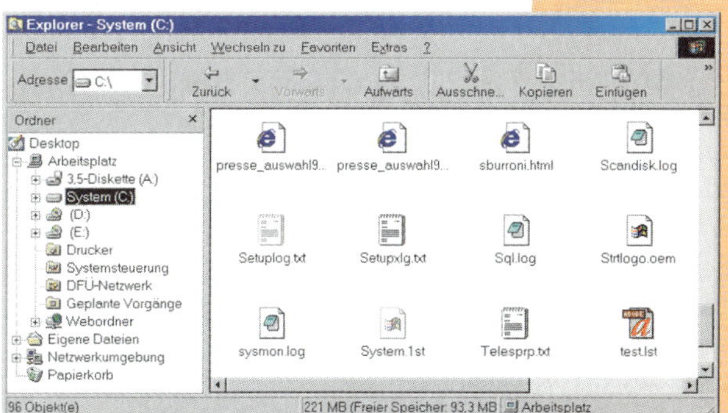

3 Der Windows-Explorer zeigt daraufhin den Inhalt der Festplatte an. Benutzen Sie die Bildlaufleiste am rechten Rand, um sich den gesamten Inhalt anzusehen. Vermutlich werden Sie eine ganze Reihe von unterschiedlichen Symbolen und Namen sehen. Jedes der Symbole steht für eine Datei mit dem darunterstehenden Namen.

Kampf dem Chaos – Ordner schaffen Ordnung

Es ist zwar eine Binsenwahrheit, aber Ordner kommt von Ordnung. Stellen Sie sich doch noch mal den voll beladenen Schreibtisch vor. Wenn Sie jetzt die ganzen Briefe, Notizen und Skizzen aufräumen sollten, würden Sie doch sicherlich nicht einfach eine große Kiste nehmen und alle reinfegen, oder? Wenn man dann mal was sucht, müsste man jedesmal die ganze Kiste durchwühlen, bis man das entsprechende Papier gefunden hat. Ein Computer ist aber im Prinzip eine solche große Kiste. Wenn Sie einfach alle Dateien in einer langen Liste darin speichern würden, müssten Sie auch jedesmal ganz schön suchen, um eine bestimmte zu benutzen. Zwar kann man Dateien an ihrem Namen erkennen und sortieren, aber dafür sind in einem durchschnittlichen Rechner auch zigtausende von Dateien abgespeichert. Deshalb haben sich schlaue Computerexperten die Idee mit den Ordnern einfallen lassen. Die entsprechen in etwa den Aktenordnern, die Sie zum Aufräumen auf dem Schreibtisch verwenden würden, einen für Briefe, einen für Skizzen und einen für Notizen. So wird auch der Speicherbereich eines Rechners in verschiedene Bereiche unterteilt, auf die Dateien verteilt werden können. Dabei sind die Ordner nicht fest vorgegeben, sondern können frei gewählt werden. Ausnahme sind einige spezielle Ordner, die das Betriebssystem Windows 98 einrichtet.

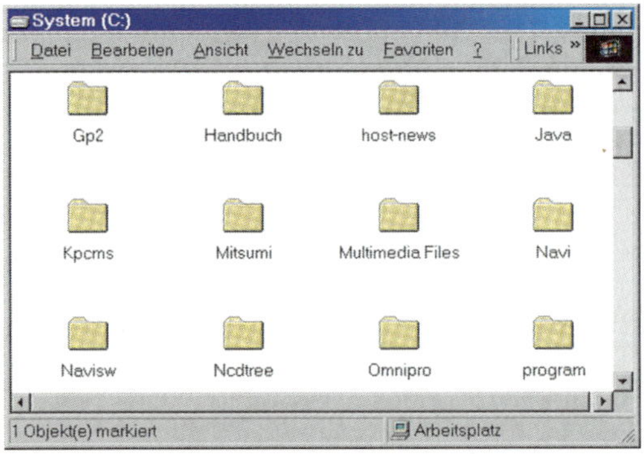

Ordner werden ganz ähnlich wie Dateien behandelt. Auch für sie gibt es ein spezielles Symbol, durch das sie auf den ersten Blick als Ordner erkennbar sind.

Schließlich gibt es noch ein Konzept im Zusammenhang mit den Ordnern, mit dem Sie sich anfreunden müssen. Es kann innerhalb von Ordnern nicht nur Dateien, sondern auch wiederum Ordner geben, sogenannte Unterorder. In Bezug auf das Beispiel mit dem Schreibtisch und den Aktenordnern wäre das jetzt kein riesiger Aktenordner, der aus kleinen Aktenordnern besteht. Stellen Sie sich stattdessen besser ein Ablagesystem vor, das einen Aktenordner in verschiedene Kategorien unterteilt. In einen Aktenordner namens „Briefe"

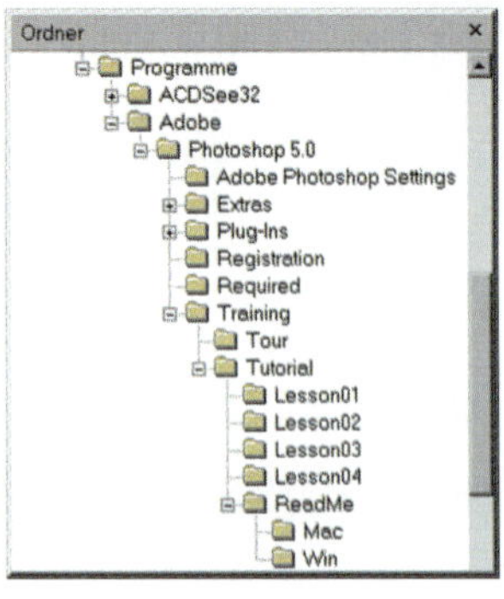

würden Sie ja bestimmt auch nicht alle Briefe wild durcheinander einheften, sondern sie nach Absender ordnen. Genauso kann man bei einem Computer den *Briefe*-Ordner mit mehreren Unterordnern z. B. für jeden Absender versehen. Diese Unterordner könnten wiederum Unterordner enthalten, z. B. bei einer langjährigen Korrespondenz einen für jedes Jahr. Prinzipiell kann man beliebige viele Unterordner ineinander verschachteln, aber in der Praxis werden meist nur wenige Ebenen verwendet, weil es sonst schon wieder zu kompliziert wird.

Ansichtssache – Das 1 x 1 des Windows-Explorers

Der Windows-Explorer ist unter Windows 98 das zentrale Programm zum Umgang mit Dateien und Ordnern. Bevor wir Ihnen zeigen, wie Sie mit damit Dateien und Ordner anlegen und bearbeiten, wollen wir Ihnen das Explorer-Programm selbst ein wenig näher bringen. Angesichts der vielen verschiedenen Einsatzgebiete lohnt es sich, den Windows-Explorer voll im Griff zu haben. Deshalb verraten wir Ihnen neben dem prinzipiellen Umgang auch gleich ein paar Tricks.

Die zwei Gesichter des Windows-Explorers

Das Erstaunliche am Windows-Explorer ist, dass es ihn gleich in zwei Varianten gibt. Dabei handelt es sich jedesmal um das gleiche Programm, aber es hat ein anderes Erscheinungsbild. Wenn Sie den Windows-Explorer als Programm (z. B. über das *Start*-Menü) aufrufen, bekommen Sie die ausführlichere Explorer-Version zu sehen. Sie bietet neben dem eigentlichen Ordnerinhalt auf der rechten Seite links ein Navigationsfeld zum Öffnen anderer Ordner. Wenn Sie einen dieser Ordner per Doppelklick öffnen, starten Sie den Windows-Explorer in der Ordneransicht. Dabei wird nur der Inhalt des Ordners ohne Navigationsmöglichkeit angezeigt. Das folgende Bild stellt die beiden Varianten gegenüber.

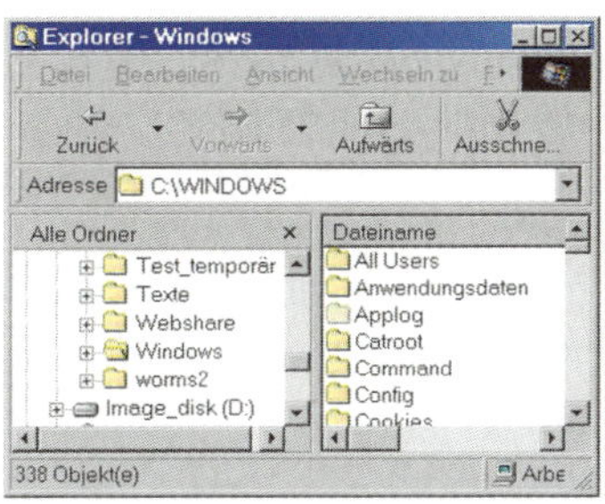

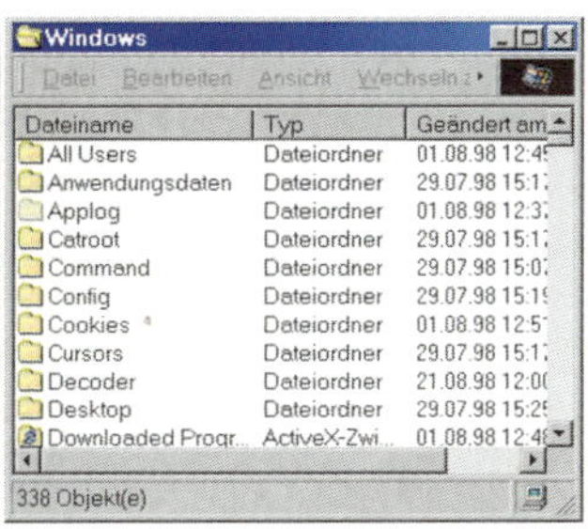

Kampf gegen die Fensterflut

Wenn Sie ein wenig mit dem Windows-Explorer herumexperimentieren, wird Ihnen ein Problem bestimmt bald auffallen: Jedesmal, wenn man einen Unterordner aufruft, startet der Windows-Explorer ein neues Fenster und zeigt den Inhalt des gewünschten Ordners darin an. Da kommt dann schnell mal ein halbes Dutzend Fenster zusammen. Dabei könnte der Windows-Explorer doch einfach das aktuelle Fenster verwenden, um den neuen Ordner statt des bisherigen darin anzuzeigen. Tatsächlich kann er das, wenn auch ein wenig Überredungskunst dazu notwendig ist.

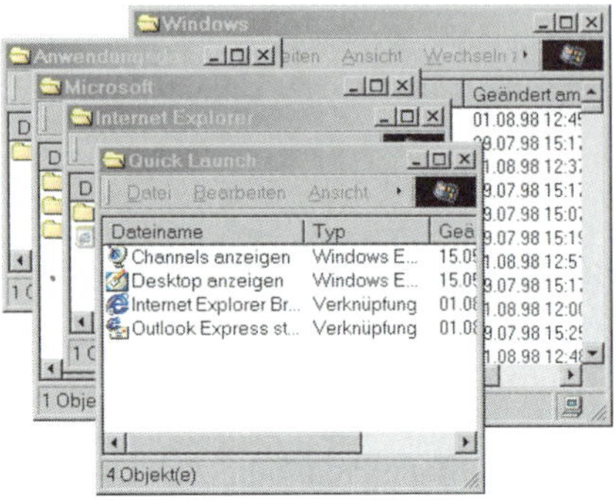

1 Starten Sie den Windows-Explorer über das *Start*-Menü, oder öffnen Sie einen beliebigen Ordner.

2 Wählen Sie im Explorer die Funktion *Ansicht/Ordneroptionen*.

3 Wählen Sie im Bereich *Windows Desktop-Aktualisierung* die Option *Angepasst an individuelle Einstellungen* und klicken Sie auf die *Einstellungen*-Schaltfläche.

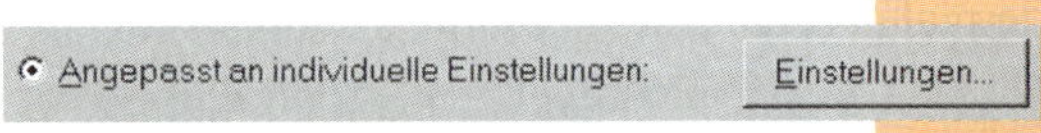

4 Schalten Sie im anschließenden Menü *Benutzerdefinierte Einstellungen* im Bereich *Ordner durchsuchen* die Option *Jeden Ordner im selben Fenster öffnen* ein.

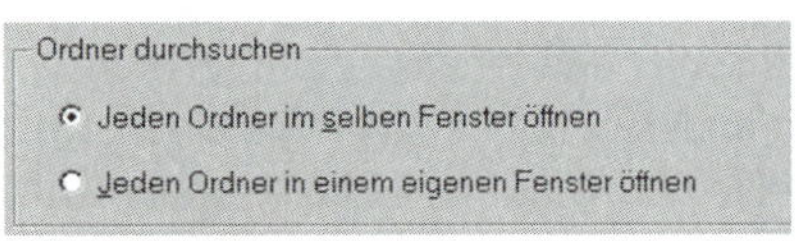

5 Wählen Sie dann hintereinander *OK* und *Schließen*, um die neuen Einstellungen zu übernehmen. Ab sofort öffnet der Explorer in der Ordneransicht nicht jedesmal ein neues Fenster, sondern ersetzt den alten Inhalt durch das neu geöffnete Verzeichnis.

Ordner in der Webansicht darstellen

Der Active Desktop von Windows 98 wirkt sich auch auf den Windows-Explorer aus. Er stellt für Ordner eine dynamische Webansicht zur Verfügung, die zusätzliche Informationen über die Inhalte liefert. Da diese zusätzlichen Daten Platz benötigen und von nicht von allen Benutzern gewünscht werden, kann man sie jederzeit ein- und ausschalten.

1 Um die Webansicht zu aktivieren, starten Sie den Windows-Explorer oder öffnen einen beliebigen Ordner.

2 Rufen Sie dann die Funktion *Ansicht/Als Webseite* auf.

3 Der Explorer verändert daraufhin seine Darstellungsweise. Statt der einfachen Liste finden Sie zusätzliche Elemente am oberen und linken Fensterrand vor. Oben zeigt Ihnen der Explorer groß und deutlich den Namen des gerade geöffneten Ordners. Am linken Fensterrand erhalten Sie zusätzliche Informationen zu der zuletzt ausgewählten Datei.

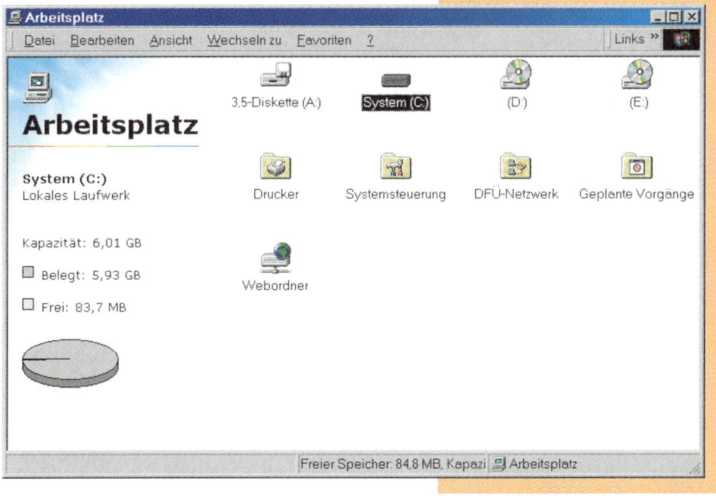

Datenschutz – Der Umgang mit Dateien und Ordnern

Wie zu Beginn dieses Kapitels bereits beschrieben, sind Dateien die wichtigsten Informationseinheiten. Deshalb ist es unerlässlich, die grundlegenden Funktionen zum Erstellen und Bearbeiten von Dateien zu kennen.

Dateien erstellen

Wo kommen Sie denn nun her, die Dateien? Wann immer Sie neuen Informationen auf Ihrem PC erstellen, wird dafür eine Datei angelegt. Bei vielen Anwendungen geschieht dies automatisch.

1 Um z. B. mit der Textverarbeitung Word ein neues Dokument anzulegen, verwenden Sie die Menüfunktion *Datei/Neu* oder klicken auf das entsprechende Symbol.

2 Word erstellt daraufhin ein neues, leeres Dokument, in dem Sie Ihren Text eingeben können. Das ist noch keine Datei, da der Text zunächst im Arbeitsspeicher Ihres PCs abgelegt wird.

3 Wenn Sie mit dem Erstellen des Dokuments fertig sind, sollten Sie es auf der Festplatte oder auch auf einer Diskette speichern. Dazu wählen Sie die Menüfunktion *Datei/Speichern unter* oder klicken auf das *Speichern*-Symbol mit der Diskette.

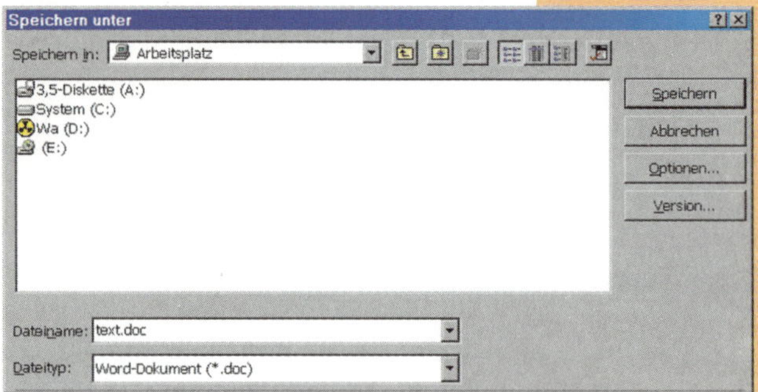

4 Geben Sie im anschließenden Menü einen Dateinamen und den Ordner an, in dem die Datei gespeichert werden soll. Word erstellt dann die entsprechende Datei und speichert den Inhalt des Dokuments darin.

Die eben beschriebene Methode zum Erstellen neuer Dateien verfolgt einen anwendungsorientierten Ansatz, d. h., Sie starten zunächst die Anwendung, um dann eine Dokument zu öffnen oder zu erstellen. Windows 98 ermöglicht aber auch einen dokumentorientierten Ansatz, bei dem Sie sich gar keine Gedanken über die Anwendung machen müssen, die Sie zum Bearbeiten eines Dokuments benötigen. In dem Fall ist der Ablauf zum Erstellen eines neuen Dokuments etwas anders:

1 Öffnen Sie den Ordner, in dem Sie eine neue Datei erstellen wollen, im Windows-Explorer.

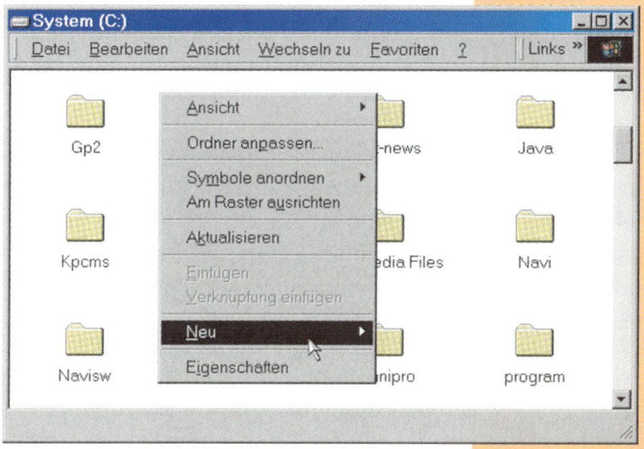

2 Klicken Sie mit der rechten Maustaste in den Inhaltsbereich dieses Ordners, um das kontextabhängige Menü zu öffnen. Wählen Sie hier die Funktion *Neu.*

3 Hinter diesem Menüeintrag verbirgt sich ein Untermenü, das sich mit einer kurzen Verzögerung öffnet. Es enthält eine Liste aller Dateitypen, die der Windows-Explorer erstellen kann. Was genau in dieser Liste steht, hängt davon ab, welche Anwendungen Sie auf Ihrem PC installiert haben. Anwendungen (wie z. B. Word) registrieren sich bei der Installation beim Windows-Explorer und teilen ihm die notwendigen Informationen mit. Um eine Datei zu erstellen, wählen Sie den entsprechenden Eintrag aus.

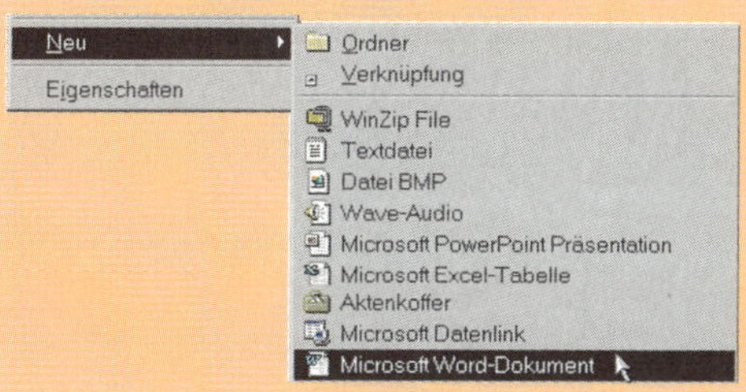

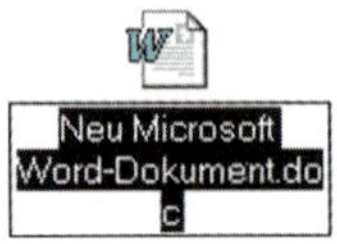

4 Der Windows-Explorer legt daraufhin eine neue Datei im entsprechenden Format an und gibt ihr zunächst einen allgemeinen Namen.

5 Ersetzen Sie den Namen durch eine geeignetere Bezeichnung.

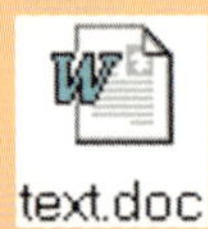

6 Damit haben Sie eine neue Datei erstellt. Um die Datei zu bearbeiten, führen Sie einen Doppelklick auf ihr Symbol aus. Daraufhin startet der Windows-Explorer die entsprechende Anwendung und öffnet die Datei darin.

Dateien umbenennen

Manchmal erweist sich der für eine Datei ursprünglich vergebene Name als doch nicht so sinnvoll, oder eine Datei soll aus einem anderen Grund einen anderen Namen bekommen. Das ist kein Problem, denn Sie müssen sich nicht für immer und ewig auf einen Namen für eine bestimmte Datei festlegen. Der Dateiname ist letztlich nur eine Bezeichnung zu Verwaltungszwecken und kann deshalb jederzeit geändert werden.

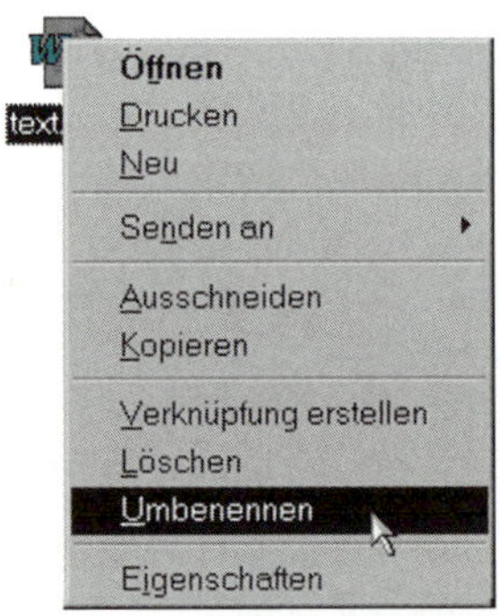

1 Um den Namen einer Datei zu ändern, markieren Sie diese im Windows-Explorer und klicken mit der rechten Maustaste darauf. Im dadurch geöffneten kontextabhängigen Menü wählen Sie die Funktion *Umbenennen*.

2 Daraufhin markiert der Windows-Explorer den Dateinamen zum Bearbeiten.

3 Sie können mit der Tastatur eine beliebige andere Bezeichnung wählen. Beenden Sie die Namensänderung mit [Enter], um den neuen Namen zu übernehmen.

Info

Dateien noch schneller umbenennen

Das Umbenennen von Dateien kann unter Umgehung des kontextabhängigen Menüs noch etwas schneller erfolgen. Markieren Sie die umzubenennende Datei zunächst mit einem einfachen Mausklick. Klicken Sie dann noch ein weiteres Mal gezielt auf den Dateinamen. Dabei muss zwischen diesen beiden Mausklicks eine kurze Pause liegen, damit der Windows-Explorer das nicht als Doppelklick interpretiert und die Datei öffnet. So markieren Sie ebenfalls den Dateinamen zum Bearbeiten und können die Datei wie oben beschrieben umbenennen.

Dateien kopieren und verschieben

Eine der häufigsten Dateioperationen ist das Kopieren. Es gibt viele gute Gründe, eine Kopie einer Datei zu erstellen. Vielleicht wollen Sie die Datei auf eine Diskette transferieren, um Sie zu einem anderen PC mitzunehmen. Dann erstellen Sie auf der Diskette eine Kopie der Datei. Vielleicht wollen Sie auch eine Sicherheitskopie einer Datei haben, bevor Sie den Inhalt verändern, um notfalls auf den alten Inhalt zurückgreifen zu können. Auch in diesem Fall erstellen Sie einfach eine Kopie der Datei.

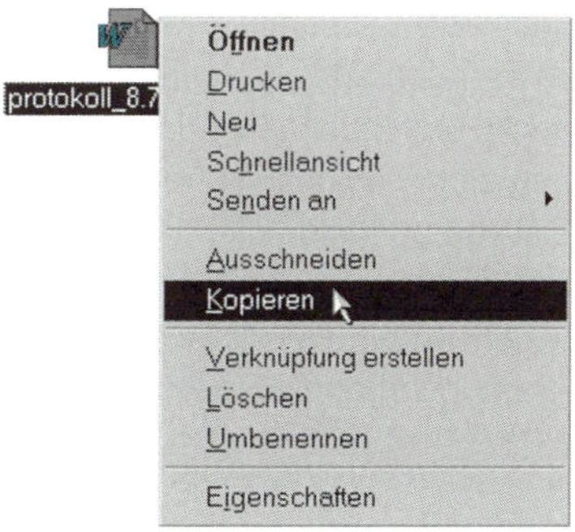

1 Um Dateien zu kopieren, verwendet Windows 98 die Zwischenablage, um Texte oder Bildausschnitte zu vervielfältigen. Wenn Sie eine Datei kopieren wollen, öffnen Sie zunächst den entsprechenden Ordner im Windows-Explorer und markieren Sie die Datei.

2 Für das eigentliche Kopieren der Datei gibt es verschiedene Möglichkeiten: Am schnellsten geht es mit Strg+C. Wenn Sie lieber ausschließlich die Maus verwenden wollen, rufen Sie mit der rechten Maustaste das kontextabhängige Menü auf und wählen hier die Funktion *Kopieren*.

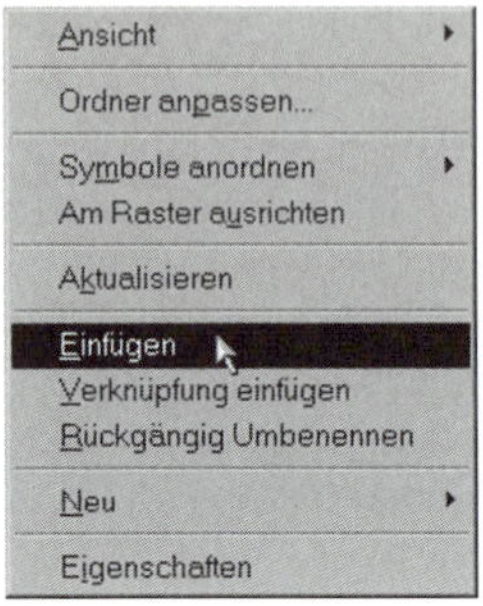

3 Wechseln Sie dann auf das Laufwerk bzw. in den Ordner, in dem die Kopie der Datei erstellt werden soll. Um die Datei aus der Zwischenablage hier einzufügen, steht mit [Strg]+[V] wiederum ein Tastenkürzel zur Verfügung. Mit der Maus benutzen Sie die Funktion *Einfügen* aus dem kontextabhängigen Menü.

Ganz ähnlich wie das Kopieren funktioniert auch das Verschieben von Dateien. Allerdings wird hierbei eben keine Kopie erstellt, sondern die ursprüngliche Datei wird von einem Ordner in einen anderen bewegt.. Dementsprechend unterscheidet sich auch der Vorgang selbst nur minimal. Um eine Datei zu verschieben, benutzen Sie die Tastenkombination [Strg]+[X] bzw. die Funktion *Ausschneiden* im kontextabhängigen Menü. Um die Datei an anderer Stelle wieder einzufügen, verfahren Sie wie oben beschrieben.

Dateien mit der Maus kopieren und verschieben

Die Drag & Drop-Technik, mit der sich Datenobjekte über den Desktop zwischen Fenstern und Anwendungen hin- und herziehen lassen, kann auch beim Kopieren und Verschieben von Dateien eingesetzt werden.

1 Markieren Sie dazu die entsprechenden Dateien und klicken Sie dann erneut mit der linken Maustaste darauf und halten Sie diese Taste gedrückt. Nun haben Sie die Dateien aufgenommen und können sie frei auf dem Desktop bewegen, solange die Maustaste gedrückt bleibt. Sie können die Dateien z. B. in einen anderen Ordner oder auf ein anderes Laufwerk ziehen und dort loslassen.

2 Ob die Dateien verschoben oder kopiert werden, hängt von Ausgangs- und Zielpunkt der Operation ab. Liegen beide auf dem gleichen Laufwerk, werden die Dateien standardmäßig verschoben.

3 Befindet sich der Zielordner hingegen auf einem anderen Laufwerk (z. B. auf einer Diskette), werden die Dateien standardmäßig kopiert. In jedem Fall haben Sie das letzte Wort, wenn Sie beim Loslassen der Maustaste gleichzeitig [Umschalt] (für Verschieben) oder [Strg] (für Kopieren) gedrückt halten.

Dateien löschen

Irgendwann wird eine bestimmte Datei nicht mehr gebraucht. Damit der durch sie belegte Speicherplatz auf der Festplatte oder Diskette freigegeben wird, muss die Datei gelöscht werden.

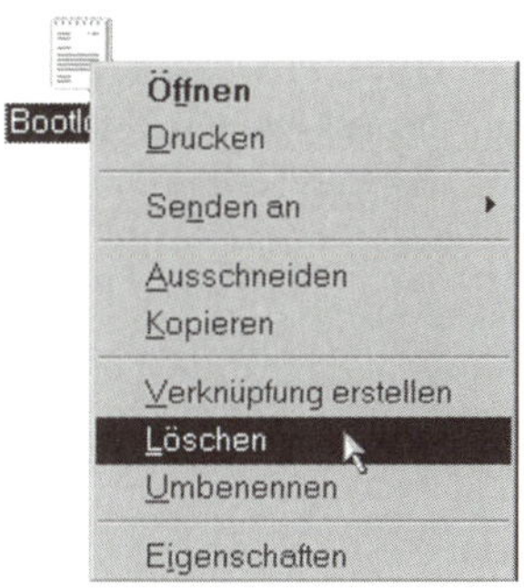

1 Um eine Datei zu löschen, öffnen Sie den entsprechenden Ordner im Windows-Explorer und markieren die Datei.

2 Drücken Sie dann [Entf], oder wählen Sie im kontextabhängigen Menü für die Datei die Funktion *Löschen*.

3 Abhängig von den Einstellungen des Windows-Papierkorbs (mehr dazu im Folgenden) werden gelöschte Dateien entweder sofort entfernt oder zunächst in einen virtuellen Papierkorb verschoben, aus dem Sie bei Bedarf noch eine Zeitlang zurückgeholt werden können. Vor dem Löschen gibt Windows eine entsprechende Meldung aus und bittet um Bestätigung mit *Ja*.

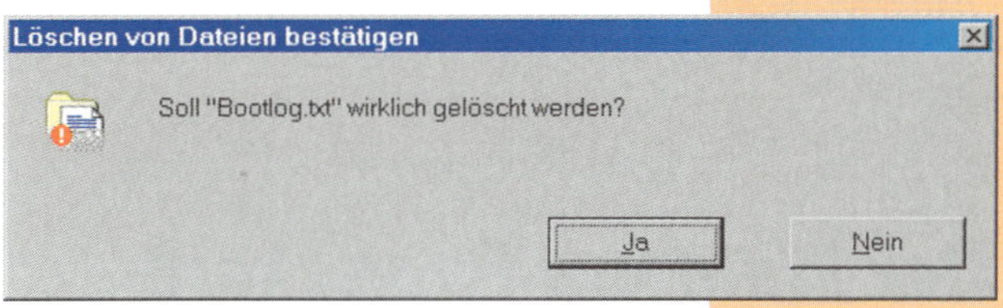

Neue Ordner anlegen

Der Umgang mit Ordnern unterscheidet sich bei Windows 98 kaum von dem mit Dateien. Streng genommen sind Ordner eine besondere Form von Dateien, die als Inhalt eben wiederum Dateien oder andere Ordner haben. Demzufolge können Sie Ordner genauso wie Dateien kopieren, verschieben, umbenennen oder löschen. Zu beachten ist dabei lediglich, dass sich alle Aktionen in der Regel (Ausnahme: Umbenennen) nicht nur auf den Ordner selbst, sondern auch auf alle darin enthaltenen Dateien und Unterordner auswirken. Wenn Sie also einen Ordner z. B. verschieben, verschieben Sie damit automatisch auch den gesamten Inhalt. Gleiches gilt für das Kopieren und das Löschen.

1 Um einen neuen Ordner anzulegen, öffnen Sie zunächst den Ordner im Windows-Explorer, in dem der neue Ordner als Unterordner enthalten sein soll.

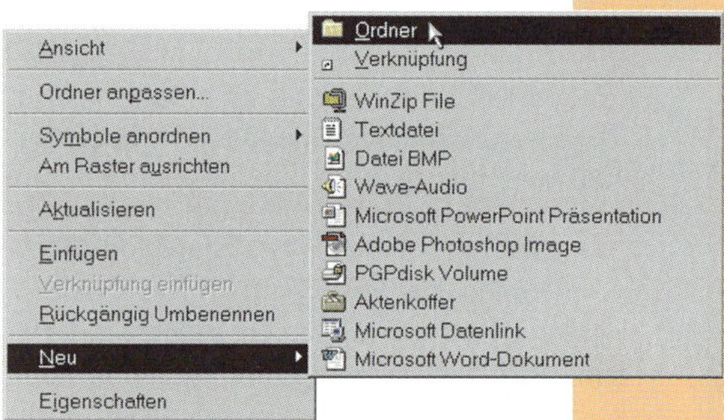

2 Klicken Sie dann mit der rechten Maustaste auf den Inhaltsbereich des Ordners, um das kontextabhängige Menü zu öffnen. Wählen Sie darin die Funktion *Neu*.

3 In der Liste der neu zu erstellenden Dateiarten finden Sie ganz oben den Eintrag *Ordner*.

4 Der Windows-Explorer fügt daraufhin einen neuen Ordner mit dem allgemeinen Namen *Neuer Ordner* ein.

5 Diesen Namen sollten Sie gleich im Anschluss durch einen geeigneteren ersetzen.

Mülldeponie – Der Windows-Papierkorb

Wie schnell passiert es, dass man beim Aufräumen auf der Festplatte versehentlich die falsche Datei löscht. Oder man entfernt die richtige Datei und stellt am nächsten Tag fest, dass man das darin enthaltene Dokument doch noch gut gebrauchen könnte. Wie gut, dass Windows 98 zum Löschen einen virtuellen Papierkorb verwendet, in dem alle gelöschten Dateien zunächst automatisch zwischengespeichert werden. Wann immer Sie eine Datei entfernen, verschwindet diese zwar aus dem ursprünglichen Ordner, wird aber nicht wirklich von der Festplatte entfernt. Stattdessen wird Sie in einen speziellen *Papierkorb*-Ordner verschoben. Einen solchen Ordner legt Windows automatisch für jedes Laufwerk an.

Info

So umgehen Sie den Papierkorb

Der virtuelle Papierkorb hat auch Nachteile. Zum einen sind in ihm auch vertrauliche Dokumente, die Sie vielleicht aus Gründen des Datenschutzes löschen, noch enthalten und können von Unbefugten eingesehen werden. Zum anderen kann der Speicherplatz einer gelöschten Datei auf der Festplatte nicht freigegeben werden, solange sich diese noch im Papierkorb befindet. Wenn Sie vertrauliche oder sehr große Dateien entfernen wollen, können Sie dies deshalb auch unter Umgehen des Papierkorbs direkt machen. Halten Sie dazu die [Umschalt]-Taste gedrückt, während Sie die Datei auf den Papierkorb ziehen oder mit [Entf] löschen.

Retten Sie gelöschte Dateien aus dem Papierkorb

Wenn Sie eine Datei irrtümlich gelöscht haben, können Sie diese in den meisten Fällen mit Hilfe des Papierkorbs retten.

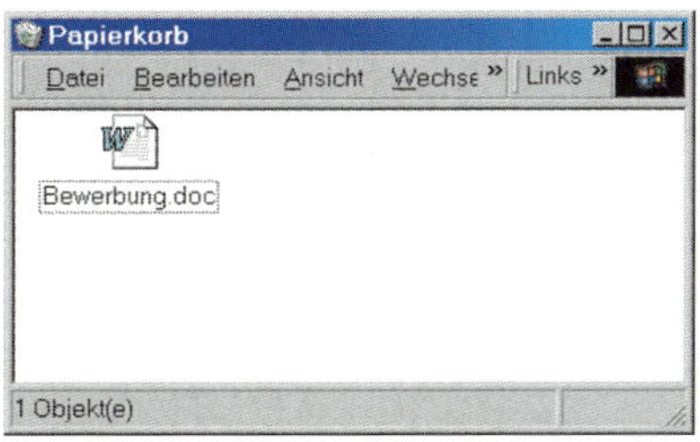

1 Wechseln Sie auf den Desktop und suchen Sie hier das *Papierkorb*-Symbol.

2 Doppelklicken Sie auf das Symbol, um den Explorer zu starten und den derzeitigen Inhalt des Papierkorbs darzustellen. Hier finden Sie einen Eintrag für jede Datei, die sich noch im Papierkorb befindet.

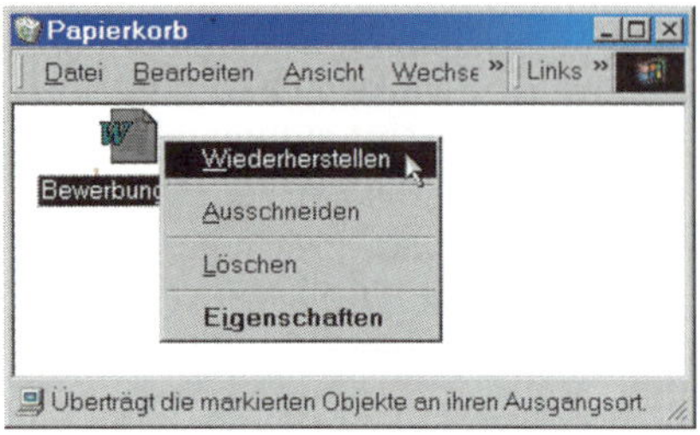

3 Um eine der Dateien wiederherzustellen, klicken Sie mit der rechten Maustaste auf deren Symbol, um das kontextabhängige Menü zu öffnen. Wählen Sie hier die Funktion *Wiederherstellen*.

4 Der Papierkorb macht darauf die Löschaktion rückgängig, indem er die Datei exakt an die Position zurückverschiebt, von der aus sie gelöscht, also in den Papierkorb befördert wurde.

Neben dieser *Wiederherstellen*-Funktion gibt es noch eine andere Möglichkeit. Der Papierkorb ist technisch gesehen ein - wenn auch spezieller - Ordner, der mit dem Windows-Explorer beliebig bearbeitet werden kann. Sie können also auch Dateien aus dem Papierkorb in beliebige andere Verzeichnisse verschieben oder kopieren, wo Sie sie gerade benötigen.

Leeren Sie den Papierkorb

Im Lauf der Zeit kann sich im Papierkorb einiges an Daten ansammeln. Je nach Einstellungen (siehe im Folgenden) verbraucht der Papierkorb einen bestimmten Anteil Ihrer Festplattenkapazität für sich. Deshalb sollten Sie ihn, wie Sie es bei einem richtigen Papierkorb ja auch machen würden, von Zeit zu Zeit mal ausleeren.

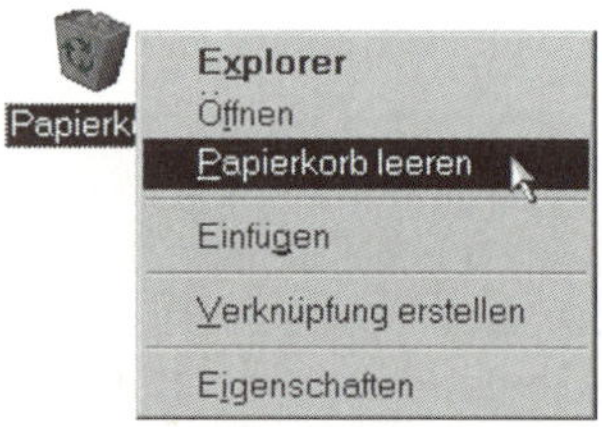

1 Klicken Sie das *Papierkorb*-Symbol auf dem Desktop mit der rechten Maustaste an, um das Kontextmenü zu öffnen, und wählen Sie hier die Funktion *Papierkorb leeren*.

2 Bevor die im Papierkorb enthaltenen Objekte endgültig gelöscht werden, fragt Windows zur Sicherheit noch mal nach, ob Sie diese Dateien wirklich löschen wollen. Bestätigen Sie mit *Ja*.

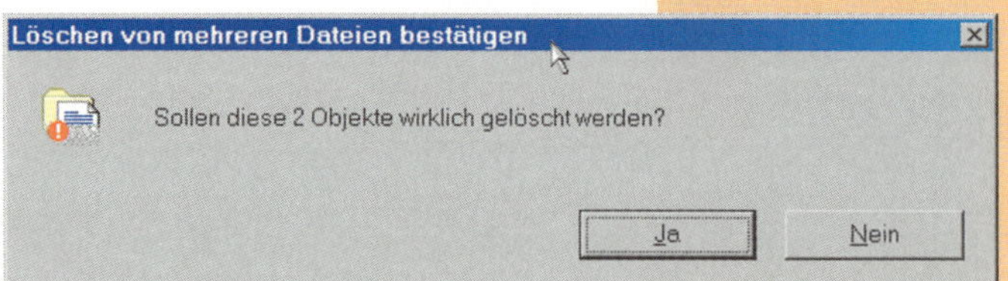

Der elektronische Spürhund – Suchen Sie nach Dateien

Wer kennt das nicht: Am Vortag hat man einen interessanten Text oder ein tolles Bild in einer Datei gesehen, aber am nächsten Tag kann man sich beim besten Willen nicht mehr daran erinnern, welche Datei das war oder wo genau sie auf der großen Festplatte gespeichert ist. Für solche Fälle bietet Windows 98 eine Dateisuche, mit der Sie Dateien nicht nur nach Namen, sondern auch nach Größe, Datum und sogar nach enthaltenem Text suchen und finden können. Öffnen Sie die Dateisuche mit *Start/Suchen/Dateien/Ordner*. Daraufhin öffnet Windows ein *Suchen nach*-Fenster, in dem Sie die Suchparameter eingeben können.

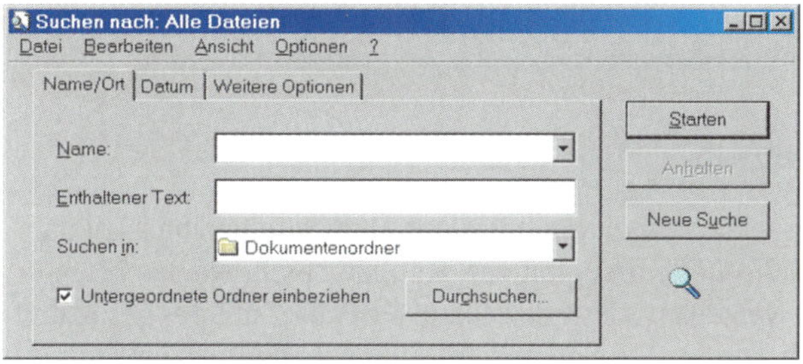

Dateien nach Namen suchen

1 Wenn Sie nach einer bestimmten Datei suchen, von der Sie den Namen oder zumindest Teile davon wissen, sollten Sie in der Dateisuche die Kategorie *Name/Ort* wählen.

2 Geben Sie hier im Feld *Name* den Dateinamen bzw. den Teil des Namens ein, an den Sie sich noch erinnern.

3 Stellen Sie im Auswahlfeld *Suchen In* ein, welches Verzeichnis durchsucht werden soll. Standardmäßig ist hier der Dokumentenordner eingestellt. Am erfolgversprechendsten ist die Angabe des Arbeitsplatzes, weil dadurch das vollständige Dateisystem durchsucht wird. Je nach Umfang der Daten kann das aber ganz schön lange dauern. Versuchen Sie deshalb stets, den Suchbereich möglichst stark zu begrenzen.

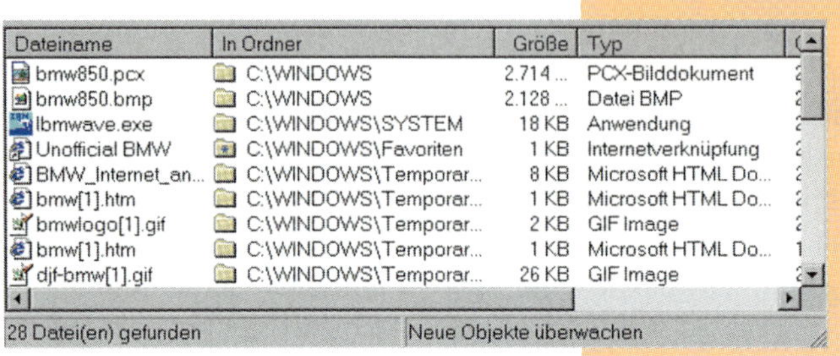

4 Zum Starten der Suche klicken Sie auf die *Starten*-Schaltfläche rechts. Das Suchprogramm überprüft die angegebenen Ordner und die darin enthaltenen Unterverzeichnisse. Dabei baut es eine Liste mit allen Dateien, die gemäß dem Suchbegriff in Frage kommen. Von dieser Liste aus können Sie die einzelnen gefundenen Dateien näher betrachten.

Dateien nach Datum suchen

Wenn Sie von einer gesuchten Datei zumindest den Namen oder einen Teil davon kennen, finden Sie die Datei bestimmt mit der oben beschriebenen Methode. Wenn Sie statt des Namens noch wissen, wann Sie zuletzt mit der gesuchten Datei gearbeitet haben, können Sie eine andere Herangehensweise wählen.

1 Stellen Sie dazu wiederum wie oben beschrieben in der Kategorie *Name/Ort* im Feld *Suchen in* den Suchbereich möglichst genau ein.

Wechseln Sie dann in die Kategorie *Datum*.

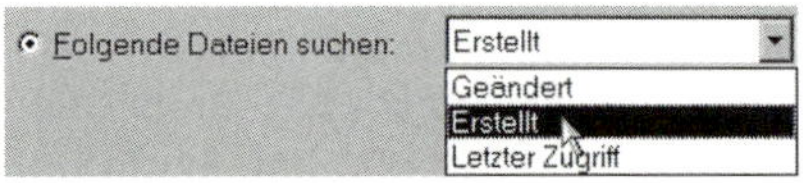

3 Aktivieren Sie hier die Option *Folgende Dateien suchen* und wählen Sie im Auswahlfeld dahinter als Referenzdatum *Geändert*, *Erstellt* oder *Letzter Zugriff* aus. Zu jeder Datei werden diese drei Datumsangaben gespeichert und Sie können so auswählen, nach welcher der Angaben gesucht werden soll.

4 Wenn Sie die Option *Zwischen* aktivieren, können Sie anhand des Anfang- und Enddatums einen genauen Zeitraum angeben, in dem die Datei erstellt, das letzte Mal bearbeitet oder das letzte Mal gelesen wurde.

5 Die Option *Innerhalb der letzten X Monate* bietet eine andere Möglichkeit, einen Suchzeitraum anzugeben. Dabei legen Sie die Anzahl der zurückliegenden Monate fest, die bei der Suche berücksichtigt werden sollen.

6 Liegt das Erstellen oder letzte Benutzen der Datei noch nicht so lange zurück, wählen Sie besser *Innerhalb der letzten X Tage* und geben die Anzahl der in Frage kommenden Tage an.

7 Die Suche starten Sie wiederum mit der *Starten*-Schaltfläche.

Dateien nach Inhalt suchen

Auch wenn Sie sich weder an den Namen einer Datei noch das Datum der letzten Bearbeitung erinnern, kann Ihnen die Dateisuche weiterhelfen. Vielleicht erinnern Sie sich an einen bestimmten Begriff oder einen Namen, der in der (Text-) datei auftauchte. Die Dateisuche kann Dateien nach dieser Zeichenfolge durchsuchen.

1 Um Dateien nach einem bestimmten Inhalt durchsuchen zu lassen, wechseln Sie in die Kategorie *Name/Ort*.

2 Geben Sie im Feld *Enthaltener Text* den Suchbegriff ein, der in der Datei vorhanden sein soll. Verwenden Sie einen möglichst spezifischen Begriff, damit die Suche nicht zu viele Ergebnisse bringt.

3 Benutzen Sie anschließend das Auswahlfeld *Suchen in*, um den Bereich für die Suche einzuschränken. Das ist bei dieser Form der Suche besonders wichtig, da sie sehr aufwendig ist und dementsprechend sehr lange dauern kann.

4 Wollen Sie die Suche noch genauer auf ein Verzeichnis einschränken, können Sie dieses mit der *Durchsuchen*-Schaltfläche in einem Dateiauswahl-Dialog festlegen. Aktivieren Sie die Option *Untergeordnete Ordner einbeziehen*, damit auch in Unterverzeichnissen gesucht wird.

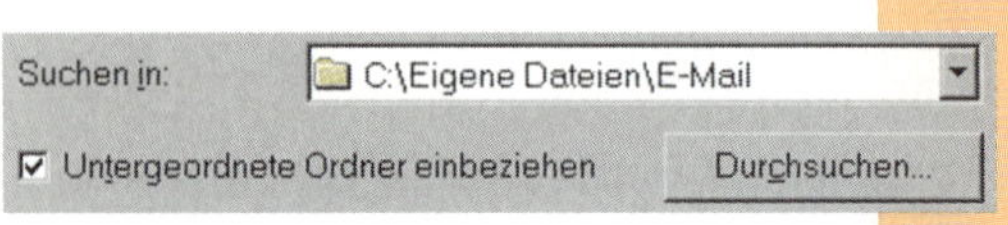

Info

Kombinieren von Suchkriterien

Auf den vorangegangenen Seiten haben wir Ihnen Beispiele für die verschiedenen Suchmethoden der Suchhilfe gezeigt. Sie können alle diese Verfahren aber auch miteinander kombinieren, d. h., Sie können z. B. einen Dateinamen und einen Datumsbereich angeben, in dem eine Datei dieses Namens zuletzt geöffnet wurde. Ebenso können Sie Datumsangabe, enthaltene Zeichenkette und Dateinamen kombinieren, um möglichst gezielt zu suchen. In der Kategorie *Weitere Optionen* können Sie den Suchvorgang beschleunigen, indem Sie den Dateityp oder die ungefähre Größe der gesuchten Datei vorgeben. Das Suchprogramm prüft dann nur Dateien, die diese Kriterien erfüllen, und kann so effizienter arbeiten. Mit diesen Parametern lässt sich die Suchhilfe optimal und flexibel an unterschiedliche Aufgaben anpassen.

Sicher ist sicher – Legen Sie Sicherungskopien Ihrer Dateien an

Ein echter Alptraum für jeden PC-Benutzer ist der Datengau, der Verlust aller oder zumindest eines großen Teils der Daten. Für solche Fälle ist es sinnvoll, eine Sicherungskopie (engl. Backup) wichtiger Dateien zur Verfügung zu haben. Die können Sie mit Windows-Bordmitteln erstellen.

Speichermedien für Sicherungskopien

Klassische Sicherungsmedien sind Streamer, kleine Magnetbandkassetten, auf denen digitale Daten abgelegt werden können. Ein DAT-Streamer ist allerdings relativ teuer und deshalb nur bei kommerzieller Nutzung des PCs sinnvoll. Kostengünstigere Alternativen sind ZIP-Laufwerke oder CD-Brenner, die auch problemlos mit größeren Datenmengen umgehen können. Für Backups von einzelnen oder wenigen Dateien kommen auch mal Disketten in Frage. Eine weitere Möglichkeit ist eine zweite Festplatte, die als Sicherungsmedium für die erste genutzt wird. Diese Möglichkeit ist besonders praktisch und schnell, hat aber auch Nachteile: Wenn der ganze PC durch äußere Einwirkung (Feuer, Blitzschlag) zerstört wird, sind höchstwahrscheinlich beide Platten hinüber. Ähnlich sieht es aus, wenn der Rechner z. B. bei einem Einbruch entwendet wird.

Windows 98 verfügt über ein eigenes Backup-Programm, das von der Firma Seagate eingekauft wurde. Dieses Unternehmen ist einer der größten Hersteller von Festplatten und sollte sich deshalb ja eigentlich mit dem Problem der Datensicherung auskennen.

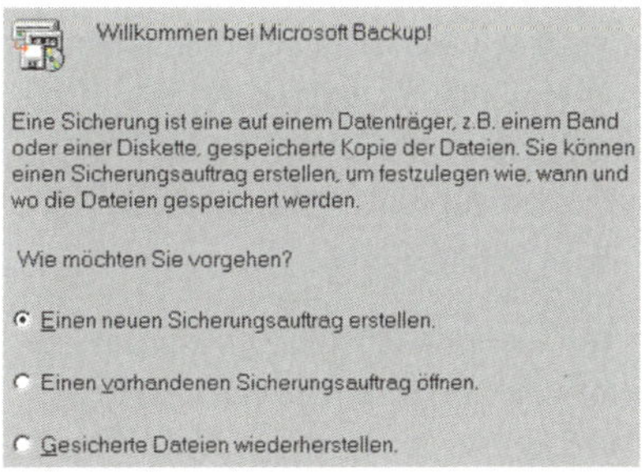

1 Starten Sie das Windows-eigene Backup-Programm mit *Start/Programme/Zubehör/Systemprogramme/Backup*.

2 Wählen Sie im Begrüßungsmenü des Backup-Programms die Option *Einen neuen Sicherungsauftrag erstellen*. Bestätigen Sie Ihre Auswahl mit *OK*.

3 Nun müssen Sie sich dafür entscheiden, entweder den gesamten *Arbeitsplatz* zu sichern, oder nur *Markierte Dateien, Ordner und Laufwerke sichern*. Der Arbeitsplatz umfasst sämtliche Dateien Ihres PCs, so dass Sie mit dieser Option praktisch alle Daten erfassen können. Das erfordert aber sehr viel Speicherplatz, beschränken Sie sich deshalb lieber auf ausgewählte Ordner und Dateien.

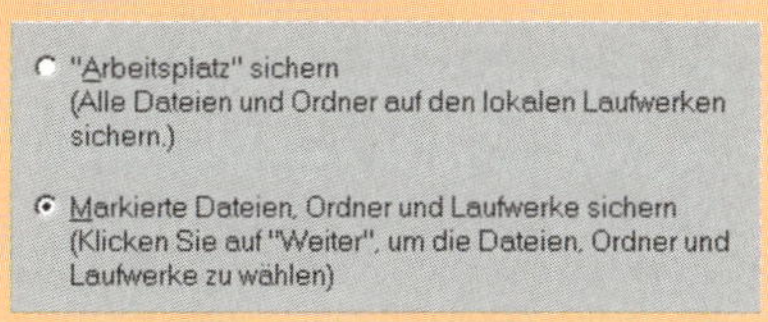

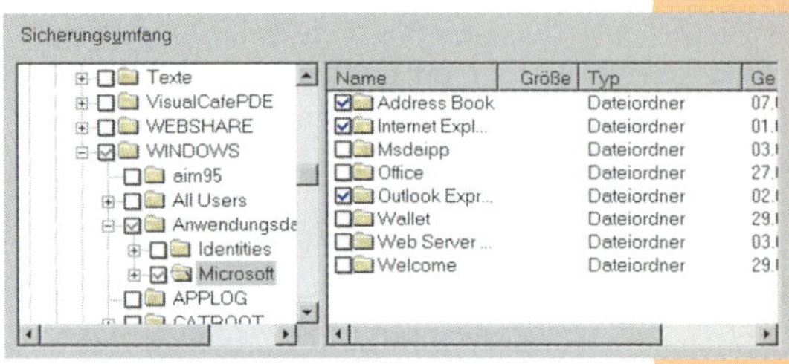

4 Wählen Sie im nächsten Schritt die zu sichernden Dateien und Ordner aus. Dazu steht Ihnen ein Explorer-ähnliches Auswahlfenster zur Verfügung. Links sind die Laufwerke und Verzeichnisse Ihres PCs aufgeführt. Rechts wird jeweils der Inhalt des links ausgewählten Ordners angezeigt. Mit den Häkchen vor den jeweiligen Einträgen legen Sie fest, welche Objekte gesichert werden sollen.

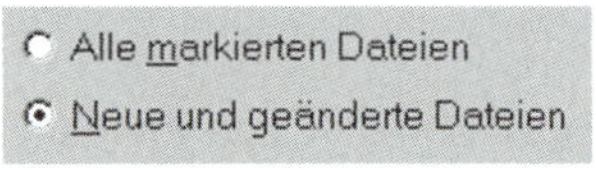

5 Sie können entweder eine Komplettsicherung (*Alle markierten Dateien*) durchführen, bei der grundsätzlich alle markierten Ordner und Dateien gesichert werden, oder sich auf eine Zuwachssicherung (*Neue und geänderte Dateien*) beschränken. Dabei sichert das Backup-Programm nur solche Dateien und Ordner, die sich seit der letzten Sicherung verändert haben.

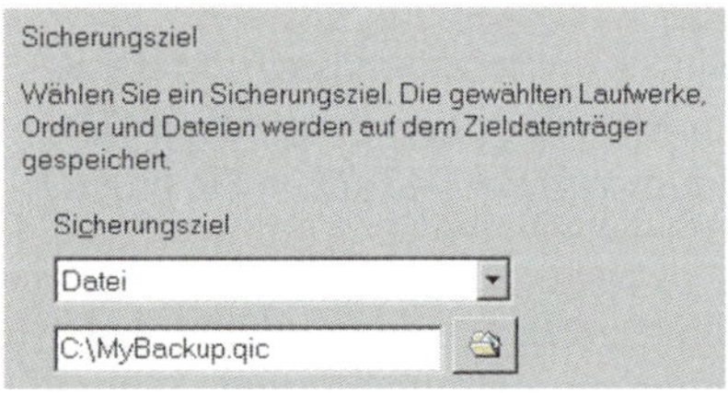

6 Wählen Sie dann das *Sicherungsziel* aus. Geben Sie dazu zunächst als Ziel eine *Datei* oder – wenn ein entsprechendes Sicherungsgerät in Ihrem PC vorhanden ist – ein Streamer-Laufwerk an. Im Feld darunter geben Sie dem Pfad für die Sicherungsdatei an.

7 Aktivieren Sie im nächsten Fenster die Option *Original- und Sicherungsdateien vergleichen, um sicherzustellen, dass die Daten gesichert wurden*. Dann führt das Backup-Programm im Anschluss an das Sichern einen Vergleich zwischen Sicherungs- und Originaldateien durch. Dadurch können eventuelle Fehler oder Störungen während des Sicherns gleich bemerkt werden.

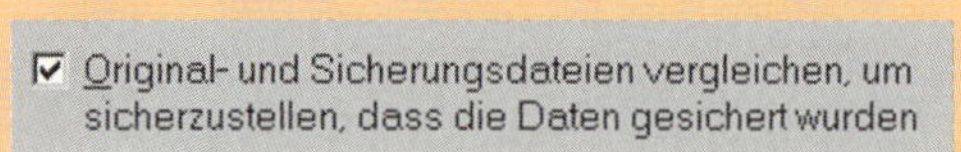

8 Schalten Sie außerdem die Option *Sicherungsdaten komprimieren, um Speicherplatz zu sparen* ein. Dann verwendet das Backup-Programm beim Erstellen der Sicherungsdateien ein Komprimierverfahren, so dass die Dateien weniger Speicherplatz benötigen.

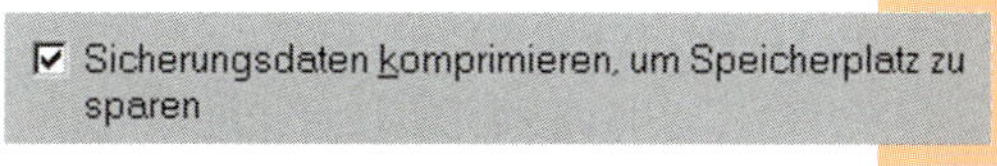

9 Geben Sie schließlich einen Namen für den Sicherungsauftrag an. So können Sie die Sicherung mit diesen Parametern immer wieder durchführen.

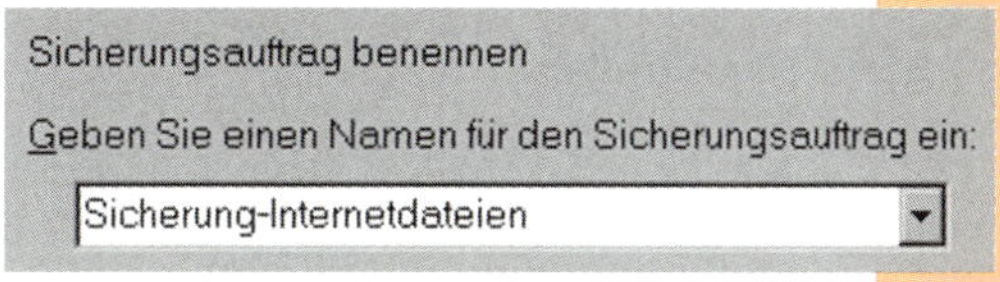

10 Klicken Sie schließlich auf die *Starten*-Schaltfläche, um die Sicherung zu starten.

11 Das Backup-Programm sichert nun Ihre Daten gemäß den eingestellten Parametern. Anschließend zeigt es Ihnen eine Übersicht der Sicherung an. Im Feld *Status* sollte die Meldung *Sicherungsvorgang beendet - Keine Fehler* stehen, wenn alles problemlos geklappt hat.

Info

Was und wie oft sollte man sichern?

Die Auswahl der zu sichernden Dateien ist ein großes Problem, da man hier stets einen guten Kompromiss zwischen Sicherheit und Speicherplatz finden muss. Prinzipiell sollten Sie nur Dateien sichern, die sich im Verlustfall nicht ohne weiteres wiederherstellen lassen. Das Betriebssystem Windows selbst oder auch Anwendungen wie Office lassen sich im Verlustfall von den Installations-CD-ROMs in kurzer Zeit neu installieren. Persönliche Daten wie Adressbücher, Linksammlungen, Homebankingdaten etc. Gehen bei einem Datenverlust endgültig verloren. Das sind die Daten, die sich unbedingt sichern sollten. Die Regelmäßigkeit eines Sicherungsvorgangs hängt stets von den Daten ab, die gesichert werden sollen. Halten Sie sich vor Augen, dass Sie im Falle eines Datenverlustes die verlorenen Dateien nur bis zu dem Zeitpunkt wiederherstellen können, an dem Sie die letzte Sicherungskopie erstellt haben.

Gesicherte Dateien wiederherstellen

Wenn der Fall eines Datenverlustes eintritt, können Sie zuvor gesicherte Dateien aus den Sicherungsdaten wiederherstellen. Dafür ist ebenfalls das Sicherungsprogramm zuständig, das dazu einen Wiederherstellen-Modus beherrscht.

1 Starten Sie das Sicherungsprogramm erneut mit *Start/Programme/Zubehör/Systemprogramme/Backup*.

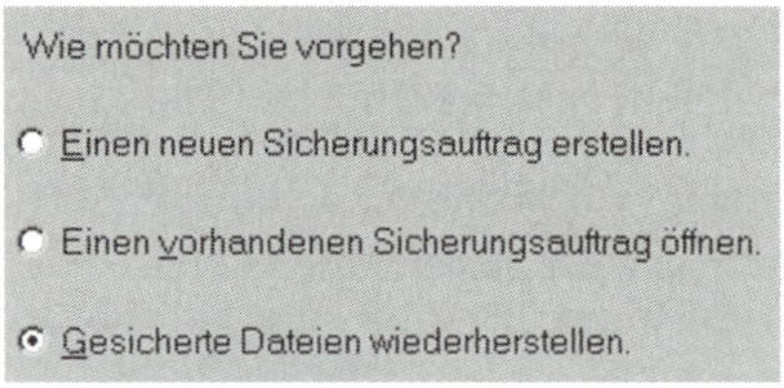

2 Wählen Sie diesmal die Option *Gesicherte Dateien wiederherstellen*.

3 Geben Sie zunächst an, wo sich die Sicherungsdatei mit den wiederherzustellenden Dateien befindet. Wählen Sie dazu das Backup-Gerät (oder *Datei*) und den Pfad der Sicherungsdatei aus.

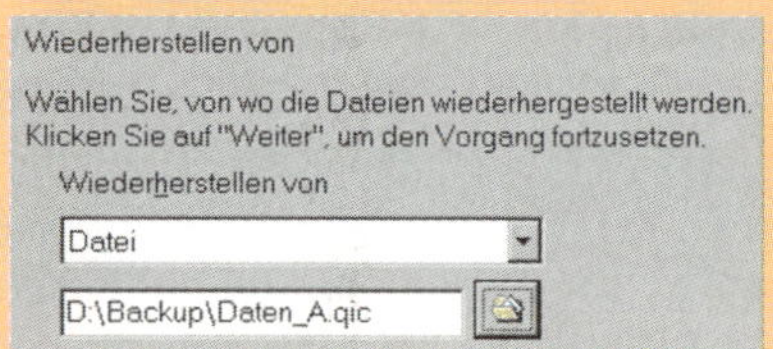

4 Das Backup-Programm liest die angegebene Sicherungsdatei ein und stellt die Sicherungsstruktur dar. Komplettsicherungen bestehen nur aus einem Eintrag. Bei Zuwachssicherungen sind die einzelnen Sicherungsvorgänge aufgeführt. Hier sollten Sie den jüngsten Eintrag auswählen, um die aktuellste Version der Dateien wiederherzustellen.

5 Nun zeigt das Sicherungsprogramm in einer Explorer-ähnlichen Darstellung den Inhalt der Sicherungsdatei an. Wählen Sie die Dateien oder Ordner aus, die wiederhergestellt werden sollen, indem Sie sie mit einem Häkchen markieren.

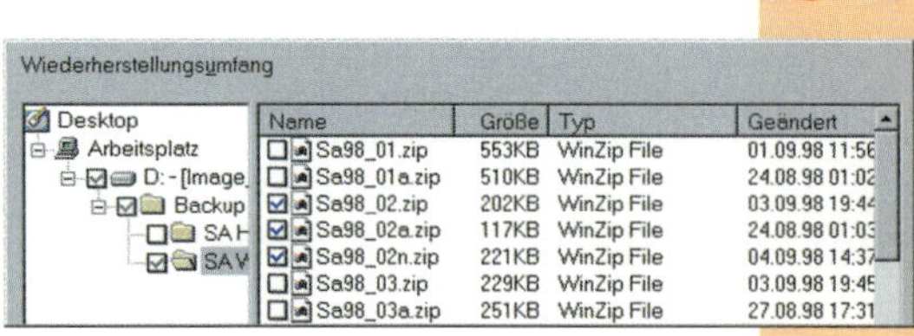

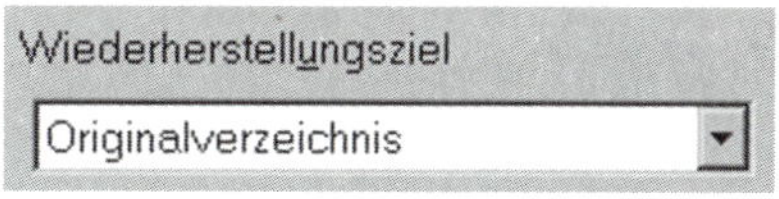

6 Geben Sie dann an, wo die ausgewählten Dateien und Ordner wiederhergestellt werden sollen. Mit *Originalverzeichnis* werden die Dateien an der Stelle wiederhergestellt, von der sie auch gesichert wurden. Mit *Anderes Verzeichnis* können Sie einen anderen Ordner dafür auswählen.

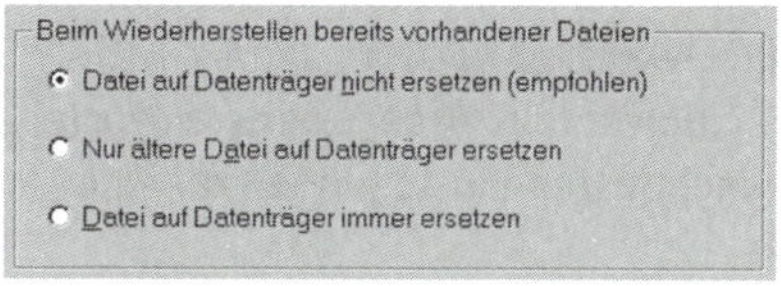

7 Besonders beim Wiederherstellen von ganzen Ordnern kann es passieren, dass einige der Dateien, die wiederhergestellt werden sollen, noch im Original vorhanden sind. Dann muss das Sicherungsprogramm wissen, wie es in solchen Fällen reagieren soll. Wählen Sie die Option *Datei auf Datenträger immer ersetzen*, werden alle vorhandenen Dateien durch die eventuell älteren aus der Sicherungskopie überschrieben. Mit *Datei auf Datenträger nicht ersetzen* werden solche Dateien nicht wiederhergestellt und die neueren Versionen bleiben erhalten. Das Sicherungsprogramm stellt dann nur Dateien wieder her, die im Original nicht mehr vorhandenen sind.

8 Mit *Starten* lassen Sie das Wiederherstellen beginnen.

9 Sind alle markierten Dateien wiederhergestellt, meldet sich das Sicherungsprogramm wiederum mit einem Statusbericht. Im Feld *Status* sollte die Meldung *Wiederherstellung beendet - Keine Fehler* erscheinen, wenn das Programm erfolgreich war.

Mein Windows gehört mir – Windows individuell einstellen

Der bereits im zweiten Kapitel ausführlich vorgestellte Desktop ist für alle Windows-Benutzer die zentrale Arbeitsoberfläche. Von hier werden Anwendungen und Dokumente zum Bearbeiten aufgerufen. Außerdem sind alle wichtigen Funktionen und Einstellungen hier zugänglich. Da ist es wichtig, den Desktop optimal auf die eigenen Bedürfnisse und die individuelle Arbeitsweise einzustellen. In diesem Kapitel zeigen wir Ihnen die wichtigsten Einstellungen für eine perfekt abgestimmte Windows-Oberfläche.

Die richtige Perspektive – Stellen Sie die optimale Auflösung ein

Der Bildschirm spielt neben der Maus und der Tastatur eine ganz wichtige Rolle. Wie bei allen Rechnern ist er auch bei Windows-PCs das zentrale Ausgabegerät. Um so wichtiger ist es deshalb, den Monitor optimal einzustellen. Häufig werden teure und hochleistungsfähige Monitore mit den einfachsten Standardeinstellungen benutzt, mit denen man die Kapazität dieser Geräte bei weitem nicht ausnutzt. Damit Ihnen nicht das Gleiche passiert und Sie das Optimale aus Ihrem Bildschirm herausholen können, zeigen wir Ihnen die wichtigsten Einstellungen.

Info

Die optimale Bildschirmauflösung

Die niedrigste Auflösungsstufe stellt meist 640 x 480 Bildpunkte (engl. Pixel) dar. Nach oben hin geht es inzwischen bis zu 1.600 x 1.200 Bildpunkten. Nicht jeder Monitor beherrscht alle Auflösungsstufen, aber alle neueren Monitore stellen ihren Benutzern verschiedene Auflösungen zur Auswahl. Da gilt es, die geeignete zu finden. Generell gilt: Je höher die Auflösung, desto mehr Platz auf dem Bildschirm, desto besser. Allerdings ist die Auflösung nach oben hin nicht unbegrenzt. Die Darstellungsmöglichkeiten des Monitors und die Ausstattung der Grafikkarte zeigen dem System die Grenzen auf. Ganz wichtig: Die Bildwiederholfrequenz sollte deutlich über 70 Hz liegen, sonst flackert das Bild. Manche Monitore schaffen in den höchsten Auflösungen aber nicht so hohe Frequenzen. Dann sollten Sie sich lieber mit der nächstkleineren Auflösung zufrieden geben.

Die folgende Tabelle gibt einen Überblick über die geeigneten Auflösungen bei verschiedenen Monitorgrößen, die bei durchschnittlicher Hardwareausstattung erreichbar sein sollten. Ob Ihre PC sich auch mit höheren Auflösungen gut und ergonomisch betreiben lässt, können Sie selbst ausprobieren.

Bildschirmgröße	Geeignete Auflösung
14 Zoll	640 x 480 (für Windows 98 allerdings kaum noch geeignet)
15 Zoll	800 x 600, bei guten Geräten auch 1.024 x 768 mit großen Schriften
17 Zoll	1.024 x 768 oder 1.152 x 864
19 Zoll	1.280 x 1.024
21 Zoll	1.600 x 1.200

1 Um die Auflösung für Ihren Windows-PC einzustellen, öffnen Sie mit *Start/Einstellungen/Systemsteuerung* die Systemeinstellungen von Windows und wählen dort das *Anzeige*-Symbol.

2 Wechseln Sie in den *Eigenschaften von Anzeige* in die Kategorie *Einstellungen*.

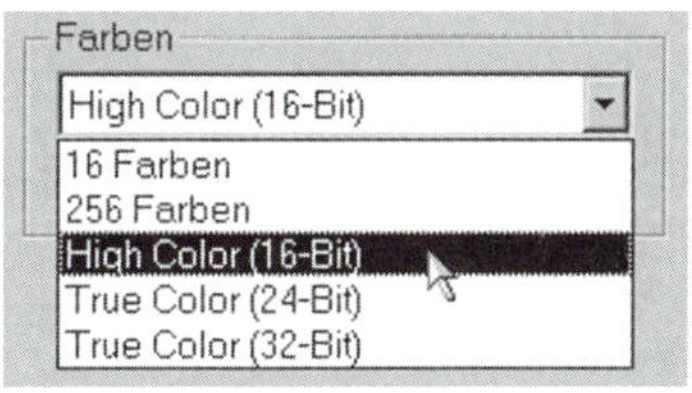

3 Die Farbtiefe wird mit dem Auswahlfeld im Bereich *Farben* ausgewählt. Stellen Sie hier eine geeignete Farbtiefe ein. Für Windows ist die Farbtiefe *High Color (16-Bit)* optimal. Mit einer geringeren Farbtiefe kann Ihre Grafikkarte aber vielleicht höhere Auflösungen darstellen. Bei einer höheren Farbtiefe wird erheblich mehr Arbeitsspeicher für die Darstellung benötigt. Diese Modi sollten Sie deshalb nur einstellen, wenn Sie Bildbearbeitung (z. B. Scannen und Nachbearbeiten von Fotos) in hoher Qualität betreiben wollen.

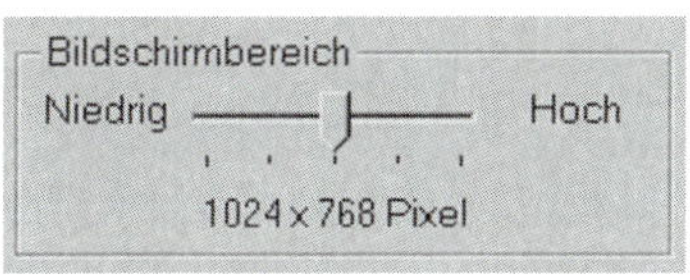

4 Mit dem Schieberegler *Bildschirmbereich* wird die Bildschirmauflösung eingestellt. Windows stellt hier nur Auflösungen zur Verfügung, die Ihre Grafikkarte und Ihr Monitor seiner Meinung nach verkraften können.

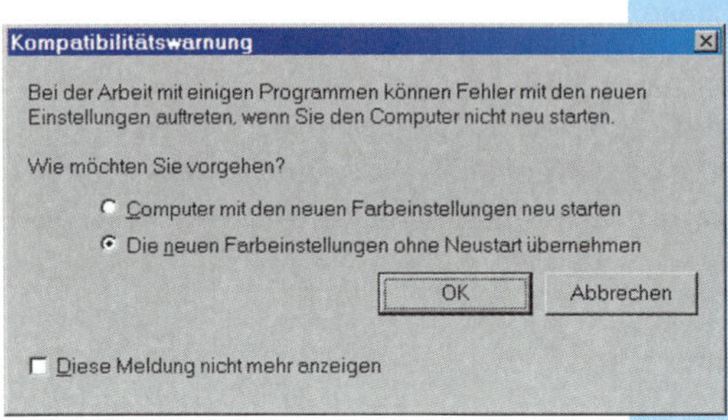

5 Um neue Einstellungen zunächst nur zu testen, klicken auf die *Übernehmen*-Schaltfläche. Bei Änderungen an der Farbtiefe kann es sein, dass einige Anwendungen mit der plötzlich geänderten Farbtiefe nicht klarkommen. In diesem Fall müssten Sie vor dem Weiterarbeiten einen Neustart durchführen. Diese Warnung von Windows kann aber in der Regel mit *Die neuen Farbeinstellungen ohne Neustart übernehmen* ignoriert werden. Sollte es tatsächlich zu Darstellungsproblemen kommen, können Sie den Neustart immer noch nachholen. In den meisten Fällen sollte die Umstellung aber problemlos klappen.

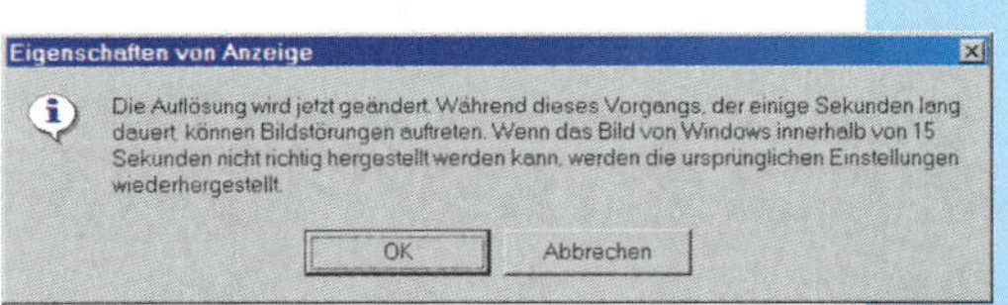

6 Wollen Sie die Bildschirmauflösung ändern, führt Windows diesen Wechsel zunächst nur probeweise für ca. 15 Sekunden durch. Wenn der Wechsel nicht gelingt, kann es nämlich sein, dass der Bildschirm anschließend einfach schwarz bleibt. In solchen Fällen erfolgt nach Ablauf der Testfrist eine automatische Rückkehr zum vorher eingestellten Modus. So kann eigentlich nichts schief gehen. Bestätigen Sie den entsprechenden Hinweis auf diese Verfahrensweise mit *OK*.

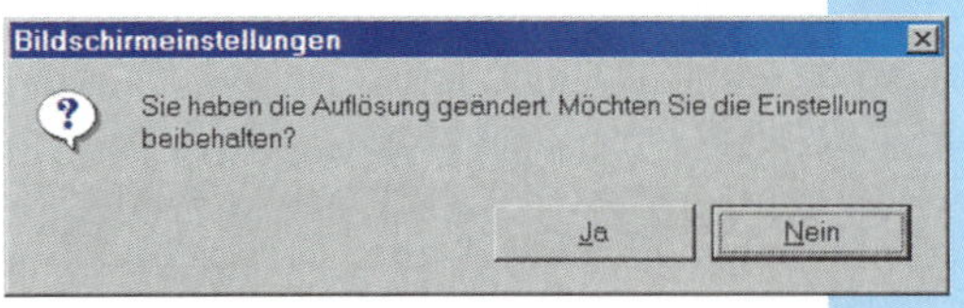

7 Hat der Wechsel geklappt und Ihr Bildschirm ist nicht schwarz geblieben, erkundigt sich Windows, ob Sie mit der neuen Auflösung zufrieden sind. Mit *Ja* behalten Sie die neue Auflösung bei. Andernfalls können Sie mit *Nein* sofort zur vorherigen Einstellung zurückkehren. Nehmen Sie die entsprechende Auswahl innerhalb der 15 Sekunden Probezeit vor, sonst schaltet Windows automatisch in den vorherigen Modus zurück und Sie müssen von vorn anfangen.

Je nach Auflösung die richtige Schriftgröße wählen

Eine wichtige Rollen im Zusammenhang mit der Bildschirmauflösung spielt die Schriftgröße. Verwenden Sie eine niedrige Auflösung, sollte die Standardschrift des Systems möglichst klein sein, um nicht unnötig Platz auf dem Bildschirm zu verschwenden. Benutzen Sie hingegen höhere Auflösungen, kann die Schrift im Verhältnis so klein werden, dass sie kaum noch lesbar ist. Dieses Problem tritt vor allem bei Monitoren ab 17 Zoll und größer und den damit möglichen Auflösungen auf. In solchen Fällen können Sie die Systemschrift aber vergrößern, um tränende Augen und Kopfschmerzen zu vermeiden.

1 Um die Größe der Standardsystemschrift zu verändern, öffnen Sie wiederum die Kategorie *Einstellungen* in den *Eigenschaften von Anzeige*.

2 Klicken Sie hier auf die *Weitere Optionen*-Schaltfläche rechts unten.

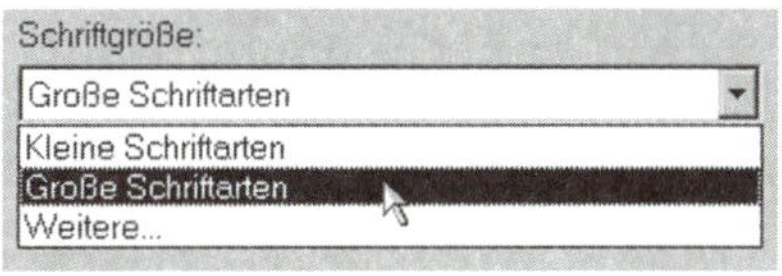

3 Öffnen Sie im nachfolgenden Menü die Kategorie *Allgemein*. Hier finden Sie im Bereich *Anzeige* das Auswahlfeld *Schriftgröße*. In der Auswahlliste stehen die beiden festen Schriftgrößen *Kleine Schriftarten* und *Große Schriftarten* zur Verfügung. Diese beide Varianten reichen für die meisten Zwecke, wobei Sie die erste Option bei niedrigen und die zweite Option bei höheren Auflösungen wählen sollten. Passen diese beiden vorgefertigten Schriftgrößen nicht zu Ihren Anforderungen, klicken Sie stattdessen auf *Weitere*.

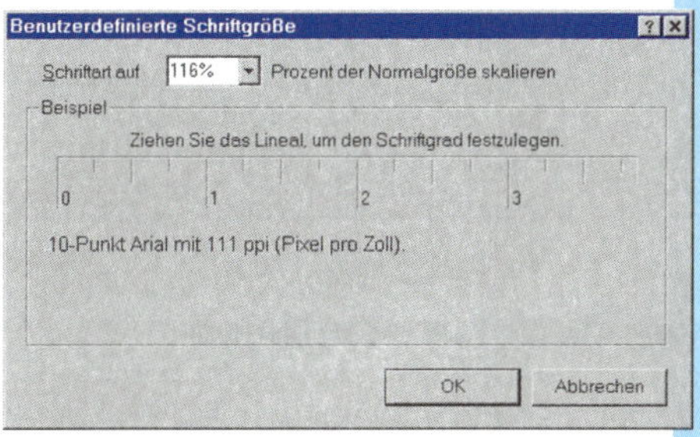

4 Mit *Weitere* öffnen Sie das Menü für die *Benutzerdefinierte Schriftgröße*. Hier können Sie die Schriftgröße pixelgenau angeben. Dazu verwenden Sie entweder das Auswahlfeld *Schriftart auf X Prozent der Normalgröße skalieren* oder ziehen darunter das Lineal so, dass es dem Gewünschten entspricht. Unterhalb des Lineals zeigt Ihnen eine Vorschau, wie die gerade gewählte Schrift auf dem Bildschirm aussieht.

5 Um einen Wechsel der Schriftgröße durchzuführen, ist immer ein Neustart erforderlich. Bestätigen Sie den entsprechenden Hinweis von Windows mit *Ja*, um den Neustart sofort durchzuführen. Andernfalls steht die neue Schriftgröße erst nach dem nächsten Systemstart zur Verfügung.

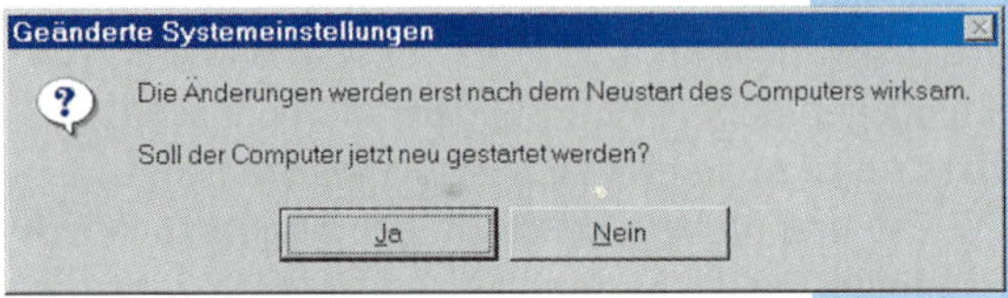

Schluss mit dem Einheitsbrei – Ein neuer Hintergrund für den Desktop

Der Hintergrund von Windows ist schon seit der ersten Windows-Version eine der leichtesten und beliebtesten Möglichkeiten zur persönlichen Gestaltung von Windows. Bei Windows 98 kommt dem Hintergrund eine besonders große Bedeutung zu, weil er eben nicht einfach nur der Hintergrund, sondern gleichzeitig die Arbeitsoberfläche sein kann. Der Windows-Hintergrund kann einfach mit einer Farbe Ihrer Wahl gestaltet werden. Ebenso kann er aber auch grafische Muster oder Bilder enthalten. So kommen Sie zu einem Desktop mit der ganz persönlichen Note.

Info

Hintergrundbilder und der Arbeitsspeicher

Hintergrundbilder sind nicht nur (meistens) schön, sondern belegen auch einiges an Platz im Arbeitsspeicher Ihres PCs. Auch das Neuberechnen des Hintergrundbildes z. B. beim Öffnen, Schließen oder Wechseln von Anwendungen verbraucht desto mehr Rechenzeit, je größer das Bild ist. Besonders wenn Sie bei hoher Auflösung (1.024 x 768 und mehr) ein bildschirmfüllendes Hintergrundbild verwenden, kann das einen eher schwach ausgestatteten PC mit knappen Speicher- und Prozessor-Ressourcen spürbar ausbremsen. In solchen Fällen sollten Sie besser kleinere Brötchen backen. Bei einem neuen PC mit reichlich Speicher und einem schnellen Prozessor müssen Sie sich deswegen aber keine Sorgen machen.

Hintergrundbilder für den Windows-Desktop einstellen

Hintergrundbilder machen den PC persönlicher und interessanter. Die Auswahl möglicher Bilder ist groß. Ob ein Foto vom Lebensabschnittsgefährten, ein

Kunstwerk vom Lieblingsmaler oder ein Bild vom Traumauto – der Fantasie sind keine Grenzen gesetzt. Im Kapitel über Multimedia-Anwendungen zeigen wir Ihnen unter anderem, wie Sie Bilder mit einem Scanner einlesen und digital speichern können. Auch solche gescannten Bilder eignen sich hervorragend als Hintergrundbilder. Wenn Sie nicht erst scannen oder anderweitig Bilder besorgen wollen, können Sie auch auf die mit Windows ausgelieferten Bilder zurückgreifen.

1 Um ein Bild für den Hintergrund Ihres Windows-PCs zu wählen, öffnen Sie mit *Start/Einstellungen/Systemsteuerung* die Systemeinstellungen von Windows und wählen hier das *Anzeige*-Symbol.

2 In den *Eigenschaften von Anzeige* wechseln Sie in die Kategorie *Hintergrund*, wo Sie alle Hintergrundeinstellungen festlegen können. In der oberen Hälfte des Menüs sehen Sie einen Monitor mit einer Vorschau, die den aktuellen Hintergrund anzeigt. Hier können Sie bei den weiteren Einstellungen gleich die erzielte Wirkung erkennen.

3 Im Bereich *Hintergrundbild* sehen Sie unter *HTML-Dokument oder Bild auswählen* eine Liste der zur Verfügung stehenden Objekte. Dies sind sowohl Bilddateien als auch Webseiten, die sich im Windows-Stammverzeichnis befinden. Der Eintrag *Keine* ganz oben in der Liste steht für einen bildlosen Hintergrund.

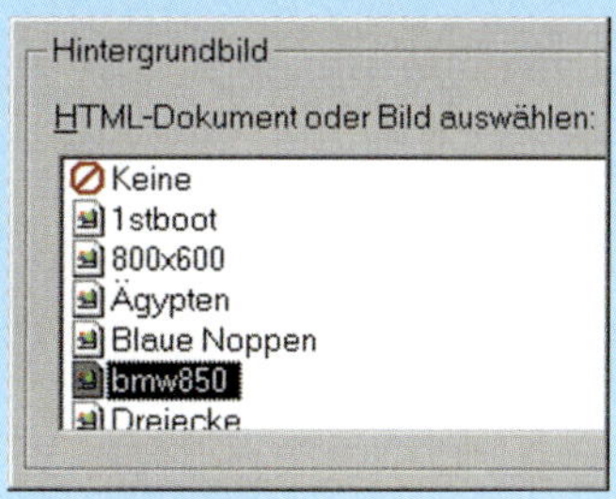

4 Wählen Sie eine der Datei aus, wird diese sofort im Vorschaumonitor angezeigt. Dieser zeigt auch (verkleinert) an, wie groß die Grafik ist bzw. einen wie großen Teil des Desktops sie abdeckt.

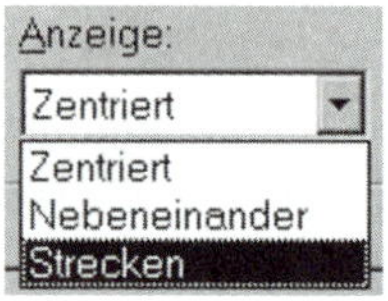

5 Um den Bildschirm optimal zu nutzen, können Sie die Größe des dargestellten Bildes verändern. Dazu stehen Ihnen verschiedene *Anzeige*-Methoden zur Verfügung.

Anzeige-Methode	Auswirkung
Zentriert	Das Bild wird in seiner Originalgröße mittig auf dem Desktop dargestellt. Eignet sich nur bei Bildern ab einer bestimmten Größe. Dann kann der Effekt sehr nützlich sein, weil rund um das Bild noch Platz bleibt, um die Desktop-Symbole gut sichtbar zu platzieren.
Nebeneinander	Das Bild wird nicht nur einmal, sondern mehrfach neben- und untereinander dargestellt, bis der gesamte Bildschirm gefüllt ist. Diese Methode kann man verwenden, wenn man eine relativ kleine Bilddatei flächenfüllend einsetzen will. Besonders wirkungsvoll sind Grafiken, die fließend ineinander übergehen und so den Eindruck eines einzigen, großen Bildes erzeugen (siehe auch im nächsten Abschnitt über Muster).
Strecken	Diese Methode vergrößert das Originalbild so, dass es den gesamten Desktop abdeckt. Nicht für alle Bilder geeignet, da sich durch das künstliche Strecken oft unschöne Effekte ergeben. Besonders sehr kleine Bilder wirken meist verpixelt und unansehnlich.

6 In der Vorschau können Sie stets verfolgen, wie sich die verschiedenen Methoden auf die Darstellung des ausgewählten Bildes auswirken. Mit *OK* übernehmen Sie die neue Hintergrundgrafik.

Info

Bilder aus anderen Verzeichnissen verwenden

In der Hintergrundbild-Liste werden nur die hintergrundtauglichen Dateien angezeigt, die sich im Windows-Stammverzeichnis (meist *C:\Windows*) befinden. Sie können aber auch Dateien aus anderen Ordnern verwenden, indem Sie auf die *Durchsuchen*-Schaltfläche klicken. Damit öffnen Sie einen Dateiauswahl-Dialog, in dem Sie beliebige Ordner öffnen und dort Dateien auswählen können. Eine so ausgewählte Datei wird vorübergehend in die Hintergrundbild-Liste übernommen. Windows kann BMP-, PCX-, GIF- und JPG-Dateien als Hintergrundbild darstellen. Dementsprechend werden im Auswahldialog nur Dateien dieser Typen angezeigt.

Bilder aus dem Web als Hintergrund übernehmen

Wenn Sie mit dem Internet Explorer durch das World Wide Web surfen, stoßen Sie vielleicht des öfteren auf eine tolle Grafik, die Sie gern als Desktop-Hintergrund verwenden würden. Dazu müssen Sie die Grafik nicht erst umständlich abspeichern und dann als Hintergrundbild einstellen. Der Internet Explorer bietet für diesen Vorgang eine prima Abkürzung.

1 Wenn Sie im Internet Explorer eine Webseite mit einem Bild geöffnet haben, das Sie gern als Hintergrund verwenden möchten, klicken Sie mit der rechten Maustaste auf das Bild.

2 Im dadurch geöffneten kontextabhängigen Menü rufen Sie die Funktion *Als Hintergrundbild* auf, um das ausgewählte Bild als Hintergrundbild festzulegen.

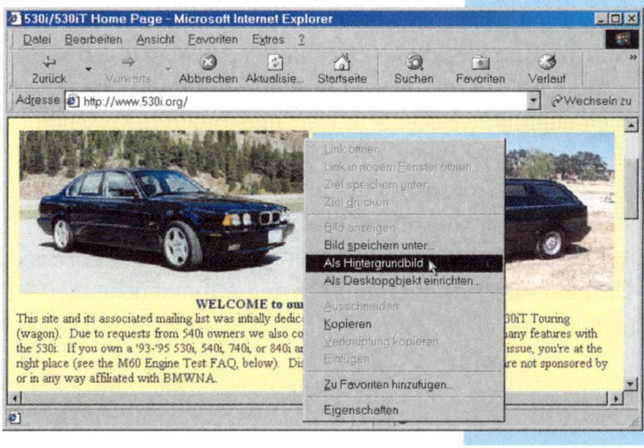

3 Der Internet Explorer speichert die so ausgewählte Grafik als *Internet Explorer Wallpaper* im Windows-Stammverzeichnis (meist *C: Windows*). Unter diesem Namen finden Sie dieses Bild so lange in der Liste der Hintergrundbilder, bis Sie die Funktion für ein anderes Bild aus dem Internet verwenden.

4 Falls nötig, können Sie auch für dieses Bild in die *Anzeige*-Methode anpassen (s. o.).

Schwarzweiß oder Graffiti? – Die Bildschirm-Farbschemas

Auf den meisten Windows-PCs herrscht die Farbkombination Blau-Grau vor. Das liegt daran, dass dies die Standardfarben sind, mit denen das Betriebssystem in der Regel installiert wird. Dass es später dabei bleibt, liegt oftmals nicht so sehr an der Bequemlichkeit der Benutzer. Vielmehr gibt es eine Menge Windows-Einsteiger, die gar nicht wissen, dass der Bildschirm mit wenigen Handgriffen auch ganz anders aussehen kann. Und das hat nicht nur einen Spaßfaktor, sondern kann z. B. bei Notebooks mit lichtschwachen Displays oder bei schlechten Lichtverhältnissen im Büro große Vorteile für Ergonomie und Lesbarkeit des Bildschirms haben.

Vorhandene Farbschemas nutzen

Die Farbeinstellungen von Windows werden in sogenannten Schemas verwaltet, die genaue Angaben darüber enthalten, welche Elemente der Oberfläche in welcher Farbe darzustellen oder mit welcher Schriftart und -größe zu versehen sind. Das bekannteste Farbschema ist Windows Standard, das den Bildschirm mit den unvermeidlichen blaugrauen Farben ausstattet. Neben diesem Standardschema bringt Windows aber noch eine ganze Reihe vorgefertigter Schemas mit, die den Desktop interessanter gestalten oder ganz praktische Zwecke erfüllen, wie z. B. die Desktop-Anzeige für gute Lesbarkeit auf monochromen Bildschirmen zu optimieren.

1 Um ein anderes Farbschema für Ihren PC zu wählen, öffnen Sie mit *Start/Einstellungen/Systemsteuerung* die Systemeinstellungen von Windows und wählen dort das *Anzeige*-Symbol. Alternativ können Sie auch mit der rechten Maustaste auf eine freie Stelle des Desktops klicken und im kontextabhängigen Menü den Befehl *Einstellungen* wählen.

2 Wechseln Sie in den *Eigenschaften von Anzeige* in die Kategorie *Darstellung*, wo Sie alle Einstellungsmöglichkeiten für die Windows-Farbschemas finden. Ganz oben finden Sie eine Vorschau, die die Auswirkungen der unten gerade eingestellten Parameter zeigt. So können Sie immer erst sehen, wie Änderungen sich auswirken, ohne dass Sie die Einstellungen gleich endgültig übernehmen müssen.

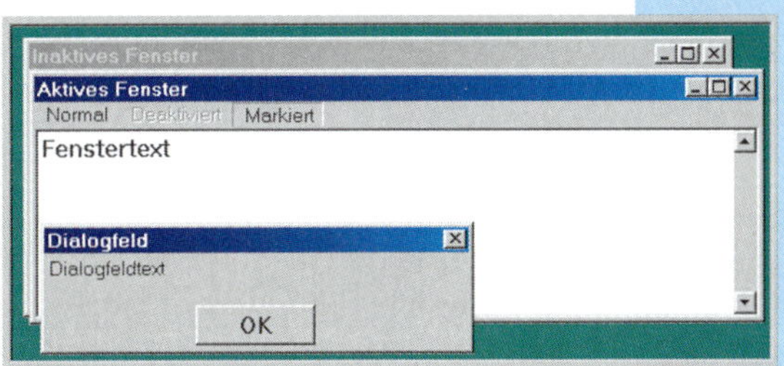

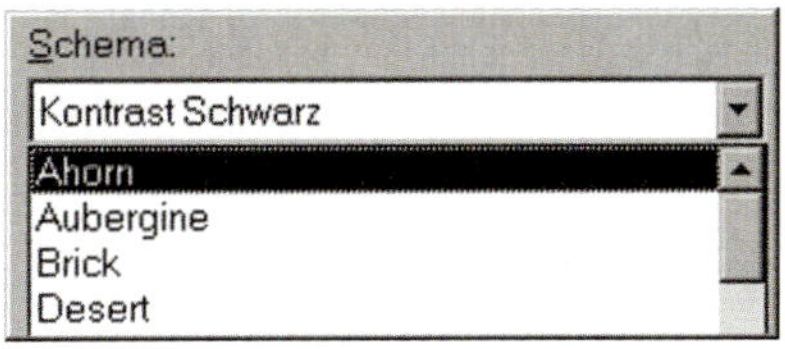

3 Im Auswahlfeld *Schema* sind die vielen vorgefertigten Farbschemas von Windows zugänglich. Wenn Sie eines der Schemas auswählen, wird es sofort oben in der Vorschau angezeigt. Bei einigen Schemas gibt der Name Hinweise auf ihre Besonderheiten. Andere müssen Sie einfach ausprobieren. Die Kontrast-Schemas sind besonders kontrastreich gestaltet und deshalb hervorragend für Notebooks oder kontrastarme Monitore geeignet.

4 Mit der *OK*-Schaltfläche stellen Sie das aktuell ausgewählte Farbschema für die Oberfläche Ihres Windows-PCs ein. Benutzen Sie stattdessen die *Übernehmen*-Schaltfläche, werden die Änderungen ebenfalls aktiviert. In diesem Fall bleibt aber das Einstellungsmenü noch geöffnet, damit Sie ggf. gleich noch weitere Änderungen machen können.

Eigene Farbschemas erstellen

Wenn Sie bei den vorgefertigten Farbschemas nicht das Richtige finden, können Sie auch selbst kreativ werden und den Windows-Bildschirm ganz individuell gestalten, indem Sie sich ein ganz eigenes Farbschema zurechtbasteln.

1 Öffnen Sie zunächst wiederum die Kategorie *Darstellung* in den Anzeige-Eigenschaften.

2 Um nicht ganz bei Null starten zu müssen, wählen Sie als Grundlage am besten eines der vorgefertigten Schemas aus, das Ihren Vorstellungen schon einigermaßen nahe kommt. Benutzen Sie die Vorschau, um ein solches zu suchen.

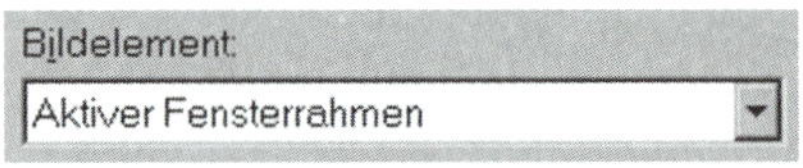

3 Überlegen Sie sich dann, welches der Oberflächenelemente Sie verändern wollen, und wählen Sie dieses im Feld *Bildelement* aus.

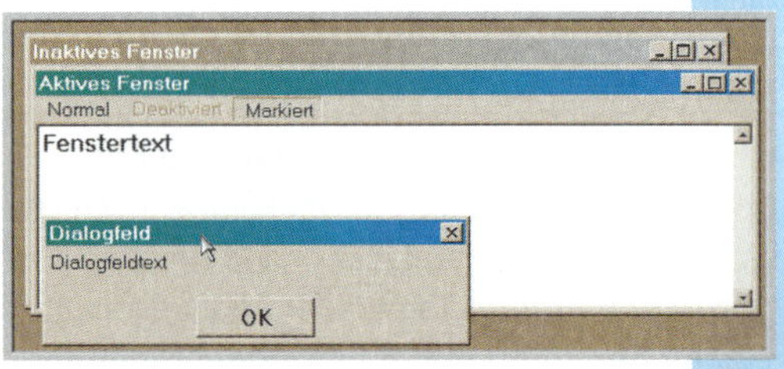

4 Vielleicht sind Sie mit den teilweise etwas technischen Namen der Bildelemente nicht vertraut und können sich unter einigen der Namen in der Bildelementliste nicht viel vorstellen. Dann gibt es eine sehr praktische interaktive Auswahlfunktion. Die Vorschau im oberen Bereich des Menüs dient nämlich nicht nur der Darstellung, sondern kann auch zur Auswahl von Bildelementen benutzt werden. Klicken Sie hier einfach auf das Bildelement, das Sie verändern möchten. Dieses Element wird dann automatisch im Feld *Bildelement* eingestellt.

5 Mit den Feldern *Größe* und *Farbe* und *2. Farbe* bestimmen Sie das Erscheinungsbild des ausgewählten Bildelements. Mit *Größe* können Sie zu kleine Bildelemente größer darstellen lassen. *Farbe* legt die Farbe des Bildelements fest. Bei manchen Elementen (z. B. bei Titelleisten) kann auch noch eine *2. Farbe* gewählt werden. Dann wird das Bildelement mit einem Farbverlauf von Farbe 1 zu Farbe 2 versehen. Welche der Einstellungen zugänglich sind, hängt ganz vom gewählten Bildelement ab. Bei Dialogfeldern lässt sich z. B. gar keine dieser Eigenschaften frei wählen.

6 Darunter können Sie für Bildelemente mit Schrift die Eigenschaften dieser Schrift einstellen. Dazu gehören die *Schriftart* und die *Größe* und *Farbe* der Schrift. Für bestimmte Bildelemente können Sie die Schrift sogar fett oder kursiv darstellen lassen.

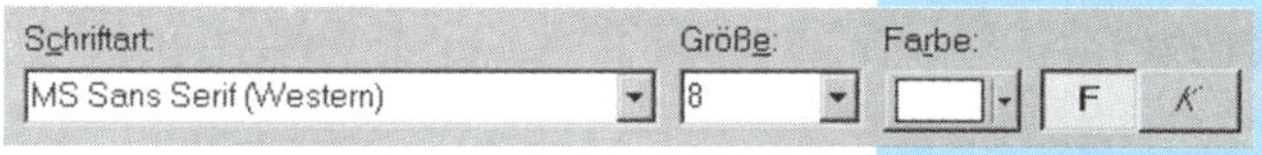

7 Auch beim Erstellen individueller Farbschemas werden die Auswirkungen der eingestellten Optionen ständig in der Vorschau angezeigt. So können Sie die Wirkung überprüfen, bevor Sie die Einstellungen in einem eigenen Farbschema speichern. Wenn Sie mit Ihrer Farbkombination zufrieden sind, speichern Sie diese mit der *OK*-Schaltfläche.

Farbschemas dauerhaft speichern

Wenn Sie eine individuelle Farbeinstellung gewählt haben, speichert Windows diese bis zur nächsten Änderung. Danach wird sie aber mit den neuen Einstellungen überschrieben und ist verloren. Deshalb sollten Sie die mühsam optimierten Einstellungen in einem eigenen Farbschema dauerhaft speichern. So können Sie sie auch später jederzeit wieder abrufen und einsetzen.

1 Öffnen Sie wiederum die Kategorie *Darstellung* in den Anzeige-Eigenschaften.

2 Verwenden Sie keines der vorgefertigten Schemas, sondern individuelle Einstellungen, ist das *Schema*-Feld leer.

3 Um Ihre individuellen Einstellungen in einem eigenen Farbschema zu speichern, klicken Sie auf die *Speichern unter*-Schaltfläche.

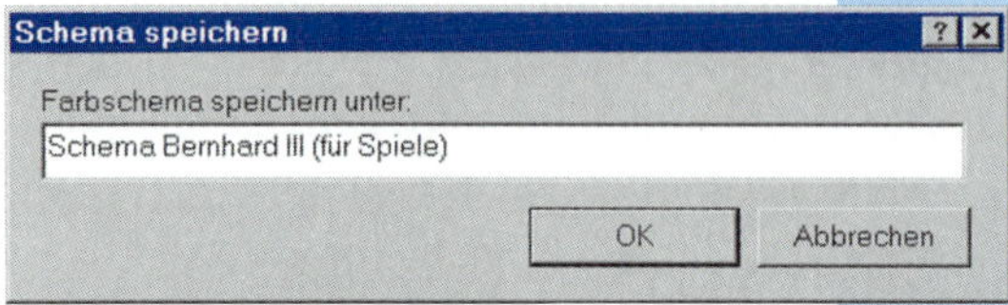

4 Geben Sie im Menü *Schema speichern* einen geeigneten Namen für Ihre individuellen Einstellungen an und speichern Sie das Schema mit *OK*.

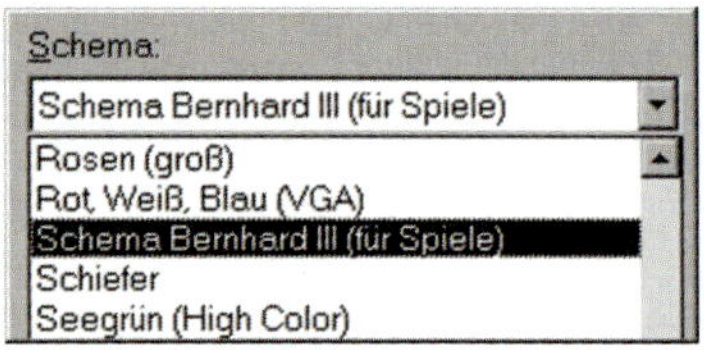

5 Das neue Schema wird in der Liste der vorgefertigten Schemas gespeichert und ab sofort als aktuelles Farbschema verwendet. Wollen Sie nach einem weiteren Wechsel zu diesem Farbschema zurückkehren, wählen Sie seinen Eintrag in der Liste der vorgefertigten Schemas.

6 Wird ein eigenes Farbschema später nicht mehr benötigt, können Sie es auch wieder entfernen. Wählen Sie es dazu in der *Schema*-Liste aus und klicken Sie dann auf die *Löschen*-Schaltfläche. Das klappt übrigens nicht nur mit eigenen Schemas, sondern bei den nicht benötigten Windows-Schemas. So können Sie Speicherplatz sparen und die Auswahlliste übersichtlicher machen.

PC, ick hör dir trapsen – Information und Spaß mit Systemklängen

Neben dem Bildschirm ist der Lautsprecher das zweite Ausgabegerät, das auf praktisch allen Windows-PCs zur Verfügung steht. Einen einfachen Lautsprecher hat ja jeder PC eingebaut, aber heutzutage gibt es ja kaum noch Rechner ohne Soundkarte und zusätzliche Lautsprecherboxen. Diese Möglichkeiten sollte man auch sinnvoll einsetzen. Schließlich kann der PC seinem Benutzer auch durch akustische Signale wertvolle Informationen geben. Stellen Sie sich vor, Sie tippen mit Zehnfingersystem in rasanter Geschwindigkeit einen Text von einer Vorlage ab. Dabei tippen Sie blind, d. h., Sie schauen nur auf die Vorlage und nicht auf den Monitor. Wenn ein Problem auftritt, das den PC daran hindert, weitere Eingaben von Ihnen zu übernehmen, bemerken Sie dies nicht und tippen ganz vergebens und erfolglos immer weiter. Aber auch der Spaßfaktor sollte nicht zu kurz kommen. Wenn Sie schon das Geld für Soundkarte und Lautsprecherboxen ausgegeben haben, sollte Ihr Rechner Sie beim Systemstart auch mit zünftigen Klängen willkommen heißen oder sich mit einem entsprechenden Sound verabschieden.

1 Um die Systemklänge für Ihren PC einzustellen, müssen Sie angeben, in welcher Situation Windows welche akustischen Signale von sich geben soll. Öffnen Sie dazu mit *Start/Einstellungen/Systemsteuerung* die Systemeinstellungen und rufen Sie dort das Symbol *Akustische Signale* auf.

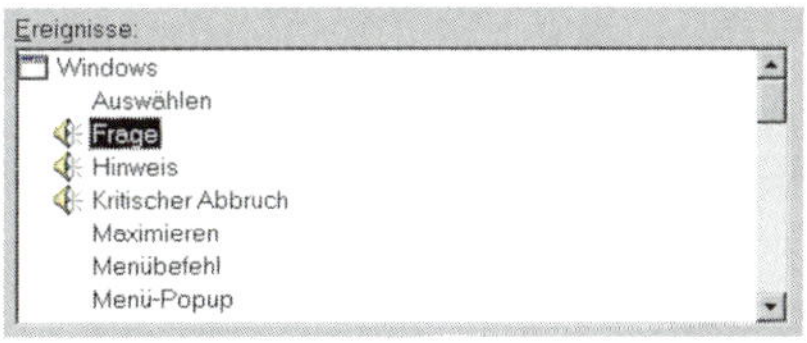

2 In den *Eigenschaften von Akustische Signale* finden Sie zunächst unter *Ereignisse* eine Liste der Ereignisse, bei denen Windows automatisch Klänge abspielen kann. Markieren Sie hier das Ereignis, das Sie mit einem Klang versehen wollen.

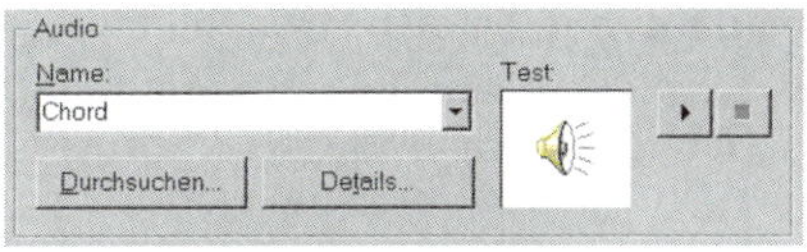

3 Im Bereich *Audio* können Sie dann festlegen, welcher Klang bei diesem Ereignis wiedergegeben werden soll. Dazu stehen Ihnen im Auswahlfeld *Name* eine ganze Reihe fertiger Klänge zur Verfügung.

4 Finden Sie dort keinen Klang, der Ihren Vorstellungen entspricht, können Sie mit der *Durchsuchen*-Schaltfläche beliebige Klangdateien im WAV-Format importieren. Mit dem Abspiel-Symbol können Sie sich die aktuell ausgewählte Klangdatei jederzeit anhören.

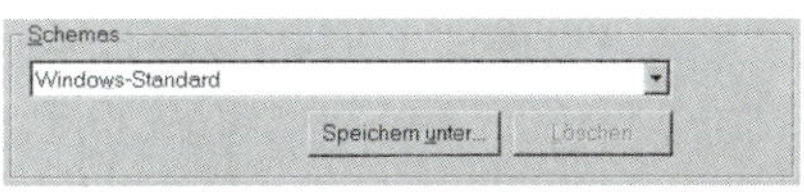

5 Im Bereich *Schemas* können Sie Ihre individuellen Einstellungen als Schema dauerhaft speichern oder auf eines der vorgefertigten Klangschemas von Windows zurückzugreifen.

Eigene Klangdateien verwenden

Für die akustischen Signale von Windows können Sie nicht nur vorgefertigte Klangdateien von Windows oder anderen Anwendungen verwenden, sondern auch ganz eigene Klänge aufnehmen. Was Sie dazu benötigen, ist eine Soundkarte, mit der man nicht nur Klänge wiedergeben, sondern auch aufnehmen kann. Dann müssen Sie nur noch ein Mikrofon oder Ihre Hi-Fi-Anlage an den Eingang der Soundkarte anschließen. Zum Aufnehmen können Sie den Audiorekorder von Windows verwenden (unter *Start/Programme/Zubehör/Unterhaltungsmedien/Audiorecorder*). Speichern Sie die aufgenommenen Klänge als WAV-Dateien im Verzeichnis *C:\Windows\Media*.

Lassen Sie sich von Ihrem PC ganz persönlich begrüßen

Mit den Systemklängen können Sie sich z. B. von Ihrem PC jeden Morgen ganz speziell begrüßen lassen. Dazu nehmen Sie mit einem Mikrofon oder auch von einem CD-Player ihren ganz persönlichen Begrüßungssound auf, speichern ihn im WAV-Format und hinterlegen ihn als Systemklang beim Windows-Start. Wie wäre es z. B. mit einem freundlichen „Guten Morgen" an die eigene Adresse. Oder mit einem Zitat aus Ihrem Lieblingsfilm („Play it again, Sam!")? Oder (zum Aufwachen) erst mal ein kräftiger Paukenschlag?

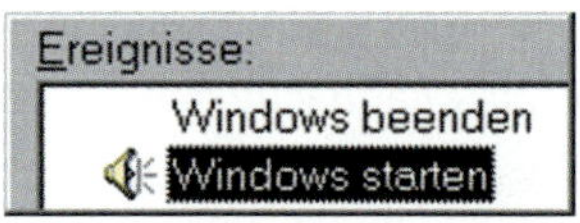

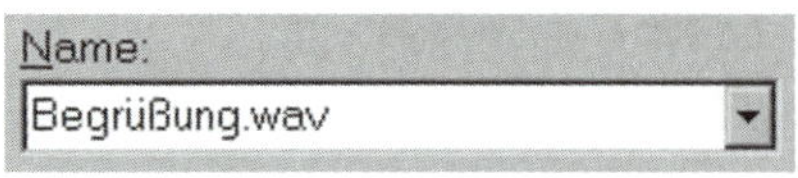

1 Nehmen Sie zunächst den gewünschten Begrüßungsklang mit Ihrer Soundkarte und dem Audiorekorder auf und speichern Sie ihn als WAV-Datei ab.

2 Öffnen Sie dann die Einstellungen für *Akustische Signale* in der Systemsteuerung.

3 Wählen Sie aus der *Ereignisse*-Liste den Eintrag *Windows starten*.

4 Klicken Sie dann auf die *Durchsuchen*-Schaltfläche und geben Sie im anschließenden Auswahldialog die zuvor gespeicherte Datei an.

5 Übernehmen Sie die neuen Klangeinstellungen mit *OK*. Ab jetzt begrüßt Ihr PC Sie ganz persönlich.

Werkzeuge und Helferlein – Die besten Tools

Windows kommt mit einer reichlichen Auswahl an Hilfsprogrammen und Wartungswerkzeugen, die Ihnen die Arbeit erleichtern sollen. Um alle diese Programme vorzustellen, fehlt in diesem Buch leider der Platz. Deshalb konzentrieren wir uns in diesem Kapitel auf die wichtigsten Tools zur Wartung und Pflege Ihrer Festplatte(n). Diese Massenspeicher sollen Ihre Daten schließlich zuverlässig und sicher beherbergen. Deshalb ist von Zeit zu Zeit etwas Pflege empfehlenswert, um Probleme zu vermeiden bzw. im Zweifelsfall rechtzeitig zu erkennen, bevor der Daten-GAU zuschlägt.

Frühjahrsputz – Entrümpeln Sie Ihre Festplatte

Festplattenplatz ist eine kostbare Angelegenheit. Zwar sind die Preise in den letzten Jahren erheblich gefallen, aber gleichzeitig steigen auch die Speicherplatzanforderungen von aktueller Software immer weiter. Vor zehn Jahren galt eine 20-MByte-Festplatte noch als das Nonplusultra. Heute liegt die übliche Festplattenausstattung eines neuen PCs bei 5 bis 10 GByte. Relativ gesehen, hat sich an der Situation also gar nicht so viel geändert. Allerdings haben die heutigen Anwendungen die unschöne Angewohnheit, den vorhandenen Plattenplatz mit temporären Dateien, Cache-Daten und Dateileichen zu füllen. Eigentlich sollten solche überflüssigen Platzverschwender automatisch wieder verschwinden, aber die Anwendungen sind hier nicht sehr zuverlässig. Wenn man all diese Dateien regelmäßig entfernt, kann man eine ganze Menge Speicher sparen.

Doch das Aufräumen ist eine mühsame Handarbeit - wenn da nicht die Datenträgerbereinigung wäre. Dieses Hilfsprogramm durchsucht Ihre Laufwerke und Verzeichnisse und macht Ihnen Vorschläge, welche Dateien gefahrlos sind und bedenkenlos entfernt werden können.

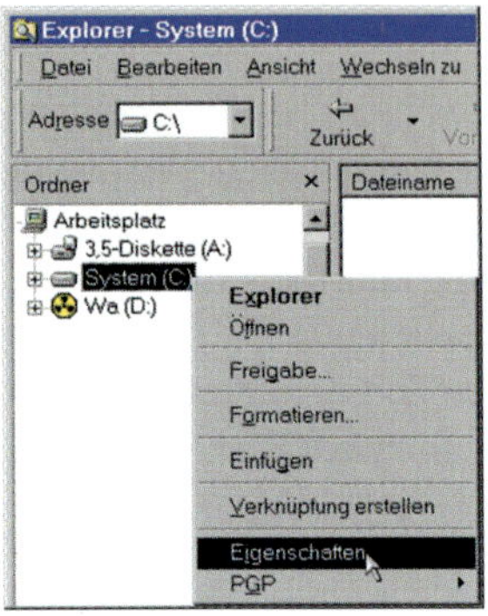

1 Um die Datenträgerbereinigung zu starten, öffnen Sie im Windows-Explorer das Laufwerk, das bereinigt werden soll.

2 Klicken Sie mit der rechten Maustaste auf den Eintrag des aufzuräumenden Laufwerks und wählen Sie hier den Menüpunkt *Eigenschaften.*

3 Im *Eigenschaften*-Menü des Laufwerks finden Sie neben einigen statistischen Angaben die *Laufwerk aufräumen-Schaltfläche*, mit dem Sie die Datenträgerbereinigung für dieses Laufwerk starten.

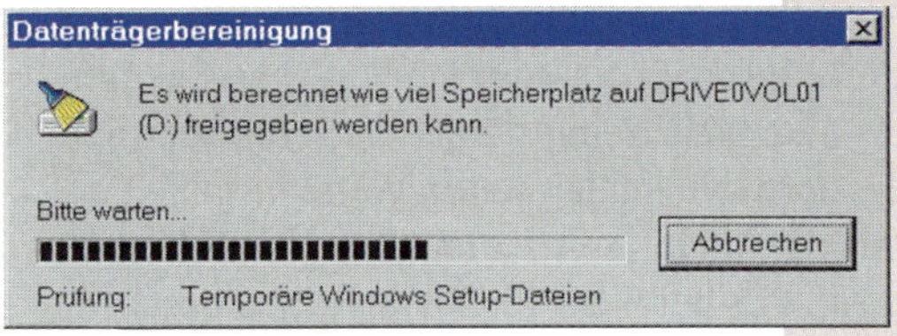

4 Die Datenträgerbereinigung überprüft das ausgewählte Laufwerk und ermittelt alle Dateien, die bereinigt werden können. Dazu verwendet es verschiedene Strategien. So überprüft es z. B. den Ordner für temporäre Dateien und sucht dort nach Dateien, die z. B. aufgrund eines Programm- oder Systemabsturzes nicht ordnungsgemäß entfernt wurden und unnötig Platz belegen. Ebenso schaut das Programm im Ordner für temporäre Internetdateien nach. Wenn Sie viel Surfen, kann sich hier auch ganz schnell einiges an Daten ansammeln, die nicht unbedingt erhalten bleiben müssen.

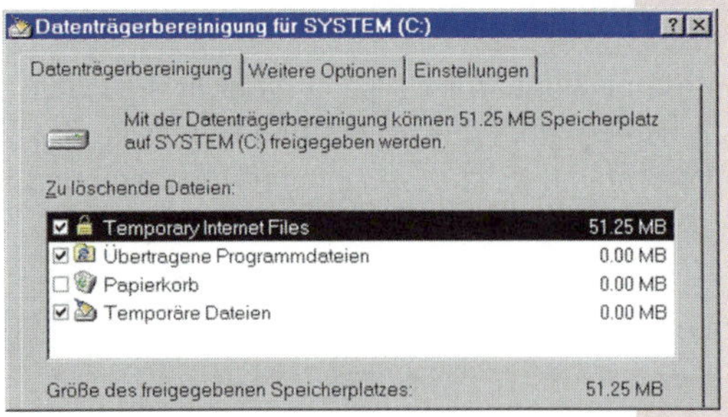

5 Hat die Datenträgerbereinigung ihre Überprüfung abgeschlossen, präsentiert sie die Ergebnisse in einer Zusammenfassung. Dabei finden Sie ganz oben eine Angabe, wie viel Speicherplatz auf dem Laufwerk maximal freigegeben werden kann.

6 Im Feld *Zu löschende Dateien* sind die Dateiarten aufgeführt, welche die Datenträgerbereinigung auf dem Laufwerk gefunden hat. Markieren Sie hier die Dateitypen, die entfernt werden sollen. Wollen Sie z. B. die temporären Internetdateien noch zum Offline-Betrachten aufheben, deaktivieren Sie den entsprechenden Eintrag. Zu jeder Kategorie von Dateien erhalten Sie in der unteren Fensterhälfte jeweils eine kurze Erläuterung.

7 Sind Sie sich nicht sicher, ob die Dateien in einer der Kategorien bedenkenlos gelöscht werden können, klicken Sie auf die *Dateien anzeigen*-Schaltfläche. Damit öffnen Sie ein Explorer-Fenster, in dem die einzelnen Dateien aufgeführt werden. Hier können Sie überprüfen, um was für Dateien es sich genau handelt.

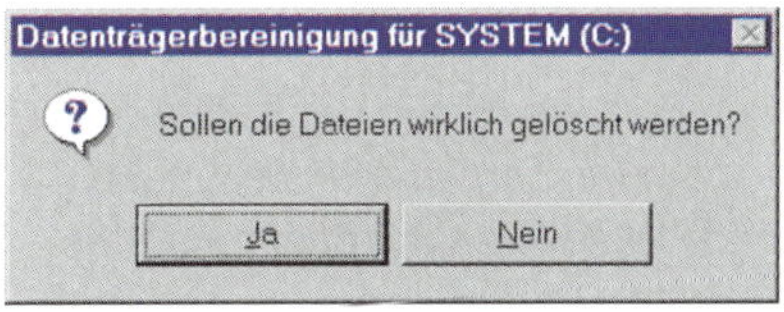

8 Haben Sie die zu löschenden Dateien bestimmt, klicken Sie auf *OK*. Bestätigen Sie die anschließende Sicherheitsabfrage mit *Ja*, um die Bereinigungsaktion durchzuführen.

Weiteren Speicherplatz freigeben

Vielleicht führt die oben beschriebene Datenträgerbereinigung noch nicht zu dem gewünschten Erfolg. Wenn Sie eine bestimmte Menge Festplattenplatz freigeben wollen, um z. B. eine neuen Anwendung auf Ihrem PC zu installieren, gibt es noch weitere Möglichkeiten. Dabei ist Ihnen wiederum die Datenträgerbereinigung behilflich.

1 Starten Sie die Datenträgerbereinigung wie oben beschrieben für eines Ihrer Laufwerke oder über das *Start*-Menü mit *Start/Programme/Zubehör/Systemprogramme/Datenträgerbereinigung*.

2 Wählen Sie ggf. ein Laufwerk zum Bereinigen aus und lassen Sie das Programm durchlaufen, bis es seine Vorschläge zum Entfernen von Dateien macht. Wechseln Sie dann in die Kategorie *Weitere Optionen*. Hier macht Ihnen das Programm weitere Vorschläge zum Freigeben von Speicherplatz.

3 Im Bereich *Windows-Komponenten* können Sie zusätzlichen Speicherplatz freigeben, indem Sie nicht benötigte Windows-Komponenten entfernen. Dazu sollten Sie überprüfen, ob Sie tatsächlich alle installierten Komponenten benötigen. Bei einer Komplettinstallation werden z. B. zahlreiche Hilfsprogramme und Ergänzungen eingerichtet, die Sie vielleicht gar nicht benötigen, die aber trotzdem Speicherplatz belegen. Klicken Sie dazu auf die *Bereinigen*-Schaltfläche.

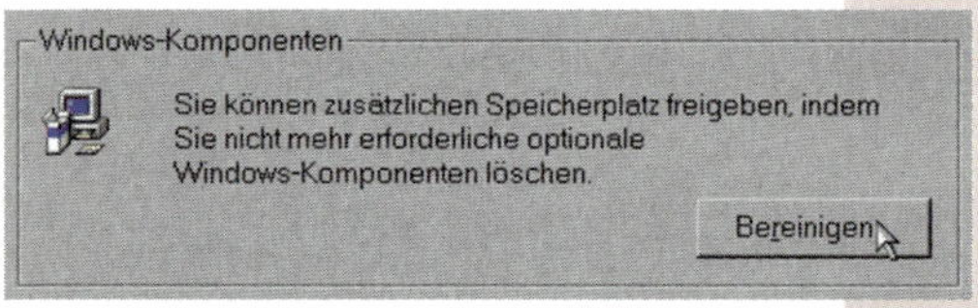

4 Dadurch gelangen Sie in die Kategorie *Windows Setup* der *Software*-Einstellungen. Hier sind alle Windows-Komponenten aufgeführt. Installierte Komponenten sind mit einem vorangehenden Häkchen versehen. Um eine der Komponenten zu deinstallieren, entfernen Sie dieses Häkchen. Haben Sie alle überflüssigen Komponenten deaktiviert, übernehmen Sie die neue Konfiguration mit *OK*. Windows entfernt daraufhin die Komponenten und gibt deren Speicherplatz frei. Eventuell ist danach ein Neustart Ihres PCs erforderlich.

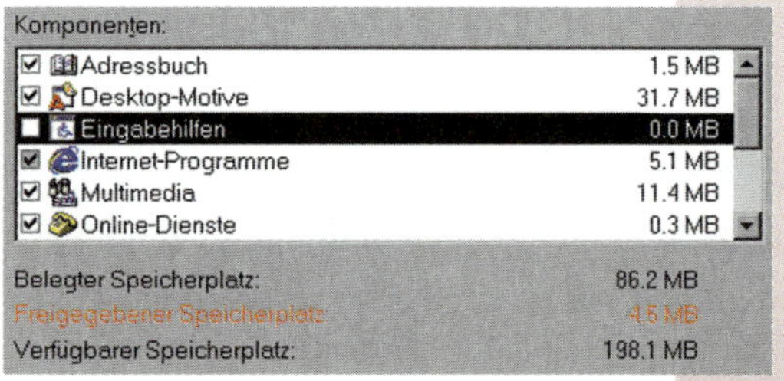

5 Zurück bei der Datenträgerbereinigung haben Sie außerdem die Möglichkeit, bei den installierten Programmen aufzuräumen. Vielleicht haben Sie ja mal verschiedene Programme nur zum Ausprobieren installiert, die Sie

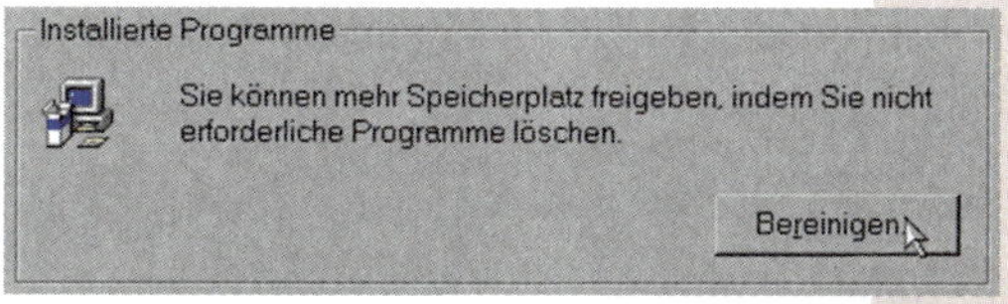

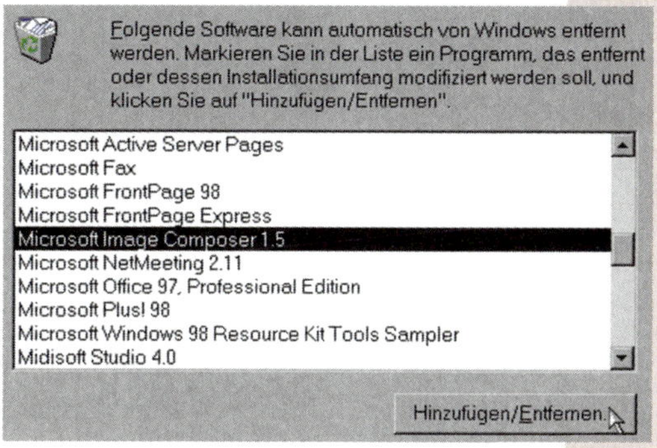

schon lange nicht mehr benutzen. Auch dadurch geht kostbarer Speicherplatz verloren. Solche Anwendungen sollten Sie deinstallieren. Klicken Sie dazu auf die untere *Bereinigen*-Schaltfläche.

6 Dadurch gelangen Sie in die Kategorie *Installieren/Deinstallieren* der *Software*-Einstellungen. Um eine der Anwendungen zu deinstallieren, markieren Sie deren Eintrag und klicken anschließend auf die *Hinzufügen/Entfernen*-Schaltfläche. Dadurch wird die Uninstall-Funktionen des betreffenden Programms aufgerufen. Haben Sie alle nicht mehr benötigten Anwendungen deinstalliert, schließen Sie die Softwareeinstellungen mit *OK*.

Info

Laufwerke komprimieren

Um die Speicherkapazität Ihres PCs langfristig zu erhöhen, können Sie auch auf die Komprimier-Funktionen von Windows zurückgreifen. Das Betriebssystem kann komplette Laufwerke komprimieren, so dass dort erheblich mehr Platz zur Verfügung steht. Allerdings büßt Ihr Rechner dabei etwas an Performance ein, weil das ständige Komprimieren und Dekomprimieren von Daten zu Lasten des Prozessors geht. Da der Preis von Prozessorkapazität im Verhältnis deutlich höher ist als Festplattenspeicher, empfiehlt sich deshalb eher der Kauf einer zusätzlichen oder größeren Festplatte. Das Programm zum Komprimieren Ihrer Festplatte(n) finden Sie unter *Start/Programme/Zubehör/Systemprogramme/Drive Space*.

Automatisieren Sie die Datenträgerbereinigung

Am besten führen Sie die Datenträgerbereinigung regelmäßig durch, damit der Platz auf Ihrer Festplatte gar nicht erst eng wird bzw. damit Sie einen echten

Engpass, der sich durch das Löschen von Dateien vielleicht nicht mehr beheben lässt, rechtzeitig erkennen. Eine sehr praktische Möglichkeit hierfür ist der Wartungs-Assistent, mit dem Sie auch andere wichtige Wartungsprogramme automatisieren können. Auf diesen Wartungs-Assistenten gehen wir zum Abschluss dieses Kapitels ausführlicher ein. Wenn Sie aber nur die Datenträgerbereinigung automatisieren möchten, können Sie auf den Wartungs-Assistenten verzichten und stattdessen die Einrichtung *Geplante Vorgänge* von Windows 98 dafür verwenden.

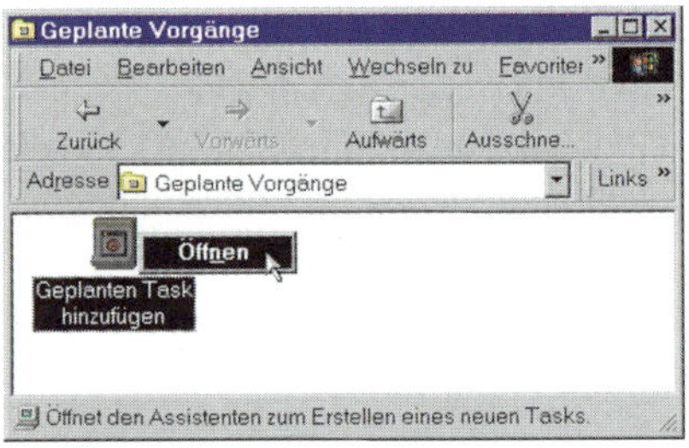

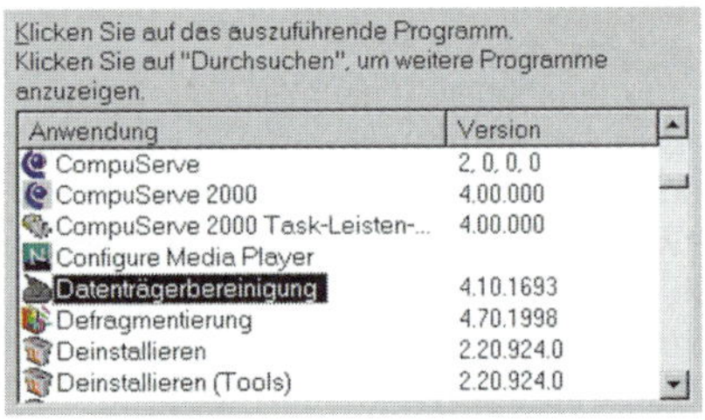

1 Starten Sie den Windows-Explorer und öffnen Sie im Arbeitsplatz den Ordner *Geplante Vorgänge*.

2 Starten Sie hier mit *Geplanten Task hinzufügen* den Assistenten zum Einrichten neuer Aufgaben. Dazu führen Sie einen Doppelklick auf dem Symbol aus oder verwenden die Funktion *Öffnen* aus dem kontextabhängigen Menü.

3 Bestätigen Sie den Begrüßungsbildschirm des Assistenten für geplante Tasks mit *Weiter*.

4 Im ersten Schritt präsentiert Ihnen der Assistent eine Auswahl der registrierten Programme, die als geplanter Vorgang gestartet werden können. Wählen Sie das Programm *Datenträgerbereinigung* aus.

5 Geben Sie im nächsten Schritt an, wie häufig das Programm ausgeführt werden soll. Für die Datenträgerbereinigung ist ein wöchentliches Zeitintervall empfehlenswert.

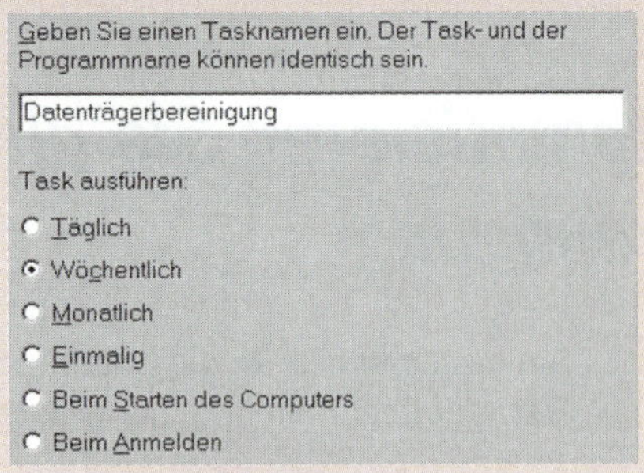

6 Nun muss der genaue Zeitpunkt des Vorgangs angegeben werden. Legen Sie zunächst die *Startzeit* fest, ab der das Programm jeweils ausgeführt werden soll. Am besten geeignet ist eine Uhrzeit, zu der Ihr PC meist eingeschaltet ist. Noch besser ist eine Zeit, zu der Ihr Rechner regelmäßig eingeschaltet, aber nicht in Benutzung ist (z. B. in der Mittagspause?).

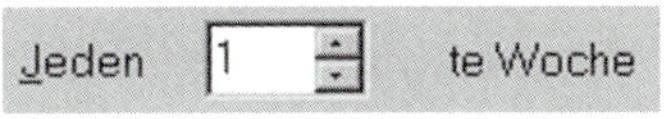

7 Bestimmen Sie, ob das Programm jede Woche oder nur alle zwei oder drei Wochen ausgeführt werden soll.

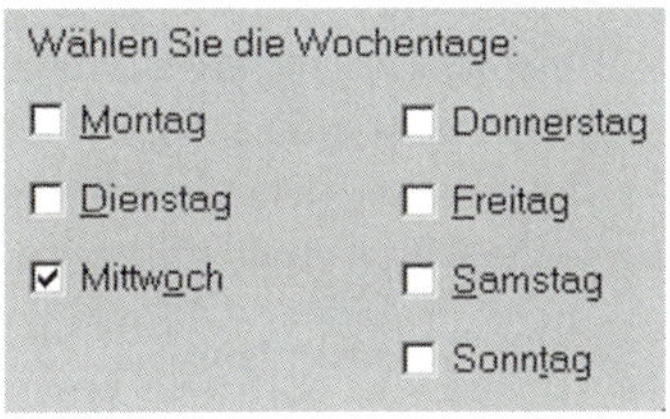

8 Wählen Sie schließlich den oder die Wochentage, an denen die Datenträgerbereinigung aktiv werden soll.

9 Abschließend präsentiert Ihnen der Assistent eine Zusammenfassung der gewählten Einstellungen. Sind alle Parameter in Ordnung, können Sie den Vorgang mit *Fertig stellen* endgültig planen. Schalten Sie aber am besten zuvor die Option *Weitere Eigenschaften für diesen Task beim Klicken auf „Fertig stellen" öffnen* ein. Dadurch können Sie gleich noch bestimmen, mit welchen Optionen die Datenträgerbereinigung ausgeführt wird.

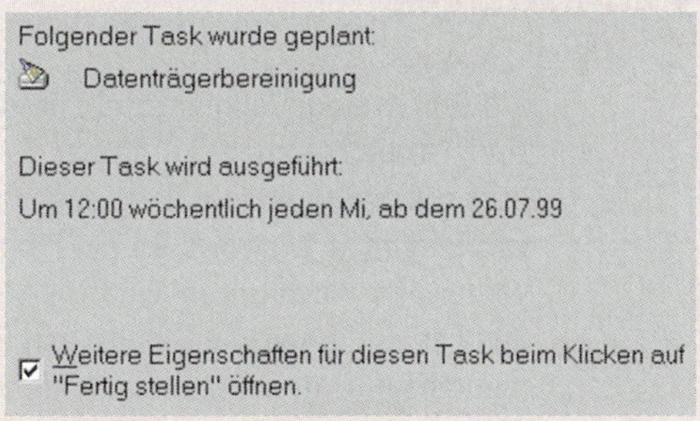

10 Klicken Sie im Folgenden Menü auf die *Einstellungen-Schaltfläche*, um die Vorgaben für die Datenträgerbereinigung festzulegen.

11 Legen Sie im Feld *Zu löschende Dateien* fest, welche Arten von überflüssigen Dateien die Datenträgerbereinigung entfernen soll. Beachten Sie dabei, dass die Datenträgerbereinigung in einem anderen Modus arbeitet, wenn sie durch den Taskplaner vollautomatisch gestartet wird. Sie analysiert dann alle vorhandenen Laufwerke und entfernt ohne vorherige Rückfrage die gefundenen überflüssigen Dateien. Markieren Sie deshalb an dieser Stelle nur die Dateiarten, die Sie wirklich jederzeit entfernt haben möchten. Wenn Sie z. B. gern die Offline-Funktionen des Internet Explorer benutzen möchten, sollten Sie die *Temporary Internet Files* nicht automatisch löschen lassen, da sonst der Cache des Browsers leergeräumt wird und keine Daten zum Offline-Browsen mehr da sind.

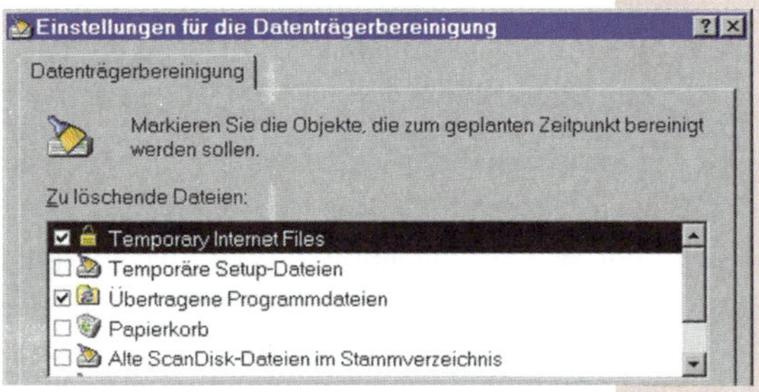

Daten mit Überschall – Optimieren Sie die Festplatte

Ein sehr unangenehmer Effekt besonders bei Festplatten, die schon recht voll sind, ist die Fragmentierung der gespeicherten Daten. Sie verlangsamt den Zugriff spürbar und vergrößert außerdem das Risiko von Datenverlusten. Deshalb war bereits in Windows 95 ein Programm zum Defragmentieren von Laufwerken vorhanden. Auch unter Windows 98 optimiert dieses Werkzeug den Zugriff auf Dateien, indem es die Inhalte von Festplatten reorganisiert, so dass keine fragmentierten Dateien mehr vorkommen.

Info

Was sind fragmentierte Dateien?

Die Speicherkapazität Ihrer Festplatte ist in viele kleine Blöcke aufgeteilt. Um eine Datei zu speichern, zerlegt das Betriebssystem sie in mehrere Teile, die der Größe dieser Blöcke entsprechen, und verteilt sie auf freie Datenblöcke. Normalerweise wird eine Datei in aufeinanderfolgende Blöcke gespeichert. Wenn die Festplatte schon sehr voll ist, ist dies manchmal nicht möglich, weil es nicht genügend aufeinanderfolgende Blöcke gibt. Dann sucht das Betriebssystem beliebige freie Blöcke heraus und belegt sie mit den Daten. Da solche Dateien auf verschiedene, nicht zusammenhängende Blöcke verteilt sind, bezeichnet man sie als fragmentiert. Die Fragmentierung wirkt sich leider negativ auf die Zugriffszeit der gespeicherten Dateien aus. Da die Schreib-/Lese-Köpfe der Festplatte die Daten aus verschiedenen Bereichen zusammensuchen müssen, dauert jeder Zugriff entsprechend länger.

1 Um die Defragmentierung zu starten, rufen Sie das Hilfsprogramm mit *Start/Programme/Zubehör/Systemprogramme/Defragmentierung* auf.

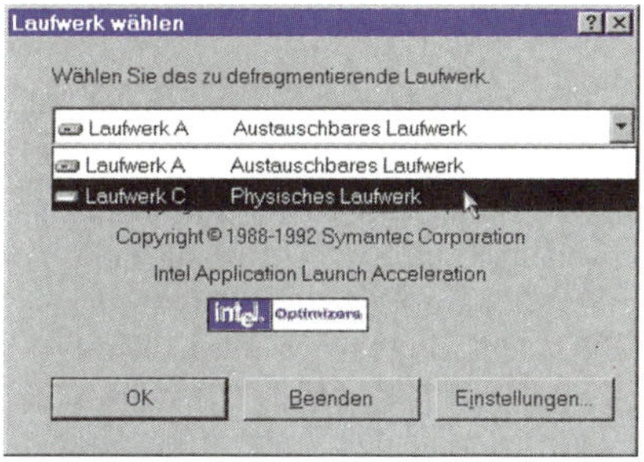

2 Wählen Sie dann das zu optimierende Laufwerk aus. Zur Auswahl stehen alle angeschlossenen beschreibbaren Speichermedien, also z. B. auch Disketten. Bei denen ist aber in der Regel keine Optimierung notwendig.

3 In den *Einstellungen* können Sie festlegen, wie das Defragmentier-Programm vorgehen soll. Die Option *Programme neu anordnen, um diese schneller zu starten* organisiert die Datenstrukturen auf Ihrer Festplatte so um, dass oft benutzte Daten an den Anfang der Platte geschrieben werden, wo der Zugriff besonders schnell erfolgt. So lässt sich das Startverhalten optimieren. Wollen Sie vor dem Optimieren die Festplatte auf Fehler hin überprüfen, sollten Sie zusätzlich die Option *Laufwerk auf Fehler überprüfen* einschalten. Das verlangsamt den gesamten Prozess aber spürbar. (Sie können diese Überprüfung auch separat durchführen, wie der nächste Abschnitt zeigt.)

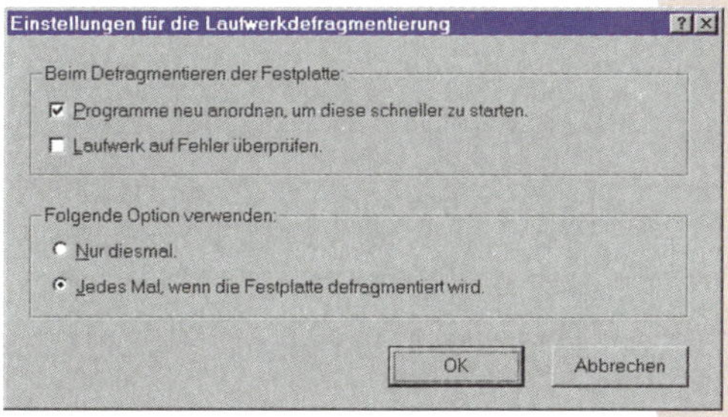

4 Wenn das Defragmentieren immer mit diesen Einstellungen durchgeführt werden soll, schalten Sie im unteren Feld die Option *Jedes Mal, wenn die Festplatte defragmentiert wird* ein. Übernehmen Sie die Einstellungen mit *OK*.

5 Zurück im Hauptfenster des Defragmentier-Programms klicken Sie auf die *OK*-Schaltfläche, um mit dem Optimieren der Festplatte zu beginnen. Alles Weitere läuft automatisch ab.

Die Defragmentierung in Aktion

Eine komplette Optimierung kann je nach Größe des Laufwerks mehrere Stunden dauern. Immerhin muss das Programm jeden einzelnen Datenblock von der Festplatte einlesen, eine geeignete neue Position dafür finden und ihn dort wieder auf die Platte schreiben. Dabei gilt es noch, zusammengehörende Blöcke auch möglichst zusammenhängend unterzubringen.

Info

Vorsicht während des Defragmentierens

Beim Defragmentieren bringt das Optimierungsprogramm die Daten auf Ihrer Festplatte zunächst kräftig durcheinander, damit sie anschließen um so geordneter sein können. In dieser Umordnungsphase ist Ihr PC sehr empfindlich. Ein Absturz könnte jetzt zu schweren Datenverlusten führen. Deshalb sollten Sie dem Defragmentier-Programm am besten den PC alleine überlassen und nicht nebenbei mit anderen Anwendungen weiterarbeiten. Da das Defragmentieren den PC sehr stark auslastet, ist die parallele Arbeit ohnehin nur eingeschränkt möglich.

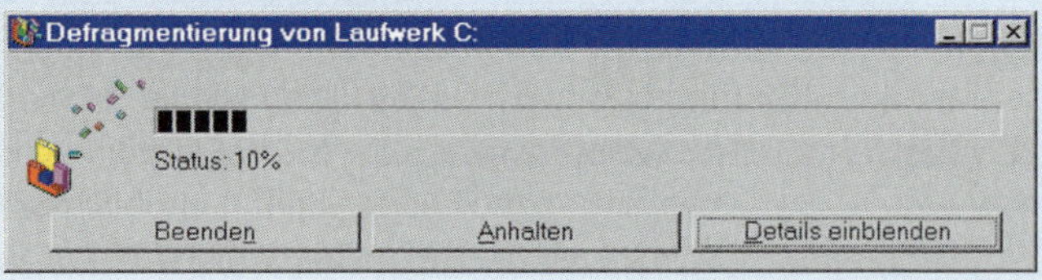

1 Während die Defragmentierung läuft, können Sie den Vorgang jederzeit mit *Beenden* abbrechen. Dabei kann nichts schief gehen, weil der Rechner das Dateisystem immer in einen robusten Zustand bringt. Das kann allerdings einige Sekunden dauern, so dass Sie dem Programm nach dem Klick auf die *Beenden*-Schaltfläche immer noch etwas Zeit lassen sollten.

2 Wollen Sie nur mal kurz zwischendurch an den Rechner, können Sie die Defragmentierung jederzeit *Anhalten*. Das Programm friert seine Tätigkeit dann kurz ein und kann sie später *Fortsetzen*.

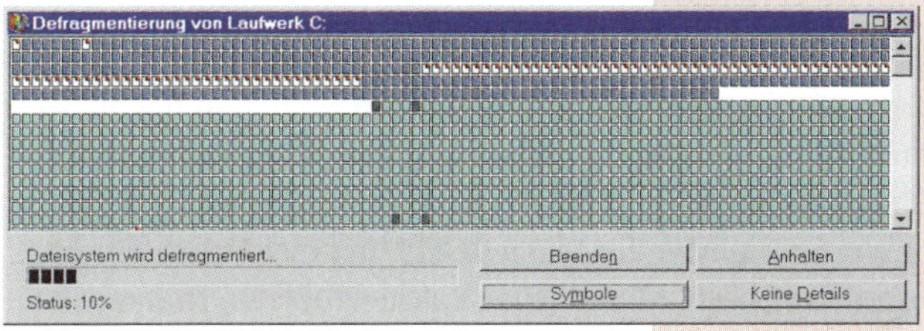

3 Falls Ihnen vor dem PC beim Defragmentieren langweilig wird, klicken Sie doch mal auf *Details einblenden*. Das Programm stellt dann bunt und grafisch dar, wie die Festplatte aufgeräumt wird.

4 Falls die vielen verschiedenen Symbole Sie verwirren, schafft ein Klick auf die *Symbole*-Schaltfläche Aufklärung. Hier werden die unterschiedlichen Grafiken und ihre jeweilige Bedeutung erklärt.

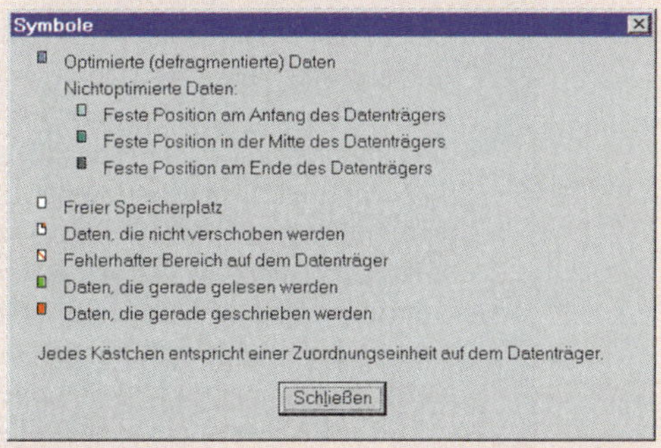

Info

Der richtige Zeitpunkt zum Optimieren

Während des Defragmentierens ist die Festplatte durch die Zugriffe des Programms so ausgelastet, dass ein Arbeiten mit dem Rechner kaum möglich ist. Eine Möglichkeit ist es, sich eine schöne Tasse Kaffee zu machen und sich entspannt zurückzulehnen. Noch besser ist es aber, gleich einen geeigneten Zeitpunkt zu wählen, an dem Sie mit dem PC ohnehin nicht arbeiten wollen, ihn aber ein oder zwei Stunden arbeiten lassen können. Sehr hilfreich kann in diesem Zusammenhang auch der Wartungs-Assistent sein, auf den wir später noch näher eingehen werden. Er kann das Defragmentieren zu einem beliebigen Zeitpunkt automatisch in Gang setzen. Voraussetzung ist lediglich, dass der PC zu diesem Zeitpunkt läuft.

Schreibfehler? – Checken Sie Ihre Festplatte durch

Auch Festplatten sind nur Maschinen, bei denen es durchaus mal zu Fehlfunktionen kommen kann. Leider können solche Fehler schlimme Folgen haben, weil nunmal alle Ihre Daten auf der Festplatte gespeichert sind. Hinzu kommt noch, dass Festplattencrashs in der Regel irreparabel sind und die Daten sich in einem solchen Fall nur von Spezialisten für teueres Geld und meist auch nur unvollständig retten lassen. Das beste Mittel gegen solche Probleme sind regelmäßige Backups. Eine gute Möglichkeit zur Vorsorge hingegen ist ScanDisk. Dieses Hilfsprogramm überprüft Ihre Festplatte(n) auf Fehler. Dabei werden zum einen Zuordnungsprobleme beseitigt, die durch Abstürze oder Fehler des Betriebssystems entstanden sind. Gleichzeitig entdeckt das Programm fehlerhafte Datenblöcke auf der Festplatte und macht sie unbrauchbar.

Info

Das bedeuten fehlerhafte Blöcke

Festplatten organisieren Daten in Blöcken. Durch Abnutzungserscheinungen können einzelne Blöcke beschädigt werden, so dass sie die Daten nicht mehr zuverlässig speichern. Entdeckt ScanDisk solche defekten Blöcke, markiert es sie als defekt und unbrauchbar in der Verwaltungstabelle der Festplatte. Solche Blöcke werden in Zukunft nicht mehr verwendet, um das Risiko eines Datenverlustes auszuschließen. Früher waren defekte Blöcke zwar nicht unbedingt ungewöhnlich. Inzwischen aber haben moderne Festplatten eine so hohe Qualität erreicht, das Blockfehler sehr selten sind. Insbesondere, wenn eine bislang zuverlässige Festplatte plötzlich regelmäßig neue fehlerhafte Blöcke produziert, ist dies ein dringendes Alarmzeichen. Oft kündigen sich so Plattencrashs an, bei denen alle Daten verloren gehen. In solchen Fällen ist ein rechtzeitiger Austausch der Festplatte unbedingt empfehlenswert.

1 Zum Starten des ScanDisk-Programms rufen Sie *Start/Programme/Zubehör/Systemprogramme/ScanDisk* auf.

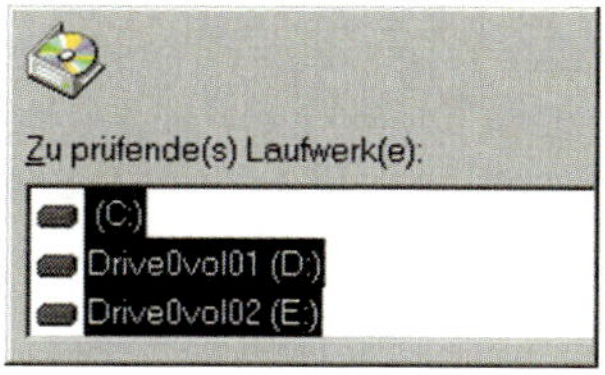

2 Wählen Sie als *Zu prüfende(s) Laufwerk(e)* alle vorhandenen Festplatten aus.

3 Legen Sie als Prüfart *Intensiv* fest und schalten Sie die Option *Fehler automatisch korrigieren* ein, damit ScanDisk Fehler nicht nur berichtet, sondern gleich behebt.

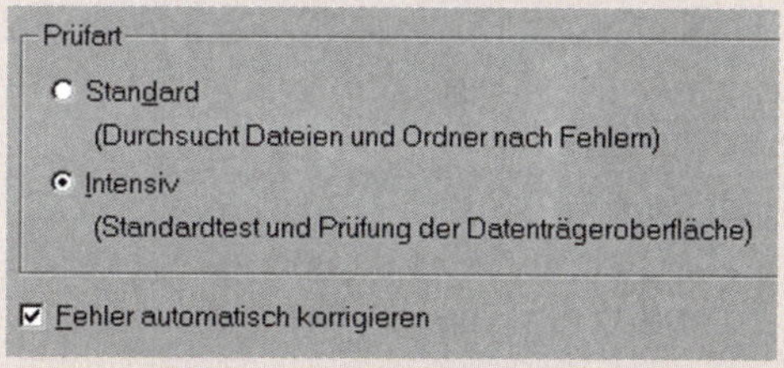

4 Öffnen Sie mit *Erweitert* die Prüf- und Korrekturoptionen.

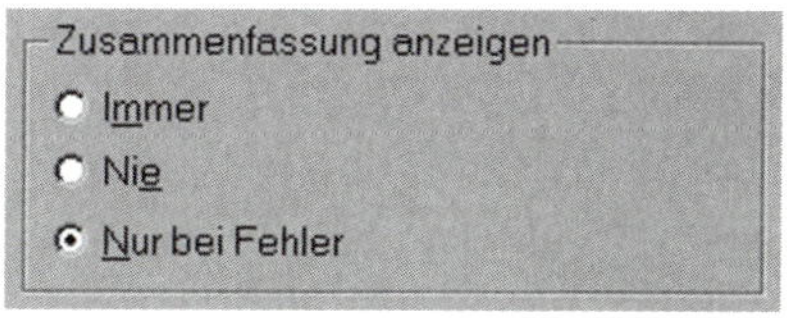

5 Lassen Sie sich *Nur bei Fehlern* eine *Zusammenfassung anzeigen*, damit Sie erfahren, wenn Probleme auf Ihrer Festplatte aufgetreten sind.

6 Lassen Sie von *Querverbundene Dateien Kopien erstellen*, um möglichst viel vom Inhalt der beschädigten Dateien zu retten.

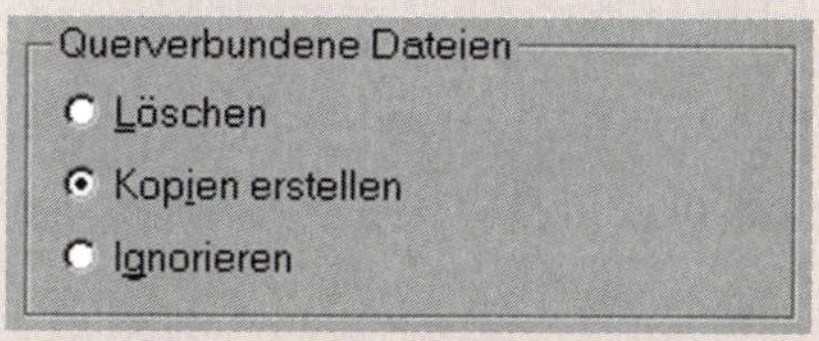

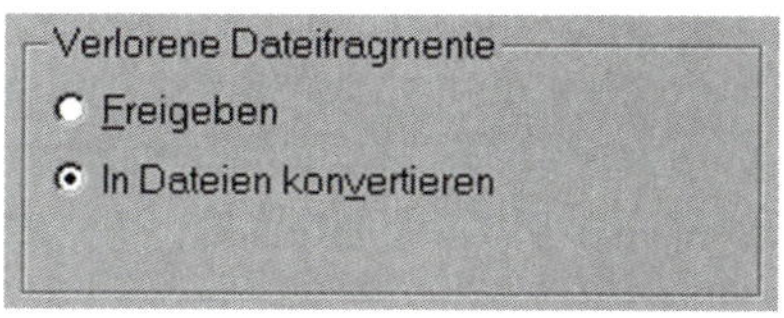

7 Lassen Sie *Verlorene Dateifragmente In Dateien konvertieren*. Aus den dabei entstehenden Dateien, die ScanDisk im Stammverzeichnis ablegt, können Sie vielleicht noch verlorene Daten zurückgewinnen.

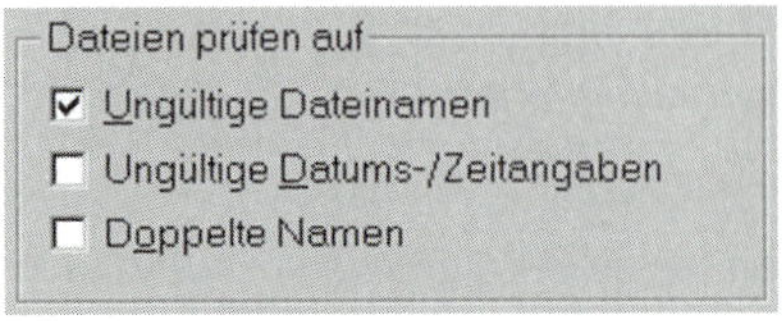

8 Alle Dateien sollten zumindest auf *Ungültige Dateinamen* geprüft werden. Dadurch können Sie an sich intakten Dateien unbrauchbar werden. Andere Fehler wie Doppelnamen haben meist keine so dramatischen Konsequenzen und können deshalb ignoriert werden. Bestätigen Sie die Einstellungen mit *OK*.

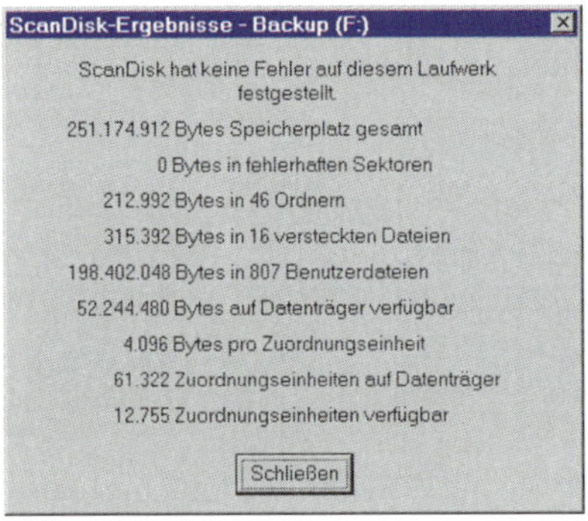

9 Zurück im Hauptprogramm starten Sie den Prüfvorgang mit *Starten*. ScanDisk überprüft nun der Reihe nach die Laufwerke. Dabei führt es einen Schreib-/Lese-Test durch, d. h., jeder einzelne Block der Festplatte wird einmal beschrieben und wieder ausgelesen. So kann ScanDisk feststellen, ob bei einer Platte Hardwareprobleme wie defekte Cluster vorliegen. Solche Bereiche würden als unbrauchbar markiert. Bei den Schreib-/Lese-Operationen bleiben die eigentlich gespeicherten Daten der Festplatte selbstverständlich vorhanden. Nach dem Abschluss präsentiert das Programm für jedes geprüfte Laufwerk eine Zusammenfassung der Ergebnisse.

Harry, hol schon mal den PC – Der Wartungs-Assistent

Windows 98 besitzt verschiedene Tools und Hilfsprogramme zur Wartung und Pflege von Betriebssystem und Komponenten. Zu den wichtigsten gehören Defragmentierung und ScanDisk zum Überprüfen und Optimieren der Festplatten. Diese Pflegewerkzeuge sollten regelmäßig aufgerufen und ausgeführt werden, um einen sicheren und optimalen Zustand Ihres PCs zu gewährleisten. Dank der geplanten Vorgänge von Windows können Sie diese regelmäßigen Wartungsaufgaben ganz automatisch durchführen. Mit dem Wartungsassistenen können die Wartungsaufgaben per Knopfdruck nach geeigneten Standardvorgaben eingerichtet werden. Aber auch beim ganz individuellen Planen von Wartungsvorgängen unterstützt dieser Assistent Sie optimal.

Standardwartung durch den Wartungs-Assistenten

Wenn Sie sich mit den Wartungsaufgaben noch nicht so gut auskennen und auf Nummer Sicher gehen wollen, sollten Sie die Standardeinstellungen des Wartungs-Assistenten verwenden. Die sind für einen PC durchschnittlicher Nutzung ausgelegt, so dass Sie nichts falsch machen können.

1 Starten Sie den Wartungs-Assistenten mit *Start/Programme/Zubehör/Systemprogramme/Wartungs-Assistent.*

2 Der Assistent Sie nun als Erstes, ob Sie standardmäßige oder benutzerdefinierte Wartungseinstellungen vornehmen wollen. Aktivieren Sie die erste Option *Standard* und setzen Sie den Assistenten mit *Weiter* fort.

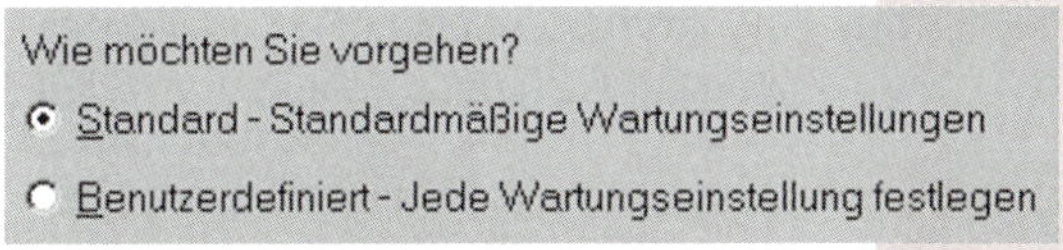

3 Nun gilt es, dem Assistenten einen geeigneten Zeitpunkt für die Wartungsvorgänge vorzuschlagen. Die Auswahl hängt ganz davon ab, wann ihr PC üblicherweise eingeschaltet ist. Dementsprechend sollten Sie die geeignetste der angebotenen Optionen auswählen.

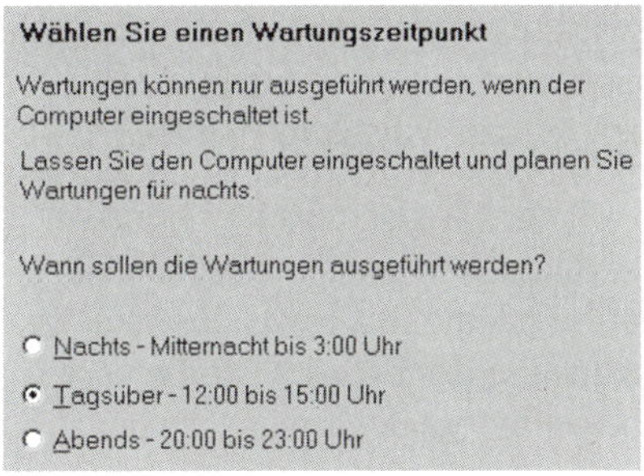

4 Damit sind Sie schon fast fertig. Der Assistent präsentiert Ihnen eine Zusammenfassung der auszuführenden Aufgaben und erinnert Sie daran, den PC zum richtigen Zeitpunkt eingeschaltet zu haben. Mit *Fertig stellen* übernehmen Sie die Einstellungen.

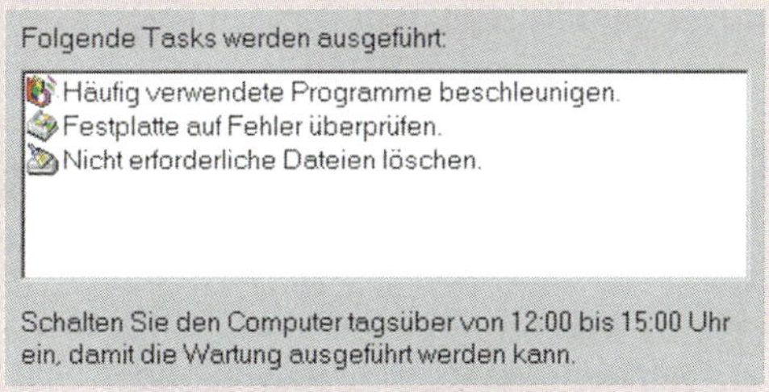

Der Wartungs-Assistent richtet nun die entsprechenden geplanten Vorgänge für die Wartungsaufgaben ein, die ab sofort automatisch ausgeführt werden.

Wartungsaufgaben individuell einstellen

Sie müssen sich nicht mit den 08/15-Standardeinstellungen für Wartungsaufgaben zufrieden geben. Der Wartungs-Assistent erlaubt Ihnen, für jede einzelne Wartungsaufgabe ganz individuelle Einstellungen vorzunehmen. So können Sie bestimmte Überprüfungen, die Ihnen besonders wichtig erscheinen, häufiger vornehmen oder auf andere vielleicht ganz verzichten.

1 Starten Sie den Wartungs-Assistenten mit *Start/Programme/Zubehör/Systemprogramme/Wartungs-Assistent.*

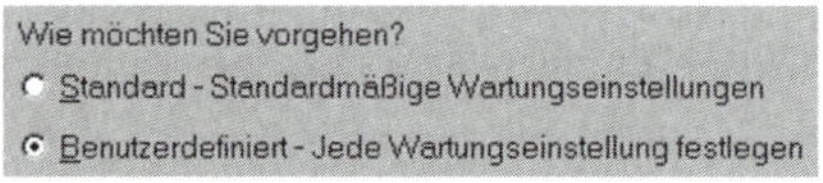

2 Der Assistent fragt Sie nun als Erstes, ob Sie standardmäßige oder benutzerdefinierte Wartungseinstellungen vornehmen wollen. Aktivieren Sie die erste Option *Benutzerdefiniert* und setzen Sie den Assistenten mit *Weiter* fort.

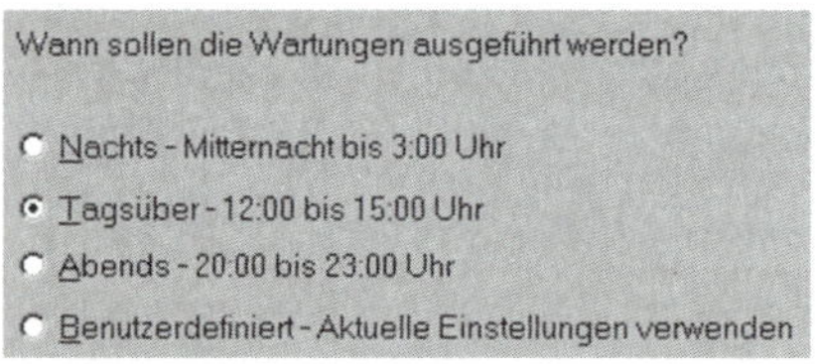

3 Nun will der Assistent einen geeigneten Zeitpunkt für die Wartungsvorgänge wissen. Wann der ist, hängt ganz davon ab, wann Ihr PC üblicherweise eingeschaltet ist. Dementsprechend sollten Sie die geeignetste der angebotenen Optionen auswählen. Wollen Sie einen ganz eigenen Zeitplan verwenden, aktivieren Sie die Option *Benutzerdefiniert - Aktuelle Einstellungen verwenden.* Wie Sie eigene Zeitpläne für die Wartungsaufgaben erstellen, zeigen wir Ihnen im Anschluss an diesen Abschnitt.

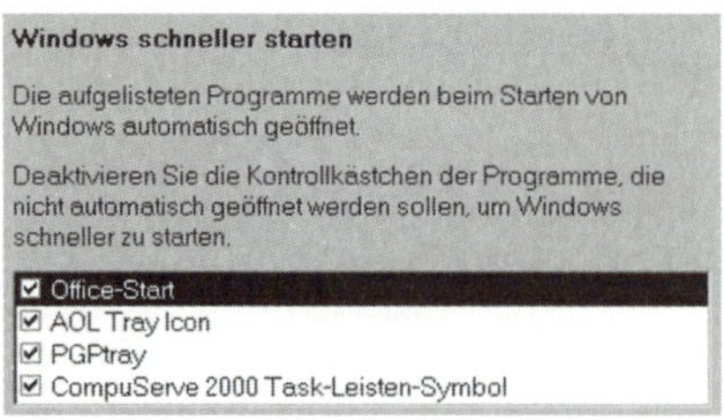

4 Als erste Wartungsfunktion kann der Assistent bestimmte Programme, die beim Windows-Start automatisch geöffnet werden, deaktivieren und so den Startvorgang beschleunigen. Das sollten Sie aber nur bei Programmen tun, die ganz sicher nicht benötigt werden.

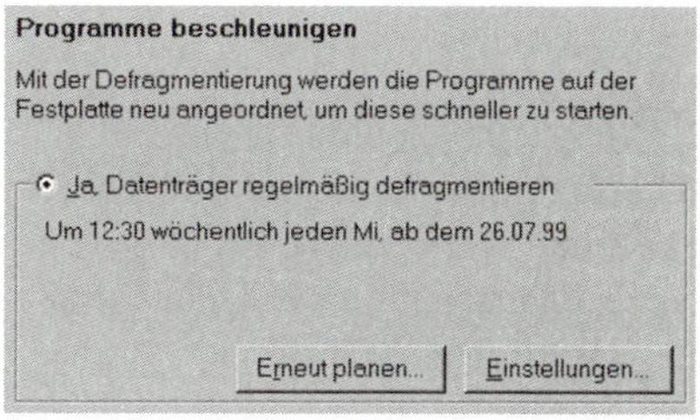

5 Dann bietet der Wartungs-Assistent Ihnen an, regelmäßig eine automatische Defragmentierung durchzuführen. Schalten Sie dazu die Option *Ja, Datenträger regelmäßig defragmentieren* ein. Mit *Einstellungen* haben Sie Zugriff auf die Optionen des Defragmentierprogramms.

6 Als Nächstes können Sie Festplatte auf Fehler überprüfen lassen. Dahinter verbirgt sich das Programm ScanDisk. Schalten Sie die Option *Ja, Festplatte regelmäßig auf Fehler überprüfen* ein, um ScanDisk automatisch ausführen zu lassen. Mit der *Einstellungen*-Schaltfläche haben Sie Zugriff auf die Optionen von ScanDisk.

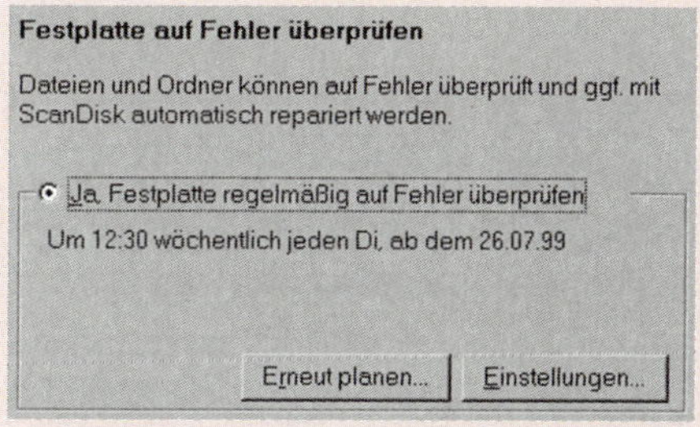

7 Schließlich können Sie auch die Datenträgerbereinigung durch den Wartungs-Assistenten automatisieren lassen. Aktivieren Sie dazu die Option *Ja, nicht erforderliche Dateien regelmäßig löschen*. Auch gewährt Ihnen die Schaltfläche *Einstellungen* Zugang zu den Optionen des Programms, also z. B., welche Dateiarten genau gelöscht werden sollen.

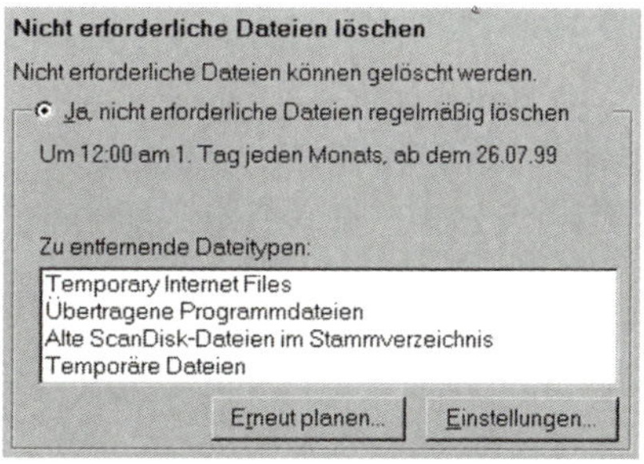

8 Zum Abschluss präsentiert Ihnen der Assistent eine Zusammenfassung der auszuführenden Aufgaben und der Ausführungstermine. Übernehmen Sie die Einstellungen mit *Fertig stellen*.

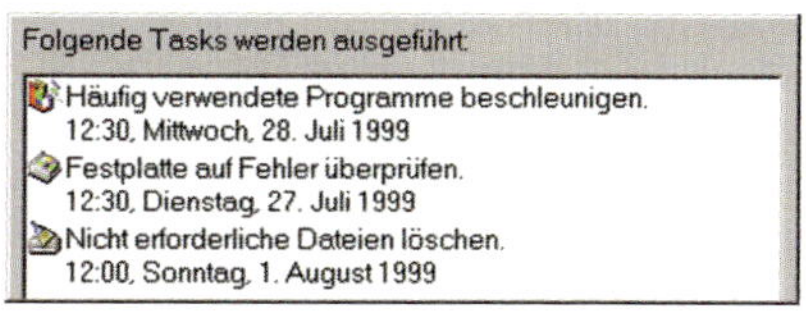

Benutzerdefinierte Zeitpläne für die Wartung

Standardmäßig plant der Wartungs-Assistent jede Komponente zu einem bestimmten Termin, der davon abhängt, welchen Zeitraum Sie im zweiten Schritt angegeben haben. Bei den meisten Komponenten ist der voreingestellte Zeitplan akzeptabel, bei einigen sollte er an die individuellen Rahmenbedingungen angepasst werden. Dies ist für jede Komponente einzeln möglich.

1 Klicken Sie bei den Einstellungen der einzelnen Komponenten auf die *Erneut planen*-Schaltfläche, um den Zeitplan individuell zu gestalten.

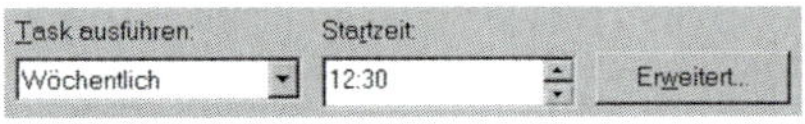

2 Legen Sie im Feld *Task ausführen* zunächst prinzipiell fest, wann bzw. in welchem Intervall die Aufgabe durchgeführt werden soll.

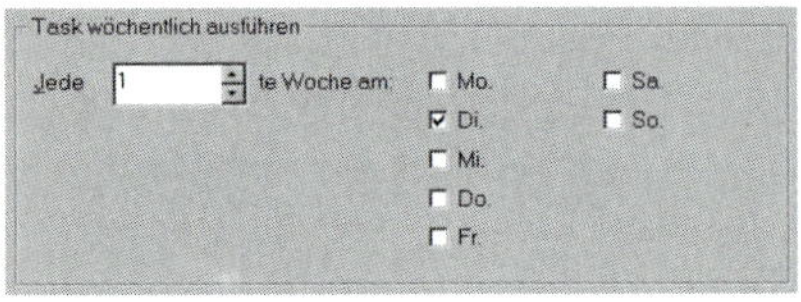

3 Abhängig von der Auswahl in Schritt 2 verändern sich die vorhandenen Eingabefelder, so dass Sie Startzeit und Wiederholintervalle ganz genau einstellen können.

Aufgaben zu bestimmten Zeitpunkten ausführen

Wenn Sie Ihren PC nicht regelmäßig benutzen, sollten Sie Wartungsaufgaben nicht zu einem bestimmten, vorher festgelegten Termin ausführen. Wenn der Rechner dann nämlich gar nicht eingeschaltet ist, treten die Wartungsprogramme vielleicht nie in Aktion. Für solche Fälle bietet der Zeitplan die Möglichkeit, Wartungsaufgaben vom Zustand des Windows-Betriebssystems abhängig zu machen.

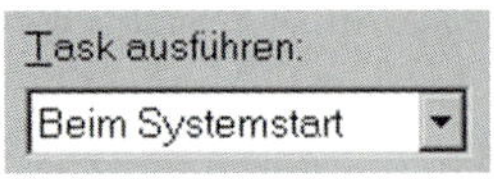

1 Wollen Sie eine Wartungsaufgabe bei jedem Systemstart durchführen lassen, wählen Sie in den Zeitplaneinstellungen im Feld *Task ausführen* die Option *Beim Systemstart*. Weitere Einstellungen sind dazu nicht notwendig.

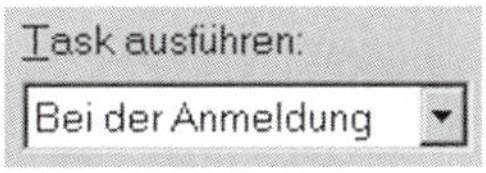

2 Wenn Sie Ihren PC mit mehreren Benutzern über die Windows-Benutzerverwaltung teilen, sollten Sie Programme wie z. B. ScanDisk jedesmal laufen lassen, wenn sich ein neuer Benutzer anmeldet. So werden Probleme, die beim vorherigen Benutzer aufgetreten sind, zuverlässig beseitigt, bevor der neue Benutzer an die Arbeit geht. Stellen Sie dazu im Feld *Task ausführen* die Option *Bei der Anmeldung* ein.

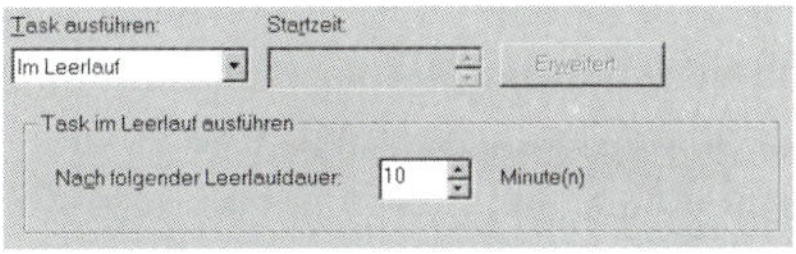

3 Besonders Leerlaufzeiten, in denen der Computer läuft, ohne vom Benutzer in Anspruch genommen zu werden, eignen sich hervorragend für Wartungsdienste. Um eine Aufgabe ausführen zu lassen, wenn Sie den PC kurzfristig nicht benutzen, wählen Sie im Feld *Task ausführen* die Option *Im Leerlauf*. Geben Sie außerdem im Feld *Task im Leerlauf ausführen* an, nach wie vielen Minuten Leerlaufdauer das Wartungsprogramm starten soll.

Strom sparen – Nutzen Sie die Energiesparfunktionen

Windows 98 verfügt über ein Energiesparkonzept, mit dem sich der Stromverbrauch je nach Einsatz des PCs erheblich senken lässt. Windows 98 SE setzt noch mal eins drauf. Es installiert mit ACPI (Advanced Configuration and Power Interface) einen neuen Standard für den energiesparenden Einsatz. Die ACPI-Spezifikationen sehen Möglichkeiten vor, einen PC auf Knopfdruck fast völlig zum Stillstand zu bringen, so dass der Energieverbrauch minimal ist. Trotzdem kann der PC auf ein entsprechendes Signal hin innerhalb weniger Sekunden wieder zum Leben erwachen. Dieses Signal kann nicht nur von Tastatur oder Maus, sondern auch von einem Modem oder einer Netzwerkkarte kommen. So können PCs energiesparend als Netzwerkserver oder z. B. als Faxempfänger eingesetzt werden.

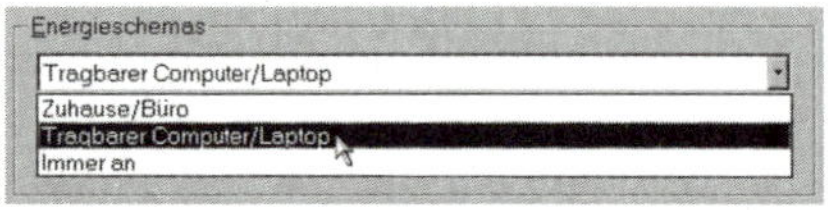

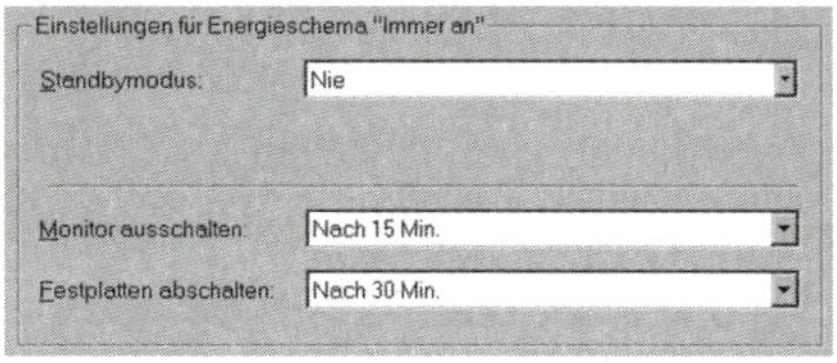

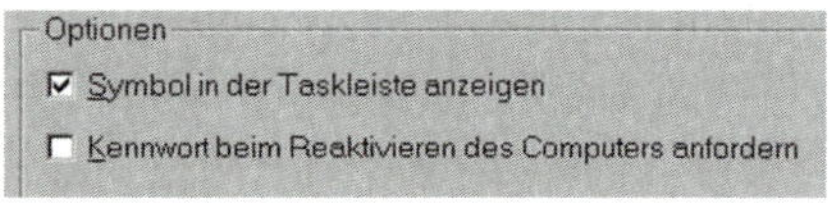

1 Um die Energiesparfunktionen Ihres PCs zu steuern, öffnen Sie die Systemeinstellungen mit *Start/Einstellungen/Systemsteuerung* und rufen dort die *Energieverwaltung* auf.

2 Bleiben Sie zunächst in der Kategorie *Energieschemas*. Im gleichnamigen Feld können Sie unter drei vorgefertigten Schemas wählen.

3 Sind Sie mit keinem der Schemas zufrieden, basteln Sie sich einfach Ihr eigenes. Geben Sie dazu im unteren Bereich an, nach welchem Zeitraum ohne Aktivität der PC jeweils in den Stand-by-Modus wechseln sowie den Monitor und die Festplatten abschalten soll. Mit *Speichern unter* können Sie diese Einstellungen als eigenes Schema abspeichern und immer wieder verwenden.

4 Weitere Optionen können Sie in der Kategorie *Einstellungen* festlegen. Mit der Option *Symbol in der Taskleiste anzeigen* platzieren Sie ein spezielles Symbol für die Energieverwaltung in der Task-Leiste. Das ist dann sinnvoll, wenn Sie die Einstellung regelmäßig ändern. Einen zusätzlichen Schutzmechanismus bietet die Funktion *Kennwort beim Reaktivieren des Computers anfordern*.

Info

Energiesparen bei Festplatten

Das Abschalten von Festplatten nach einer bestimmten Zeit ohne Aktivitäten ist eine prima Möglichkeit zum Stromsparen. Außerdem senkt es den Geräuschpegel bei einem momentan nicht benutzten PC ganz erheblich. Es hat aber auch einen Nachteil, der nicht verschwiegen werden soll: Moderne Festplatten sind sehr robust und zuverlässig. Ihre Betriebsdauer liegt normalerweise bei 50.000 und mehr Stunden. Allerdings sind Festplatten für den normalen Einsatz darauf ausgelegt, „nur" einige tausendmal hoch- und runtergefahren zu werden. Normalerweise kein Problem, wenn man die Festplatte morgens an- und abends abschaltet. Wenn aber die Energiesparfunktionen dafür sorgen, dass die Festplatten z. B. zehn Mal pro Tag ab- und später wieder eingeschaltet wird, kann das die Lebensdauer einer Festplatte erheblich verkürzen. Deshalb sollte man die Abschaltzeit für die Festplatte nicht zu kurz wählen, um unnötigen Verschleiß zu vermeiden.

5 Im Bereich *Vorgänge* können Sie einstellen, wie der PC auf das Betätigen des Netzschalters reagiert. Zur Auswahl stehen das *Herunterfahren* und das sofortige Wechseln in den *Standbymodus*. Bei manchen PCs steht noch die Option *Ruhezustand* zur Verfügung, bei der die Daten aus dem Speicher des PCs auf die Festplatte gespeichert und beim nächsten Start von dort wieder eingelesen werden. Diese Steuerung des Netzschalters ist eine der neuen ACPI-Funktionen und funktioniert nur dann zuverlässig, wenn das BIOS Ihres PCs diese Funktion unterstützt.

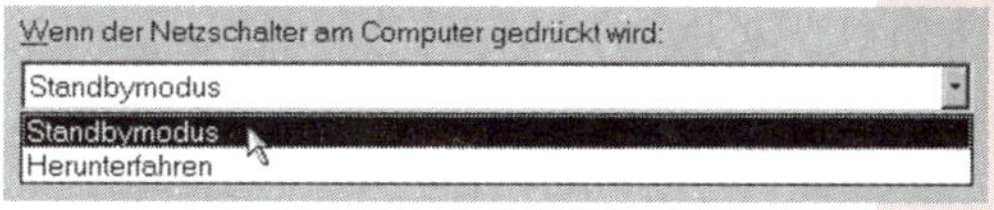

Geplante Vorgänge bei abgeschaltetem Rechner ausführen

Wenn Ihr PC ACPI-konform ist, können Sie wichtige Wartungsaufgaben in Zukunft ganz automatisch erledigen lassen. Wie Sie einen entsprechenden Vorgang planen, haben wir in diesem Kapitel ja bereits gezeigt. Dabei bestand aber das Problem, dass der PC zu dem geplanten Zeitpunkt laufen muss, damit die entsprechende Wartung durchgeführt werden kann. Mit ACPI ist selbst das kein Problem mehr. Damit schicken Sie Ihren PC in einen Tiefschlafmodus, in dem er fast keinen Strom verbraucht. Ist der Zeitpunkt des Wartungsvorgangs gekommen, startet er dann automatisch wie von Geisterhand und führt den geplanten Vorgang aus.

1 Um eine geplante Wartungsaufgabe so einzustellen, dass sie den PC notfalls aus dem Tiefschlaf weckt, müssen Sie eine zusätzliche Einstellung vornehmen. Öffnen Sie dazu die Einstellungen eines geplanten Vorgangs und wechseln Sie in die Kategorie *Einstellungen*.

2 Hier finden Sie ganz unten im Bereich *Energieverwaltung* die Option *Computer zum Ausführen des Tasks reaktivieren*. Sie ist nur vorhanden, wenn in Ihrem PC ACPI installiert ist! Schalten Sie diese Option ein.

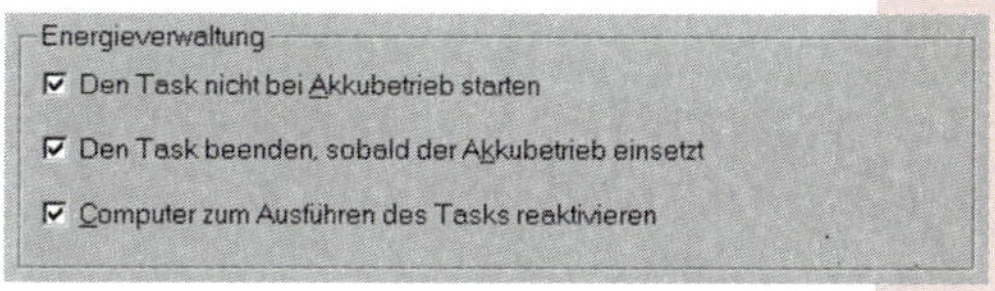

3 Übernehmen Sie die neuen Einstellungen mit *OK*. Ab sofort können Sie Ihren PC beruhigt schlafen schicken. Wenn eine geplante Wartung anliegt, wird er aufwachen und das entsprechende Programm ausführen.

Alles so schön bunt – Die Multimedia-Anwendungen

Heutzutage ist eigentlich jeder moderne PC Multimedia-tauglich, d. h., er kann Bilder und Videos bunt, schnell und laut wiedergeben. Das ist vielleicht etwas überspitzt, aber tatsächlich gehören zu einem Multimedia-PC ein Farbmonitor, eine Soundkarte nebst Lautsprecherboxen und ein CD-ROM-Laufwerk (noch besser gleich DVD) und eine durchschnittliche Speicherausstattung. Von der Prozessorpower hängt dann schließlich noch die Qualität der multimedialen Darstellung z. B. bei Videos oder 3-D-Grafiken ab. Zum Lieferumfang von Windows 98 SE gehören verschiedene Programme aus dem Multimedia-Bereich. Die wichtigsten und sinnvollsten haben wir in diesem Kapitel zusammengefasst und wollen Sie Ihnen hier vorstellen.

Digitale Kunst – Scannen und Nachbearbeiten mit Imaging

Das Mal- und Zeichenprogramm Paint gehört zu den alten Windows-Veteranen und ist schon seit den ersten Windows-Versionen dabei. Für Windows 98 hat sich Microsoft aber endlich auch etwas für die Freunde von digitalisierten Bildern einfallen lassen. Imaging ist ein Grafikprogramm aus dem Hause Kodak, das auf das Digitalisieren und Bearbeiten von Bildern spezialisiert ist. In Verbindung mit einem Scanner oder einer Digitalkamera können Sie so ganz schnell beliebige Bildvorlagen in Ihren PC übernehmen und dort als digitale Bilder speichern. Dabei unterstützt Sie Imaging auch bei den wichtigen Aufgaben der Nachbearbeitung, wie z. B. dem Anpassen eines Bildes auf die richtige Größe.

Scannen Sie Bilder ein

Eine der wichtigsten Funktionen von Imaging ist das Einscannen und Nachbearbeiten von Bildern. So können Sie sich z. B. ein ganz persönliches Hintergrundbild für Windows einrichten oder Ihre Urlaubsfotos auf dem PC speichern, um sie jederzeit zur Verfügung zu haben. Dazu brauchen Sie lediglich ein Gerät zum Digitalisieren von Bildvorlagen, einen sogenannten Scanner. Die gibt es heute schon für unter 100 DM in brauchbarer Qualität. Alternativ können Sie auch eine Digitalkamera als Datenquelle verwenden. Darin sind die Bilder schon digital gespeichert und müssen lediglich in den PC übertragen werden. Wenn die Übertragung der Bilder bei Ihrer Kamera über die TWAIN-Schnittstelle funktioniert, können Sie auch Imaging zum Einlesen und Nachbearbeiten der Bilder benutzen.

1 Starten Sie zunächst Imaging mit *Start/Programme/Zubehör/Imaging*.

2 Bevor Sie ein Bild einscannen können, müssen Sie zunächst die Scan-Quelle wählen. Benutzen Sie dazu die Funktion *Datei/Scanner wählen* und wählen Sie im anschließenden *Scanner wählen*-Menü den Eintrag Ihres Scanners aus. Wenn Sie nur einen Scanner angeschlossen haben, sollte nur ein Eintrag vorhanden sein, so dass die Wahl nicht schwer fällt. Haben Sie mehrere Scanner oder eine zusätzliche Digitalkamera, können aber mehrere Einträge vorhanden sein. Wählen Sie dann den gewünschten aus. Sollte kein Eintrag für Ihren Scanner vorhanden sein, verfügt dieser vermutlich nicht über eine TWAIN-Schnittstelle. In diesem Fall verwenden Sie bitte zum Einscannen die Scanner-eigene Software und übertragen das Bild anschließend z. B. über die Zwischenablage in das Imaging-Programm.

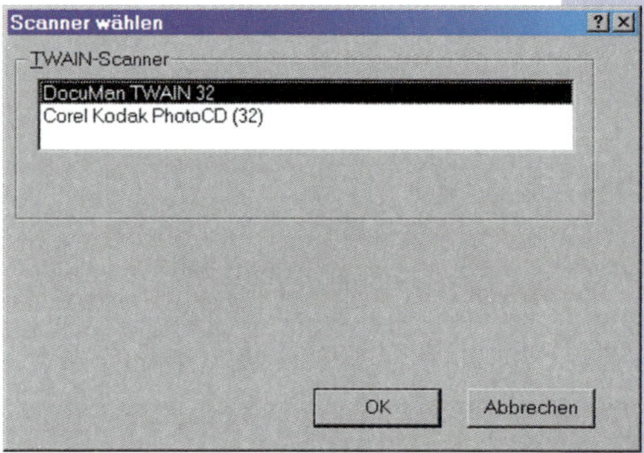

3 Bestätigen Sie die Auswahl mit *OK*. Der Scanner ist nun ausgewählt.

Das Auswählen des Scanners müssen Sie nicht vor jedem Scanvorgang wiederholen. Einmal eingestellt, merkt sich Imaging den ausgewählten Scanner, auch wenn Sie den PC z. B. ganz abschalten. Lediglich wenn Sie die Scanner-Quelle wechseln wollen (z. B. vom Scanner zur Digitalkamera oder umgekehrt) oder wenn Sie einen neuen Scanner installiert haben, sollten Sie diese Einstellung erneut vornehmen.

1 Nachdem der richtige Scanner ausgewählt ist, können Sie mit dem Einlesen des Bildes beginnen. Wählen Sie dazu die Funktion *Datei/Neu Scannen*, oder klicken Sie auf die *Neu scannen*-Schaltfläche.

2 Was nun genau geschieht, hängt von Ihrem Scanner bzw. Ihrer Digitalkamera ab. Imaging benutzt zum Einscannen von Bildern die standardisierte TWAIN-Schnittstelle, d. h., es übergibt die Kontrolle nun an die Software des Scanners oder der Digitalkamera. Diese ist bei den unterschiedlichen Herstellern und Modellen verschieden. Wir zeigen Ihnen den Vorgang am Beispiel eines ganz handelsüblichen Scanners. Bei anderen Modellen wird die Software ganz ähnlich aussehen und funktionieren.

3 Ein wichtiges Element beim Einscannen ist die Vorschau. Damit können Sie eine erste Vorschau auf die Bildvorlage erhalten und den eigentlichen Scanvorgang dann genauer einstellen. Um die Vorschau durchzuführen, klicken Sie auf die *Preview*- oder *Vorschau*-Schaltfläche.

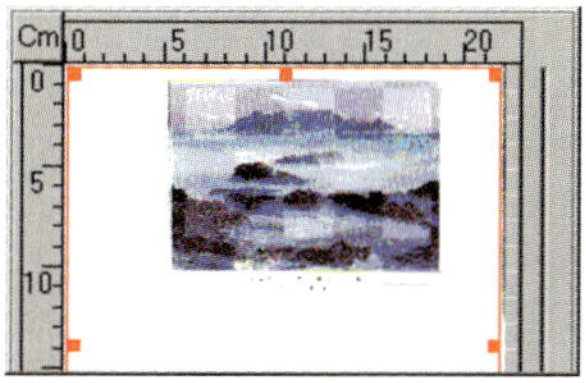

4 Der Scanner tastet daraufhin die gesamte Fläche ab und zeigt im Vorschaufenster eine einfache Ansicht. Dabei wird noch kein großer Wert auf Bildqualität gelegt.

5 Im Vorschaufenster sehen Sie einen roten Rahmen, der die Fläche begrenzt, die der Scanner beim endgültigen Einlesen des Bildes berücksichtigen wird. Versuchen Sie, diesen Rahmen so anzuordnen, dass er möglichst genau den gewünschten Bildbereich umfasst. Je größer der Rahmen ist, desto mehr Daten müssen eingelesen werden. Das bedeutet einen längeren Scanvorgang und mehr Bilddaten (also

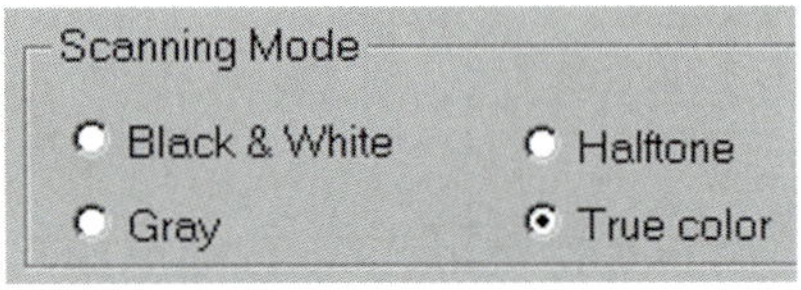

mehr benötigten Speicher und mehr Rechenaufwand). Deshalb sollte der Rahmen so groß wie nötig, aber so klein wie möglich sein.

6 Nun gilt es, den Scanmodus einzustellen. Je nach Modell stehen Ihnen hier verschiedene Möglichkeiten zur Auswahl. Prinzipiell unterscheidet man Schwarzweiß-, Graustufen- und Farbscans. Die beiden ersteren beherrschen eigentlich alle Scanner. Farbige Scans kann man nur mit Farbscannern durchführen, weil nur diese über Farbsensoren verfügen. Das ist aber bei allen neueren Scannern der Fall. In der Regel sollten Sie die Farbeinstellung wählen. Wenn Sie aber z. B. ein Schwarzweißfoto einscannen wollen, reicht auch die Einstellung Graustufen.

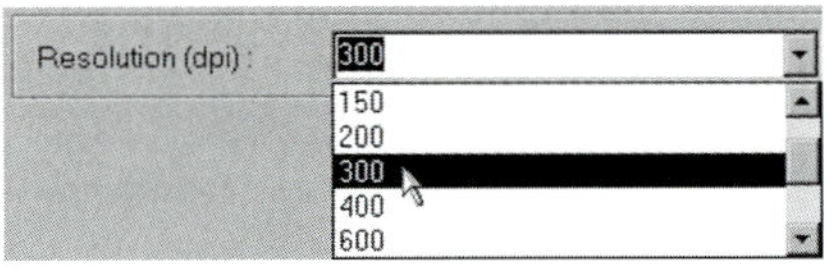

7 Schließlich muss noch die Auflösung für den Scanvorgang eingestellt werden. Hier hängt die richtige Einstellung davon ab, was Sie später mit dem Bild anstellen wollen (siehe Infokasten).

Info

dpi – Dots per Inch

Die Auflösung eines Bildes wird in Dots per Inch gemessen. Ein Dot ist ein Bildpunkt und ein Inch ist eine angloamerikanische Maßeinheit, die etwa 2,54 cm entspricht. Bei einer Auflösung von 100 dpi besteht eine 2,54 x 2,54 = 6,45 cm² große Bildfläche aus 100 x 100 = 10.000 Bildpunkten. Das ist schon eine ganze Menge und reicht völlig aus, wenn Sie z. B. Bilder zur Verwendung auf einer Webpage einscannen. Wenn Sie Bilder in einem digitalen Fotoalbum aufheben, weiterverarbeiten oder später mit einem Fotodrucker ausgeben wollen, sollten Sie eine Auslösung von 300 dpi wählen. Höhere Auslösungen sind in der Praxis selten notwendig. Nur wenn Sie einen relativ kleinen Bildausschnitt vergrößert darstellen wollen, empfiehlt sich das Verwenden einer hohen Auflösung. Hier sind meist einige Experimente nötig, um die richtigen Einstellungen zu finden. Von der gewählten dpi-Einstellung hängt die Größe der Bilddatei ab. Wenn Sie das gleiche Bild mit 100 dpi und mit 200 dpi einscannen, ist die Bilddatei viermal so groß, weil sowohl vertikal als auch horizontal doppelt so viele Bildpunkte verwendet werden.

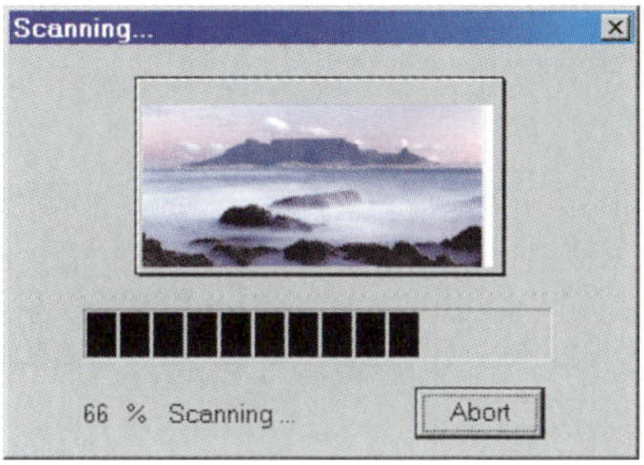

8 Wenn Sie so alle Voreinstellungen für den Scanvorgang getroffen haben, können Sie mit dem Einlesen der Bildvorlage starten. Klicken Sie dazu auf die *Scan*-Schaltfläche.

9 Die Bildvorlage wird nun gemäß Ihren Vorgaben eingescannt. Den Fortschritt können Sie in einem Statusfenster verfolgen

Stellen Sie Bilder in Imaging optimal dar

Nach dem Einscannen zeigt Imaging das neue Bild zunächst so groß wie irgendmöglich an. Dabei stellt es den Zoomfaktor so ein, dass entweder die ganze Breite oder die ganze Höhe (je nachdem, was besser passt) zu sehen ist. Dies ist aber nur eine von vielen Möglichkeiten, die durch den Zoomfaktor einstellbar ist.

1 Mit dem Symbol *Optimale Größe* in der Symbolleiste wählen Sie den Zoomfaktor so, dass immer das gesamte Bild in Imaging zu sehen ist.

2 Ist Ihnen die Breite des Bildes am wichtigsten, benutzen Sie den Schalter *Breite*. Imaging stellt das Bild dann so dar, dass es in voller Breite zu sehen ist. Die Höhe wird automatisch angepasst. Kann dabei nicht die ganze Höhe dargestellt werden, blendet Imaging Bildlaufleisten ein, mit denen Sie den sichtbaren Bildausschnitt nach oben oder nach unten verschieben können.

3 Eine andere Möglichkeit der Auswahl des Bildausschnitts ist der Bildwahl-Modus. Klicken Sie dazu auf die *Bild wählen*-Schaltfläche und markieren Sie dann den Ausschnitt des Bildes, den Sie sehen wollen.

4 Haben Sie den gewünschten Ausschnitt gewählt, klicken Sie auf die *Aktuelle Markierung*-Schaltfläche. Imaging vergrößert dann die Darstellung des Bildes so, dass der von Ihnen gewählte Ausschnitt optimal angezeigt wird.

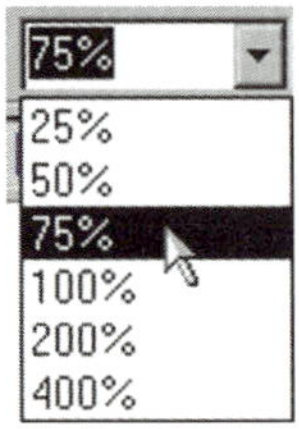

5 Alle bislang gezeigten Funktionen steuern den Zoomfaktor auf bestimmte vorgegebene oder abhängig vom konkreten Bild berechnete Werte. Sie können den Zoomfaktor aber auch selbst ganz genau festlegen. Dazu klicken Sie auf das *Zoom*-Auswahlfeld und wählen hier entweder einen der vorgegebenen Werte oder geben einen ganz genauen Wert per Tastatur ein. Dabei sind sogar Nachkommastellen erlaubt.

Speichern Sie gescannte Bilder

Damit Sie Bilder dauerhaft aufbewahren und für andere Zwecke verwenden können, müssen Sie sie als Dateien auf Ihrem PC speichern.

1 Um das aktuelle Bild zu speichern, wählen Sie die Funktion *Datei/Speichern unter* oder klicken auf die *Speichern*-Schaltfläche.

2 Damit öffnen Sie ein *Speichern unter*-Menü, in dem Sie zunächst den Ordner auswählen, in dem das Bild abgelegt werden soll.

3 Geben Sie dann im Feld *Dateiname* einen Namen für die Datei an. Dabei müssen Sie sich noch keine Gedanken über die Dateiendung machen. Das erledigt der nächste Schritt.

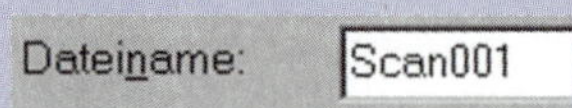

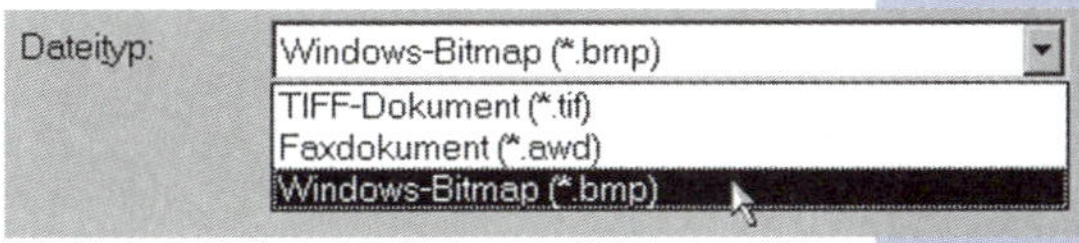

4 Wählen Sie im Feld Dateityp das Format aus, in dem das Bild gespeichert werden soll. Zur Verfügung stehen drei Formate, von denen das *Faxdokument*-Format aber wohl nur selten Verwendung finden dürfte. Interessanter sind die beiden anderen Möglichkeiten.

5 Das **T**agged **I**mage **F**ile Format (TIF) ist ein vektor-orientiertes Bildformat, d. h., die Bildinformationen werden nicht als Sammlung von Bildpunkten, sondern als eine Menge von Linien (Vektoren) gespeichert. Dadurch lassen sich TIF-Bilder fast beliebig vergrößern und verkleinern, ohne an Qualität zu verlieren. Besonders wenn Sie die gespeicherten Bilder später weiter verarbeiten wollen, sollten Sie dieses Format wählen. Es erzeugt zwar besonders bei gescannten Fotos sehr große Dateien, aber dafür sind darin auch viele Bildinformationen für die weitere Bearbeitung enthalten.

6 BMP ist das Windows-eigene Bitmap-Format. Es wird von praktischen allen Grafikprogrammen unter Windows unterstützt. Wenn Sie Bilder z. B. als Hintergrundbild verwenden wollen, müssen Sie dieses Format wählen.

7 Haben Sie alles richtig eingestellt, speichern Sie das Bild mit einem Klick auf die *Speichern*-Schaltfläche ab.

Bilder für den Hintergrund einscannen

Wenn Sie Ihren Windows-Hintergrund richtig interessant gestalten wollen, können Sie z. B. ein ganz besonderes Bild einscannen oder aus einer Digitalkamera übernehmen. Ebenso können Sie aber auch selbst kreativ werden und mit einem Grafikprogramm ein ganz eigenes Kunstwerk schaffen.

1 Wenn Sie ein Bild selbst erstellen bzw. bearbeiten, sollten Sie gleich auf die richtige Größe achten. Die hängt von der verwendeten Bildschirmauflösung Ihres PCs ab. Bei einer Auflösung von 1.024 x 768 sollte die Hintergrundgrafik möglichst genauso groß sein, also aus 1.024 x 768 Bildpunkten bestehen, um den Hintergrund optimal abzudecken.

2 Wenn Ihr Hintergrundbild kleiner als die Bildschirmauflösung ist und Sie es trotzdem über den gesamten Bildschirm verteilen wollen, sollten Sie die Größe von vornherein mit einem Bildbearbeitungsprogramm optimieren und auf die *Strecken*-Funktion der Windows-Anzeige verzichten. Professionelle Bildbearbeitungsprogramme haben leis-tungsfähigere Skalierfunktionen, mit denen Sie bessere Ergebnisse erreichen. Außerdem muss das Neuberechnen der Größe so nur einmal durchgeführt werden. Die Windows-Anzeige müsste diese Berechnung bei jeder neuen Darstellung des Bildes durchführen.

3 Gleichen Sie die Farbtiefe von Windows mit der des Hintergrundbildes ab. Verwendet Ihr PC nur eine Farbtiefe von 256 Farben, wird ein Hintergrundbild mit mehr Farben nicht richtig dargestellt. Generell gilt: Je weniger Farben, desto weniger Speicherplatz und Rechenzeit werden benötigt. Die optimale Farbtiefe für einen durchschnittlich ausgestatteten Windows-PC ist HighColor (16 Bit).

4 Speichern Sie die selbst erstellten oder eingescannten Bilder im richtigen Format: Windows 98 akzeptiert BMP-, PCX-, JPG- und GIF-Dateien als Hintergrundbilder.

Wie in der Oper – Audio-CDs komfortabel abspielen

Praktisch jeder PC ist heutzutage mit einem CD-ROM-Laufwerk ausgestattet. Solche Laufwerke können aber nicht nur CD-ROMs auslesen, sondern sind auch zu Abspielen von Audio-CDs geeignet. Da liegt es doch nahe, während der Arbeit am PC eine CD der Lieblingsband einzulegen und über die Lautsprecherboxen wiedergeben zu lassen. Das ist besonders praktisch, wenn man im Büro keinen anderweitigen CD-Spieler hat. Der PC ist zum Abspielen von Audio-CDs genauso gut wie ein richtiger CD-Spieler geeignet und kann sogar komfortabler sein. Das beweist auch das *CD-Wiedergabe*-Programm von Windows 98.

1 Starten Sie die *CD-Wiedergabe* mit *Start/ Programme/Zubehör/Unterhaltungsmedien/ CD-Wiedergabe*. Das Programm präsentiert sich mit den Steuerelementen, die Sie auch von einem CD-Player gewohnt sind. Dazu kommen noch weitere Funktionen, die das Abspielen von Audio-CDs komfortabler als bei den meisten herkömmlichen CD-Playern macht.

2 In der Mitte finden Sie das Anzeigefeld der CD-Wiedergabe. Ihm können Sie jederzeit entnehmen, welcher Song der CD gerade abgespielt wird. Außerdem zeigt es die Abspielzeit an. Welche Zeit dabei angezeigt wird, können Sie im *Ansicht*-Menü selbst einstellen. Zur Verfügung stehen die *Bisherige Wiedergabedauer - Titel*, die *Verbleibende Wiedergabedauer - Titel* und die *Verbleibende Wiedergabedauer - CD*.

3 Rechts neben dem Anzeigefeld befindet sich eine Reihe von Schaltern für das Steuern der Wiedergabe. Mit dem *Wiedergabe*-Schalter starten Sie das Abspielen der CD.

4 Der *Pause*-Schalter hält die Wiedergabe vorübergehend an. Dabei wird die aktuelle Position gespeichert, so dass Sie das Abspielen mit einem erneuten Klick auf den *Wiedergabe-* oder *Pause*-Schalter an der richtigen Stelle fortsetzen können.

5 Mit dem *Stopp*-Schalter brechen Sie die Wiedergabe ab. Dabei wird die CD angehalten, ohne dass die aktuelle Abspielposition gespeichert wird.

6 Mit *Vorheriger Titel* und *Nächster Titel* können Sie die einzelnen Titel einer CD direkt anwählen. *Nächster Titel* springt immer an den Anfang des nächsten Songs. Wird bereits der letzte Titel abgespielt, springt die CD-Wiedergabe zurück an den Anfang des ersten. *Vorheriger Titel* springt zunächst immer an der Anfang des aktuell wiedergegebenen Songs zurück. Wenn Sie den Schalter zweimal direkt hintereinander anklicken, gelangen Sie zum Anfang des vorangegangenen Titels.

7 Mit *Zurück* und *Vor* können Sie innerhalb eines Titels „spulen". Klicken Sie nur einmal kurz auf einen dieser Schalter, springt die Wiedergabe jeweils nur eine Sekunde vor bzw. zurück. Halten Sie einen der Schalter länger gedrückt, springt die Wiedergabe mit allmählich zunehmender Geschwindigkeit immer weiter in die entsprechende Richtung.

8 Mit *Auswerfen* steuern Sie das Öffnen des CD-ROM-Laufwerks an. Dieser Schalter funktioniert genauso wie die entsprechende Taste an der Front des CD-ROM-Laufwerks, allerdings nicht ganz so zuverlässig. Manchmal verweigert der Schalter die Funktion, dann müssen Sie halt doch direkt zum Laufwerk greifen.

Speichern Sie Informationen zu Ihren Lieblings-CDs

Die bislang vorgestellten Bedienelemente unterscheiden sich kaum von denen eines gewöhnlichen CD-Players. Was aber ist mit den anfangs versprochenen Komfortfunktionen? Bestimmt sind Ihnen auch schon die Felder *Interpret*, *Bezeichnung* und *Titel* im Hauptfenster der CD-Wiedergabe aufgefallen. Sollten Sie diese Felder nicht sehen, können Sie sie mit *Ansicht/CD-/Titelinformationen* einblenden. In diesen Feldern stehen vermutlich allgemeine Bemerkungen wie *Neuer Interpret* oder *Titel 2*. Sie können aber auch für jede einmal eingelegte CD Titel, Interpret und die Namen der enthaltenen Songs angeben. Das müssen Sie selbstverständlich nicht jedesmal machen, sondern nur beim ersten Einlegen einer CD. Die CD-Wiedergabe speichert die Daten und ruft sie beim nächsten Einlegen der CD automatisch ab.

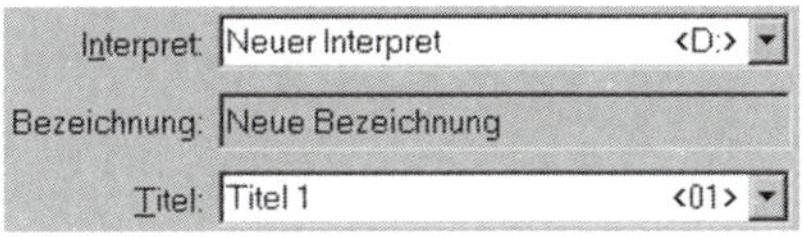

1 Um zu einer Audio-CD Informationen anzugeben und zu speichern, legen Sie diese zunächst ein. Warten Sie, bis die CD-Wiedergabe die CD eingelesen hat und im Feld *Interpret* die Meldung *Neuer Interpret* ausgibt.

2 Öffnen Sie nun mit *CD/Wiedergabeliste bearbeiten* die Wiedergabeliste, in der alle Informationen zu einer CD gespeichert werden.

3 Geben Sie in den CD-Einstellungen im Feld *Interpret* zunächst den Interpreten der CD an.

4 Direkt darunter finden Sie das Feld *Bezeichnung*, in dem Sie den Titel der CD eingeben.

5 Markieren Sie dann in der Liste *Verfügbare Titel* ganz oben den *Titel 1*.

6 Geben Sie nun den Namen des ersten Titels darunter im Feld *Titel 01* ein. Schließen Sie die Eingabe mit [Enter] oder mit einem Klick auf die *Titel eingeben*-Schaltfläche. Daraufhin wird automatisch *Titel 2* markiert und das Eingabefeld wechselt ebenfalls zu *Titel 02*. Geben Sie jetzt den Namen des zweiten Titels ein und wiederholen Sie den Vorgang so lange, bis Sie alle Titelnamen eingegeben haben.

7 Wenn Sie alle Informationen eingegeben haben, speichern Sie die Daten mit *OK*.

8 Zurück im Hauptfenster der CD-Wiedergabe werden Sie feststellen, dass die zuvor eher aussagelosen Fenster nun mit den passenden Inhalten gefüllt sind.

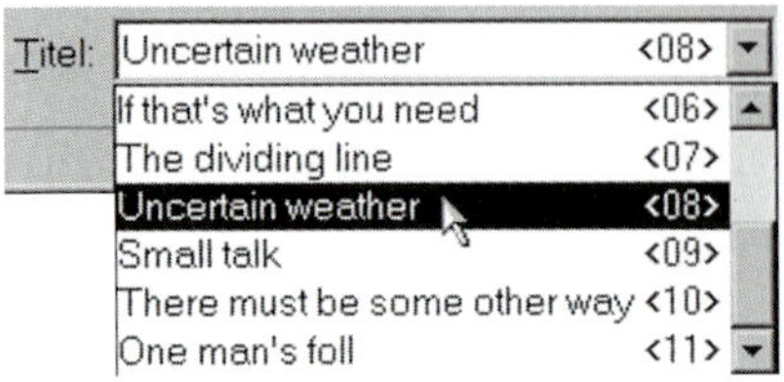

9 Neben der allgemeinen Information profitiert besonders das Auswahlfeld *Titel* von den eingegebenen Daten. Hier müssen Sie die Titel nun nicht mehr nach der anonymen Nummerierung auswählen, sondern können anhand der Bezeichnung leicht Ihren Lieblingstitel raussuchen.

Die eingegebenen Informationen über die CD werden von der CD-Wiedergabe dauerhaft auf Ihrem PC gespeichert. Legen Sie dieselbe Audio-CD zu einem späteren Zeitpunkt wieder mal ein, erkennt das Programm sie automatisch und lädt die entsprechenden Daten. Zur Erkennung der CD benutzt die CD-Wiedergabe einen speziellen Code, der auf jeder CD enthalten ist und diese eindeutig identifiziert.

Steuern Sie die Wiedergabereihenfolge

In Kombination mit den CD-Informationen bietet die CD-Wiedergabe noch eine weitere Funktion, die Sie endgültig den meisten CD-Spielern überlegen macht. Sie können zu jeder CD eine bestimmte Wiedergabereihenfolge speichern. Wenn Sie z. B. von einer CD nur ganz bestimmte Lieder mögen, können Sie eine Wiedergabeliste erstellen, in der nur diese Lieder abgespielt werden. Legen Sie die CD in das CD-ROM-Laufwerk Ihres PCs, erkennt die CD-Wiedergabe die CD automatisch, lädt die Wiedergabeliste und spielt nur die ausgewählten Songs ab. Ebenso können Sie auch die Reihenfolge verändern, in der die auf der CD enthaltenen Titel abgespielt werden.

1 Um eine eigene Wiedergabereihenfolge zu erstellen, sollten Sie für die betreffende CD zunächst wie oben beschrieben die CD-Informationen eingeben und speichern.

2 Öffnen Sie nun mit *CD/Wiedergabeliste bearbeiten* die Wiedergabeliste der CD.

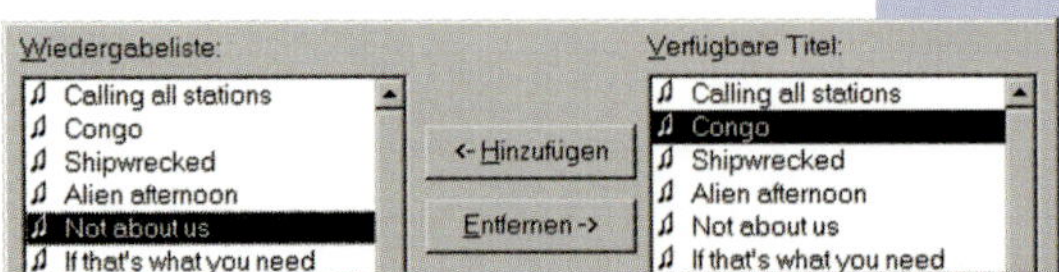

3 In den CD-Einstellungen finden Sie zwei Listen. Rechts sehen Sie die Liste *Verfügbare Titel*, die einen Eintrag für jeden Titel auf der CD enthält. Links befindet sich hingegen die *Wiedergabeliste*. Sie sieht standardmäßig genauso wie die Liste der verfügbaren Titel aus, solange Sie keine Änderungen vornehmen.

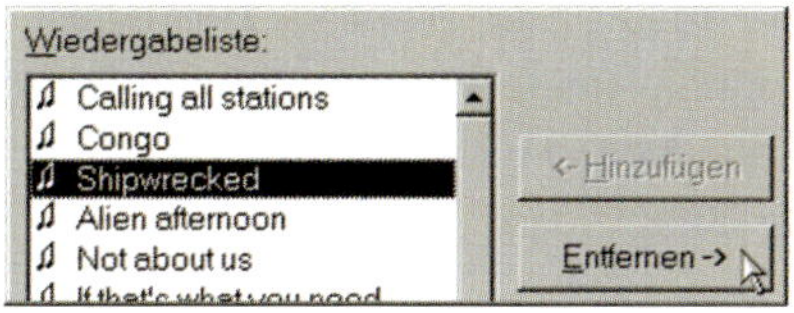

4 Um einen Titel aus der Wiedergabeliste zu entfernen, wählen Sie seinen Eintrag aus und klicken auf die *Entfernen*-Schaltfläche.

5 Wollen Sie hingegen einen zuvor entfernten Titel wieder in die Wiedergabeliste aufnehmen oder einen bereits vorhandenen Titel ein zweites Mal einfügen, um ihn mehrmals abzuspielen, markieren Sie diesen Titel in der Liste *Verfügbare Titel* und klicken dann auf die *Hinzufügen*-Schaltfläche. Sowohl beim Hinzufügen als auch beim Entfernen können Sie in Kombination mit [Umschalt] bzw. [Strg] auch gleich mehrere Titel markieren.

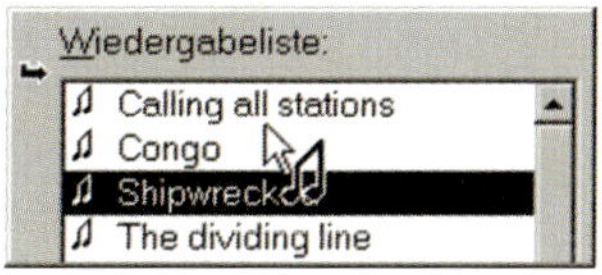

6 Um die Reihenfolge der Titel zu ändern, markieren Sie wiederum die Titel, die an eine andere Position geschoben werden sollen, in der *Wiedergabeliste*. Klicken Sie dann erneut mit der linken Maustaste auf die Auswahl und halten Sie die Taste gedrückt. Ziehen Sie dann die Auswahl mit einer entsprechenden Mausbewegung an die gewünschte Position. Ein zusätzlicher Zeiger am linken Rand der Wiedergabeliste zeigt an, an welcher die Stelle der oder die markierten Titel beim Loslassen der Maustaste gerade eingefügt würden.

7 Stellen Sie sich so Ihr ganz persönliches Musikprogramm zusammen und speichern Sie die Wiedergabeliste abschließend mit *OK*. Sollten Sie doch irgendwann zur Originalreihenfolge der CD zurückkehren wollen, können Sie das ganz schnell mit einem Klick auf die *Zurücksetzen*-Schaltfläche.

Musik und Videos on- und offline – Der Windows Media Player

Eine der neuen Komponenten von Windows 98 SE ist der Windows Media Player. Der Windows Media Player ist aber nicht nur zum Abspielen von Online-Multimedia-Daten aus dem Internet geeignet, sondern kann auch offline praktisch alle gängigen Audio- und Videoformate wiedergeben.

Der große Vorteil des Windows Media Player ist, dass Sie mit ihm nur ein einziges Wiedergabeprogramm benötigen. Brauchte man früher praktisch für jedes Format ein eigenes Abspielprogramm, das extra eingestellt werden wollte und anders zu bedienen war, vereint der Windows Media Player nun alle Funktionen in einer Oberfläche, die noch dazu sehr gelungen und einfach zu bedienen ist.

Info

Wann startet der Windows Media Player?

Das Starten des Windows Media Player ist denkbar einfach: Wenn Sie eine entsprechende Audio- oder Videodateien aus dem Internet anfordern, wird der Player automatisch durch den Internet Explorer aktiviert. Er startet, öffnet die angeforderte Datei und spielt sie ab. Bei der Wiedergabe lokaler Dateien von Ihrem PC funktioniert das ähnlich, nur dass hier der Explorer den Windows Media Player startet, wenn Sie mit einem Doppelklick eine Multimedia-Datei aufrufen. Sie können den Windows Media Player aber auch ganz regulär als eigenständige Anwendung aufrufen, um z. B. Veränderungen an den Einstellungen durchzuführen. Benutzen Sie dazu *Start/Programme/Zubehör/Unterhaltungsmedien/Windows Media Player.*

Wenn der Windows Media Player läuft und eine Datei wiedergibt, stehen Ihnen verschiedene Kontrollelemente in Form von Schaltflächen zur Verfügung:

1 Mit dem *Wiedergabe*-Schalter starten Sie das Abspielen der geöffneten Datei. Wenn der Windows Media Player vom Internet Explorer oder dem Windows-Explorer aufgerufen wird, um eine Datei abzuspielen, wird die Wiedergabe der Datei automatisch gestartet.

2 Der *Pause*-Schalter unterbricht die Wiedergabe der geöffneten Datei vorübergehend. Klicken Sie auf den *Wiedergabe*-Schalter, um das Abspielen fortzusetzen.

3 Mit dem *Stopp*-Schalter halten Sie die Wiedergabe der gerade abgespielten Datei an. Die Datei wird dabei auf den Anfang zurückgesetzt, aber nicht geschlossen. Handelt es sich um einen Medienstream aus dem Internet, hält der Windows Media Player die Verbindung aufrecht, damit Sie die Daten jederzeit erneut ohne längeres Warten abspielen können.

4 Der *Zurück springen*-Schalter spult den aktuellen Medienclip an den Anfang zurück. Wenn Sie eine aus mehreren Clips bestehende Show wiedergeben, können Sie mit diesem Schalter zum vorhergehenden Clip der Show gelangen. Klicken Sie dazu einmal, um an den Anfang des aktuellen Clips zu gelangen, und dann gleich noch mal, um zum Beginn des vorangegangenen Clips zu springen.

5 Mit *Rücklauf* spulen Sie den gerade abgespielten Clip schrittweise zurück. Das funktioniert allerdings nicht bei allen Arten von Medien (z. B. nicht bei Medienstreams). Wenn Sie die Schaltfläche wieder loslassen, nimmt der Windows Media Player die Wiedergabe wieder auf.

6 Dieser Schalter ist das Gegenstück zum Rücklauf. *Vorlauf* spult den aktuellen Clip schrittweise vor. Auch diese Funktion steht z. B. bei Medienstreams nicht zur Verfügung.

7 Der *Vorwärts springen*-Schalter macht nur in Verbindung mit Shows aus mehreren Medienclips Sinn. Er springt an den Anfang des nachfolgenden Clips und startet dessen Wiedergabe.

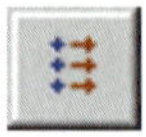

8 Mit dem Schaltfläche *Jeden Clip in der Abspielliste als Vorschau anzeigen* starten Sie eine Art Vorschaumodus, in der jeder Clip in einer Show kurz angespielt wird. Die Anspieldauer kann individuell festgelegt werden. Standardmäßig beträgt sie etwa zehn Sekunden. So können Sie sich einen ersten Überblick verschaffen oder schnell nach einem bestimmten Clip in einer Sammlung suchen.

9 Die *Stummschaltung* deaktiviert die Audiowiedergabe von Mediendateien. Dabei wird die Wiedergabe im Gegensatz zum *Pause*-Schalter aber nicht unterbrochen, sondern der Clip läuft noch immer weiter. Um wieder Audio zu hören, klicken Sie erneut auf den *Stummschaltung*-Schalter. Wenn dieser Schalter nicht aktiviert ist, unterstützt Ihre Soundkarte die Stummschalten-Funktion nicht.

10 Mit der *Lautstärkesteuerung* können Sie die Lautstärke des wiedergegebenen Clips regeln. Dieser Schieberegler ist nur aktiv, wenn Ihre Soundkarte diese Funktion unterstützt.

Stellen Sie den Windows Media Player optimal ein

Der Windows Media Player wird automatisch mit bestimmten Standardeinstellungen eingerichtet, die für den normalen Betrieb durchaus reichen. Damit der Player optimal auf Ihre Bedürfnisse zugeschnitten ist, sollten Sie sich aber ruhig die Mühe machen, seine Einstellungen einmal durchzugehen und zu optimieren. Beachten Sie die folgenden Schritte:

1 Starten Sie den Windows Media Player und öffnen Sie mit *Ansicht/Optionen* die Einstellungen. Wechseln Sie hier zunächst in die Kategorie *Wiedergabe*.

2 Im Bereich *Audio* stehen Ihnen Schieberegler für die Lautstärke und die Balance der Klangwiedergabe zur Verfügung. Allerdings haben diese beiden Parameter nur vorübergehend Geltung, da Sie diese Einstellungen auch direkt im Hauptfenster vornehmen können. Außerdem kann die Wiedergabelautstärke auch über die systemweite Laustärkeregelung gesteuert werden.

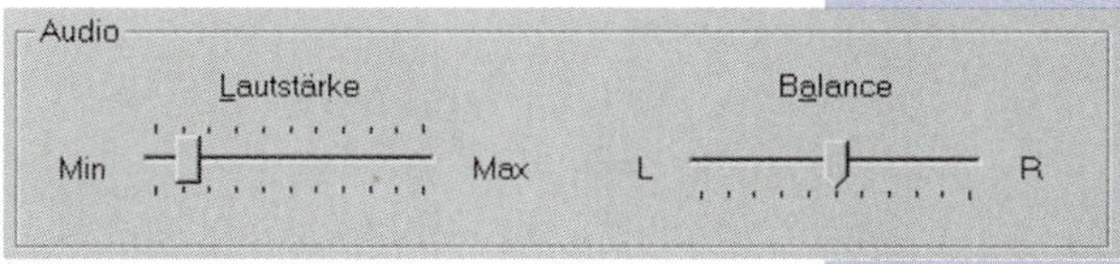

3 Im Bereich *Wiedergabe* links unten können Sie festlegen, wie oft ein abgespielter Medienclip wiederholt werden soll. Sie können eine Anzahl von Wiederholungen vorgeben oder die Endloswiedergabe aktivieren, bei der jeder Clip immer wieder abgespielt und zurückgespult wird, bis Sie die Wiedergabe manuell unterbrechen oder das Programm beenden. Wenn Sie die Option *Rücklauf nach Wiedergabe* einschalten, spult der Windows Media Player jeden Clip nach Beendigung der Wiedergabe automatisch zurück.

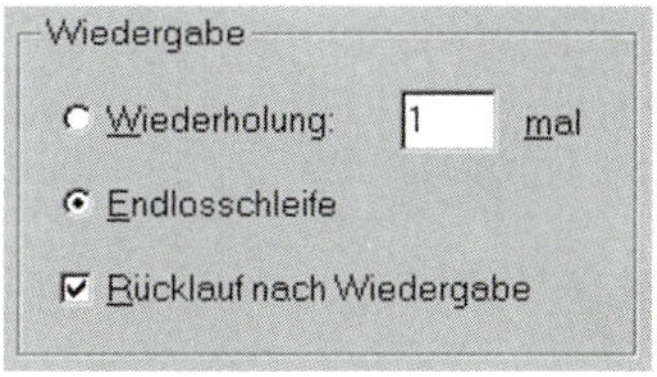

Unter *Video* können Sie für das Abspielen von Videos die zu verwendende Fenstergröße festlegen. *100%* entspricht der normalen Größe des Videos. Mit *50%* wird das Videobild auf die Hälfte verkleinert (was die Wiedergabegeschwindigkeit beschleunigen kann).

Info

Videoclips besser erkennen

Setzen Sie den *Vergrößern*-Wert auf *200%*, wird das Videobild in doppelter Größe angezeigt. Dadurch sind vor allem die im WWW beliebten briefmarkengroßen Videoclips besser zu erkennen.

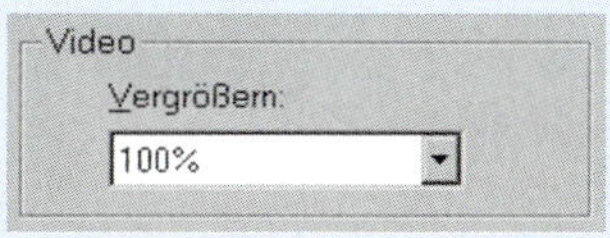

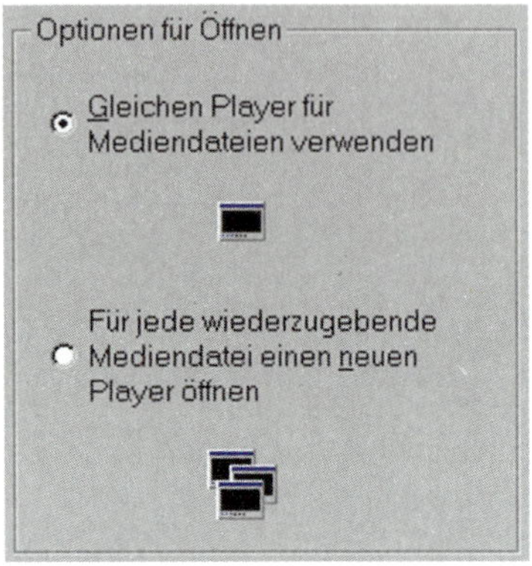

5 Wechseln Sie dann in die Kategorie *Player.* Unter *Optionen für Öffnen* legen Sie fest, wie sich der Windows Media Player beim gleichzeitigen Öffnen mehrerer Mediendateien verhalten soll. Mit der Option *Gleichen Player für Mediendaten verwenden* wird beim Öffnen einer neuen Mediendatei die Wiedergabe der alten jeweils beendet und stattdessen die neue geladen. Entscheiden Sie sich hingegen für die Option *Für jede wiederzugebende Mediendatei einen neuen Player öffnen,* wird für jede Mediendatei eine neue Instanz des Windows Media Player gestartet.

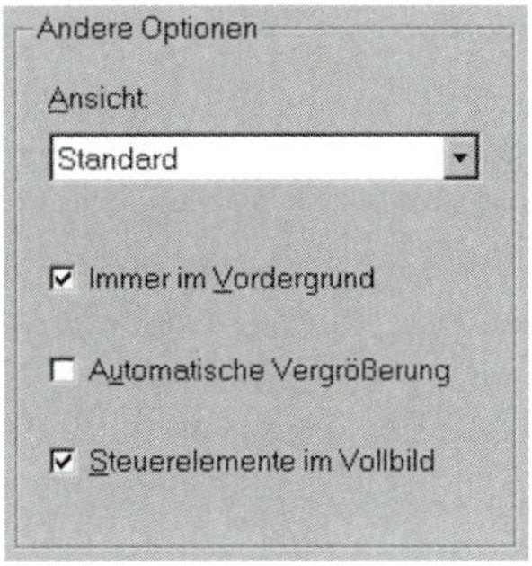

6 Im Bereich *Andere Optionen* finden Sie mehrere Optionen für das Erscheinungsbild des Windows Media Player.

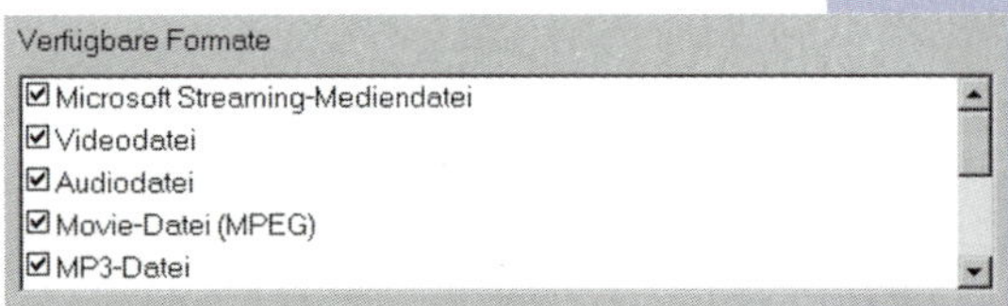

7 Wechseln Sie abschließend in die Kategorie *Formate.* Hier sind alle Audio- und Videoformate aufgeführt, die der Windows Media Player beherrscht. Ob der Player auch als Wiedergabeanwendung für den jeweiligen Dateityp eingetragen ist, sehen Sie an dem Kästchen vor dem jeweiligen Eintrag. Grundsätzlich können Sie alle diese Formate vom Windows Media Player wiedergeben lassen. Einzige Ausnahme sind die RealMedia-Dateien, bei denen der Player nur einen veralteten Standard beherrscht. Um aktuelle RealAudio- und RealVideo-Clips wiederzugeben, benötigen Sie den RealPlayer G2 (http://www.real.com).

8 Übernehmen Sie die neuen Einstellungen mit *OK.*

Kontakt bitte! – Online mit Windows 98 SE

Microsoft hat sich bei der Entwicklung bemüht, die für den Benutzer sichtbaren Grenzen zwischen lokalen Dateien und Daten aus dem Internet zu verwischen. Auch beim Zugang zum Internet hat sich etwas getan. Im Vergleich zum alten Windows 98 klappt der jetzt in der Regel reibungsloser und komfortabler. Mit dem Internet Explorer 5 kommen weitere praktische Funktionen hinzu: Die Proxy-Einstellungen sind jetzt so flexibel, dass man für jede Internetverbindung eigene Proxy-Einstellungen angeben kann. Ein echtes Highlight im Bereich Internetzugang setzt aber die SE-Version von Windows 98. Mit der Internetverbindungsfreigabe können Sie kleinere Windows-Netzwerke ohne großen Aufwand oder zusätzliche Kosten mit dem Internet verbinden. Dazu muss nur einer der PCs über die entsprechende Hardware (Modem, ISDN-Karte etc.) und einen Internetzugang verfügen. Alle anderen können diese Ressourcen über das Netzwerk nutzen.

Kontaktaufnahme – Internetverbindung einrichten

Damit Sie mit Ihrem PC Zugang zum Internet erhalten, benötigen Sie zwei Dinge:

- Zunächst ist eine Hardwarekomponente notwendig, die die technische Verbindung zwischen Ihrem PC und dem Internet herstellt. Gängigste Lösung für den Privatbereich sind hier bislang Modems oder ISDN-Karten. Im betrieblichen Umfeld ist auch eine leistungsfähigere Direktverbindung über eine Netzwerkkarte denkbar.
- Funktioniert die Hardware, muss noch die eigentliche Online-Verbindung eingerichtet werden. Für Einwahlverbindung über Modem oder ISDN-Karte müssen Sie dazu eine DFÜ-Verbindung anlegen.

Zum Einrichten der Online-Verbindung stellt Windows Ihnen einen komfortablen Assistenten zur Verfügung, der Sie durch alle wichtigen Schritte führt. Dieser Assistent für den Internet-Zugang startet automatisch, wenn Sie auf eine Online-Verbindung zugreifen wollen, obwohl auf Ihrem PC noch gar keine eingerichtet ist. Sie sind aber nicht unbedingt darauf angewiesen, dass der Assistent automatisch startet. Mit *Start/Programme/Internet Explorer/Verbindung mit dem Internet* starten Sie diesen Assistenten jederzeit manuell, um z. B. auch weitere Zugangsdaten aufzunehmen.

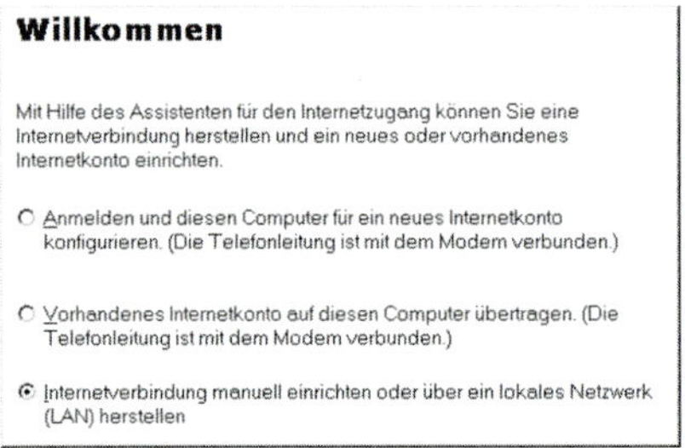

1 Zunächst möchte der Assistent wissen, wie Sie die Verbindung zum Internet herstellen wollen. Sollten Sie noch keinen Internetprovider haben, wählen Sie die Option *Anmelden und diesen Computer für ein neues Internetkonto konfigurieren*. Der Assistent bietet Ihnen dann verschiedene Provider an, die für Sie in Frage kommen, und hilft Ihnen bei der Auswahl.

2 Haben Sie schon einen Internetzugang bei einem Provider und kennen die dazugehörenden Verbindungsdaten, entscheiden Sie sich am besten für die Option *Internetverbindung manuell einrichten oder über ein lokales Netzwerk herstellen*. In diesem Fall können Sie alle notwendigen Daten von Hand eingeben. Das hat den Vorteil, dass der Assistent keine kostenpflichtige Telefonverbindung zum Referenzdienst von Microsoft aufbauen muss. Da dies am häufigsten der Fall sein dürfte, gehen wir für den weiteren Ablauf von dieser Option aus.

3 Als Erstes will der Assistent wissen, wie die Verbindung hergestellt werden soll. Wenn Sie sich mit einem Modem oder einer ISDN-Karte in das Internet einwählen, wählen Sie die Option *Verbindung über Telefonleitung und Modem*. Besitzt Ihr PC eine permanente Verbindung zum Internet über eine Netzwerkkarte, entscheiden Sie sich für *Internetzugang über ein lokales Netzwerk (LAN)*. In beiden Fällen setzt der Assistent voraus, dass Modem, ISDN-Karte bzw. Netzwerkkarte schon funktionstüchtig eingerichtet sind.

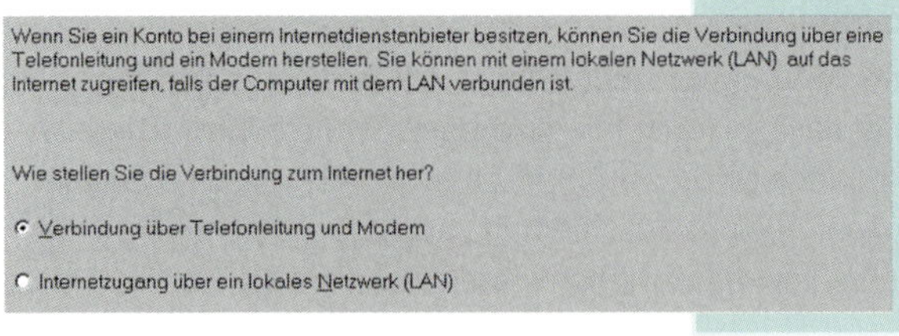

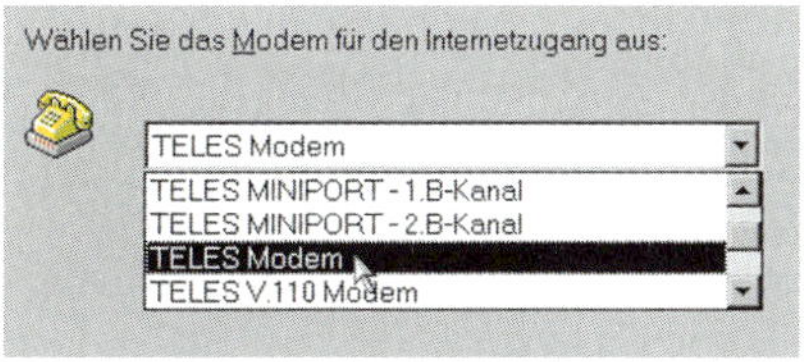

4 Wählen Sie im nächsten Schritt das Modem bzw. die ISDN-Karte aus, mit dem/der die Internetverbindung hergestellt werden soll. Ist auf Ihrem PC nur ein Modem installiert, steht nur dieses zur Auswahl. Haben Sie mehrere Modems bzw. ISDN-Karten, wählen Sie ein geeignetes Gerät bzw. bei ISDN-Karten den richtigen Treiber aus.

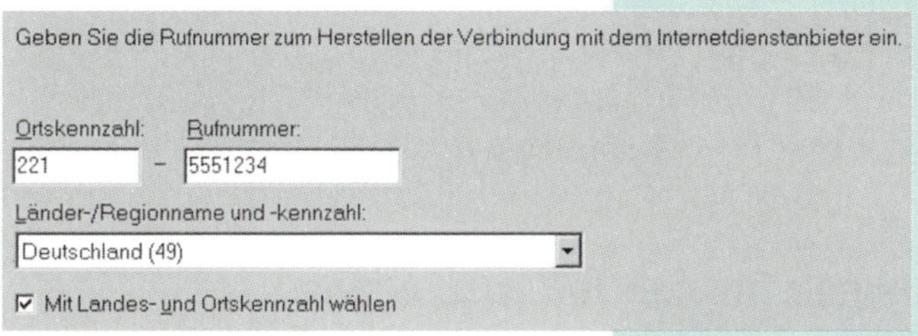

5 Im nächsten Schritt geben Sie die Einwahlnummer Ihres Internetproviders ein, mit der sich Ihr PC einwählen kann. Befindet sich der Einwahlknoten in Ihrem Ortsnetz, können Sie die Option *Mit Landes- und Ortskennzahl wählen* deaktivieren.

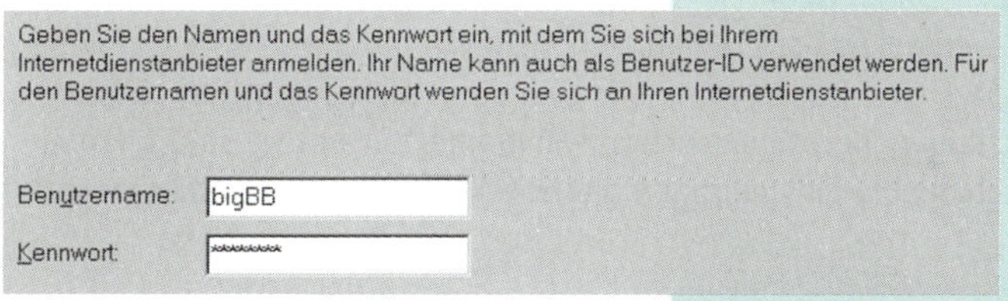

6 Danach will der Assistent den *Benutzernamen* und das *Kennwort* wissen, mit denen er sich bei der automatischen Einwahl anmelden soll.

7 Schließlich müssen Sie noch eine Bezeichnung für die soeben erstellte Online-Verbindung auswählen. Der Assistent schlägt Ihnen eine Bezeichnung vor, für die er die Einwahlnummer Ihres Providers verwendet. Wenn Sie ein schlechtes Gedächtnis für Nummern haben, sollten Sie aber besser einen passenderen Namen wählen.

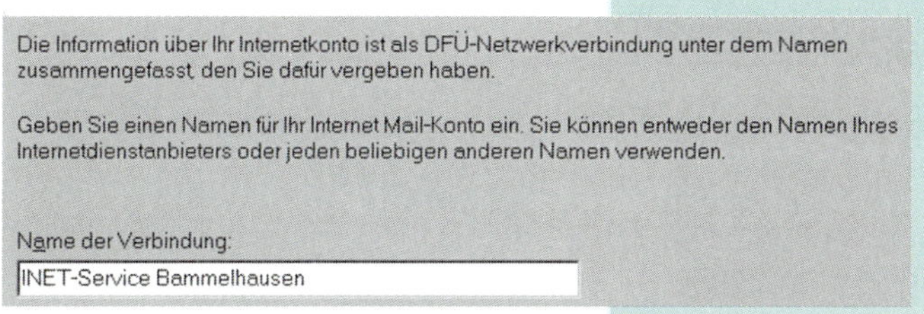

8 Zum Abschluss bietet Ihnen der Assistent an, gleich noch die Benutzerdaten für Ihren E-Mail-Zugang einzurichten. Darauf können Sie vorerst aber getrost verzichten. Wenn diese Daten später benötigt werden, startet wiederum automatisch ein Assistent. Deshalb stellen wir das Eingeben dieser Zugangsdaten im nächsten Kapitel vor. Lehnen Sie das Eingeben der Informationen vorerst mit *Nein* ab.

9 Damit sind alle Schritte erledigt. Mit *Fertig stellen* richten Sie die neue Internetverbindung endgültig ein.

Erweiterte Einstellungen für den Internetzugang

Sollten Sie mit Ihrer Online-Verbindung Probleme haben, liegt das häufig daran, dass Windows nicht über alle notwendigen Daten verfügt. Üblicherweise können alle fehlenden Daten direkt bei der Einwahl zum Internetprovider automatisch abgefragt werden. Leider unterstützen nicht alle Internetzugangsanbieter diese Möglichkeit. Deren Benutzer müssen sich dann mit einigen kryptischen Zahlen herumschlagen, bevor alles richtig funktioniert. Wenn Sie solche Probleme haben, sollten Sie die Einstellungen der DFÜ-Verbindung überprüfen und ggf. korrigieren.

1 Öffnen Sie dazu den Arbeitsplatz und rufen Sie hier das *DFÜ-Netzwerk* auf. Hier finden Sie einen Eintrag für jede von Ihnen eingerichtete DFÜ-Verbindung.

2 Markieren Sie hier die problematische DFÜ-Verbindung und klicken Sie mit der rechten Maustaste darauf. Im kontextabhängigen Menü wählen Sie die Funktion *Eigenschaften*.

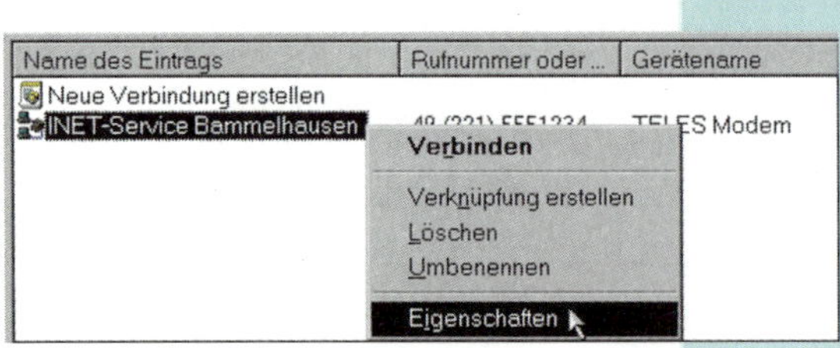

3 In der Kategorie *Allgemein* finden Sie die Angaben wieder, die Sie beim Einrichten mit dem Assistenten für den Internetzugang gemacht haben. Hier können Sie z. B. die Telefonnummer berichtigen. Für die erweiterten Einstellungen wechseln Sie in die Kategorie *Servertypen*.

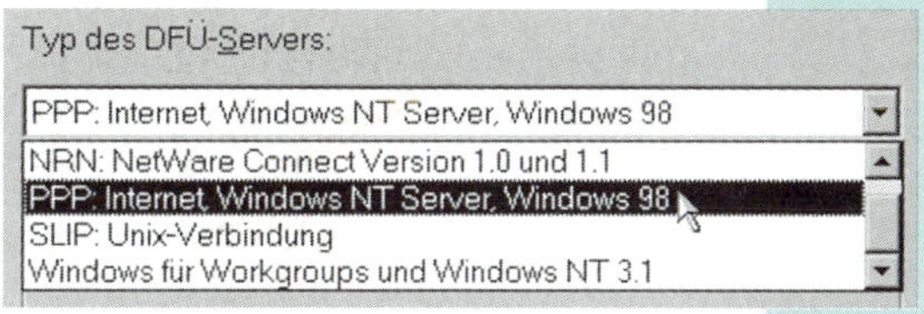

4 Welche Art von Zugangsverfahren Ihr Provider verwendet, stellen Sie im Auswahlfeld *Typ des DFÜ-Servers* ein. Hier steht sowohl das aktuelle PPP, als auch das nur noch selten verwendete SLIP zur Verfügung.

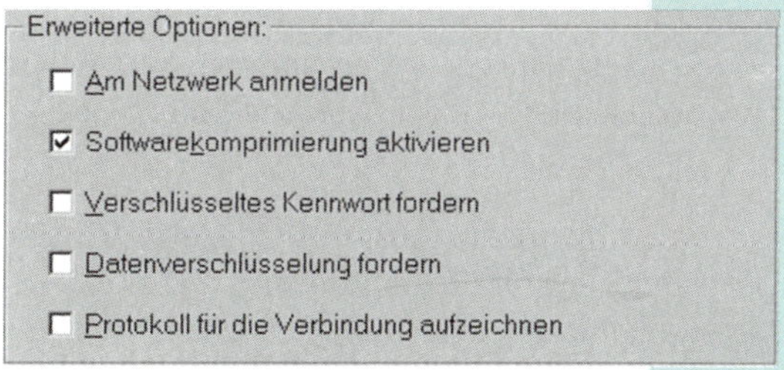

5 Im darunterliegenden Feld *Erweiterte Optionen* finden Sie ein Reihe von Einstellungen für den Aufbau der Online-Verbindung. Welche Optionen genau aktiviert sein müssen, hängt von Ihrem Internetprovider ab. Verfahren Sie aber bloß nicht nach der Methode „Besser zuviel als zuwenig". Jede dieser Optionen verlangsamt die Anmeldeprozedur, egal ob sie benötigt wird oder nicht.

6 Um die speziellen Interneteinstellungen vorzunehmen, klicken Sie auf die *TCP/IP-Einstellungen*-Schaltfläche.

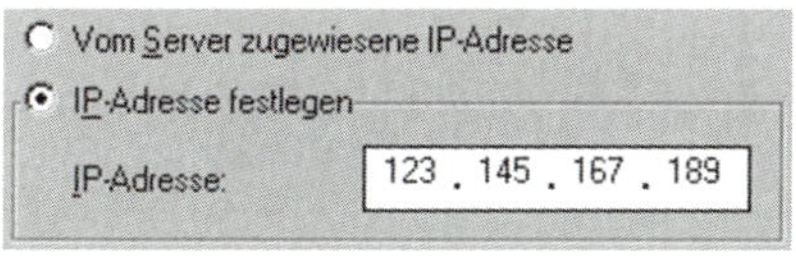

7 Sollten Sie von Ihrem Zugangsanbieter eine feste IP-Nummer zugeordnet bekommen haben, aktivieren Sie im nachfolgenden Menü die Option *IP-Adresse festlegen* und geben darunter im Feld *IP-Adresse* diese IP-Nummer an.

8 Der Namensserver ist für das Auflösen der IP-Namen (z. B. *www.server.de*) in die eigentlich entscheidenden IP-Nummern (z. B. *123.145.167.189*) zuständig. Seine Adresse wird meist automatisch bei der Anmeldung zu-

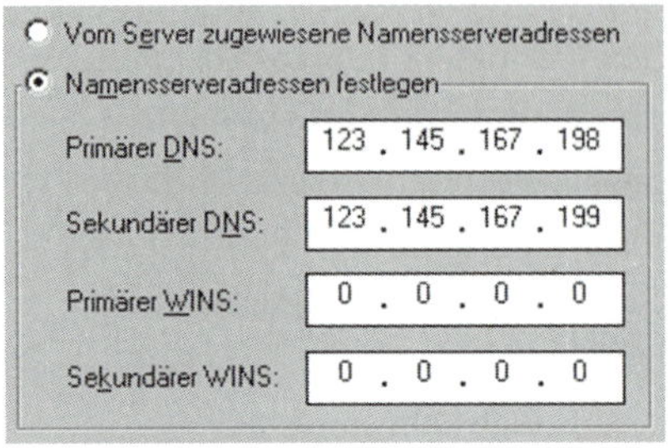

gewiesen. Bei einigen Providern ist es aber notwendig, die Adresse fest anzugeben. Aktivieren Sie dazu die Option *Namensserveradressen festlegen* und geben Sie im Feld *Primärer DNS* die IP-Nummer (!) des Domain Name Servers ein. Sie können auch noch die Nummer eines zweiten DNS-Servers angeben. Auf diese wird zurückgegriffen, wenn der erste Server z. B. aufgrund eines technischen Defekts ausfällt. Die Angabe eines zweiten Namensservers ist aber – ebenso wie das Angeben der WINS-Server – nicht unbedingt erforderlich.

9 Weitere Einstellungen in dieser Kategorie sollten Sie nur verändern, wenn Ihr Internetprovider dies ausdrücklich verlangt. Schließen Sie die TCP/IP-Einstellungen mit *OK*.

10 Sollte bei Ihrem Internetzugang ein Skript zur Anmeldung erforderlich sein, können Sie dieses in der Kategorie *Skript* angeben und bearbeiten.

11 Übernehmen Sie die veränderten Einstellungen mit *OK*. Sollten Sie noch immer Einwahlprobleme haben, werfen Sie doch mal einen Blick in das Notfall-Kapitel am Ende dieses Buchs.

So stellen Sie einen Proxyserver ein

Einige Internetprovider, z. B. Online-Dienste wie T-Online und CompuServe, lassen ihre Kunden ausschließlich über Proxyserver surfen. Hier ist es wichtig, dass der Internet Explorer richtig eingestellt wird, sonst funktioniert beim Surfen gar nichts.

1 Um die Proxy-Einstellungen des Internet Explorer vorzunehmen, öffnen Sie mit *Start/Einstellungen/Systemsteuerung/Internetoptionen* die Interneteinstellungen und wechseln dort in die Kategorie *Verbindungen*.

2 Hier finden Sie im Bereich *DFÜ-Einstellungen* den Zugang zu den wichtigen Proxy-Einstellungen. Sie können für jede einzelne DFÜ-Verbindung individuelle Proxy-Einstellungen vornehmen. Wählen Sie deshalb zunächst die DFÜ-Verbindung aus, für die Sie einen Proxyserver eintragen wollen. Klicken Sie dann auf die *Einstellungen*-Schaltfläche.

3 Schalten Sie im nachfolgenden Menü zunächst die Option *Proxyserver verwenden* ein.

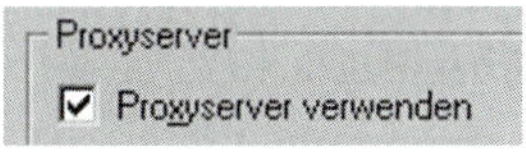

4 Geben Sie dann die *Adresse* und die Nummer des Anschlusses für den gewünschten Proxyserver an. Diese Daten erfahren Sie von Ihrem Internetprovider.

5 Beim Zugriff auf lokale Seiten (z. B. in einem lokalen Firmennetzwerk) wirkt sich ein Proxyserver meist eher bremsend aus. Deshalb ist es sinnvoll, in solchen Fällen auf ihn zu verzichten und solche Webseiten grundsätzlich direkt zu laden. Schalten Sie dazu die Option *Proxyserver für lokale Adressen umgehen* ein.

6 Durch zweimaliges *OK* übernehmen Sie die neuen Einstellungen.

Erst anmelden, dann einschalten – Gehen Sie online

Nachdem die Online-Verbindung eingerichtet ist, können Sie jederzeit eine Verbindung ins Internet aufbauen. Dabei gilt es aber noch einiges zu beachten. So können Sie z. B. die Verbindung bei Bedarf ganz automatisch von Windows aufbauen lassen. Das ist sehr komfortabel, hat aber auch seine Tücken. Alternativ geht es auch von Hand. Beim manuellen Verbindungsaufbau behalten Sie die volle Kontrolle über die Online-Aktivitäten Ihres PCs. Wir zeigen Ihnen beide Varianten.

Automatischer Verbindungsaufbau

Die komfortablere Methode ist zweifellos der automatische Aufbau der Online-Verbindung. Wann immer eine Verbindung zum Internet benötigt wird (wenn Sie z. B. eine Webseite im Internet Explorer anfordern oder Ihre E-Mail abholen wollen), baut Windows in diesem Modus automatisch die benötigte Verbindung auf. Stehen mehrere DFÜ-Verbindungen zur Auswahl, verwendet es eine zuvor eingestellte Standardverbindung. Windows registriert, wenn über die Online-Verbindung keine Daten mehr ausgetauscht werden, und bricht sie irgendwann automatisch ab. Außerdem können Sie eine automatisch aufgebaute Verbindung selbstverständlich jederzeit manuell unterbrechen.

1 Um den automatischen Verbindungsaufbau zu aktivieren und einzustellen, öffnen Sie mit *Start/Einstellungen/Systemsteuerung/Internetoptionen* die Interneteinstellungen und wechseln hier in die Kategorie *Verbindungen*.

Info

Die Tücken des automatischen Verbindungsaufbaus

Viele Internetprogramme verfügen heute über einen Zeitplan, nach dem sie bestimmte Aufgaben automatisch erledigen. Wenn der automatische Verbindungsaufbau eingestellt ist, wird bei jeder dieser Anforderungen eben auch eine automatische Verbindung hergestellt. Da verliert man schnell die Kontrolle über die Online-Zeit und die damit verbundenen Kosten. Hinzu kommt, dass der automatische Verbindungsabbau nicht so zuverlässig wie der -aufbau funktioniert. Es kommt leider immer wieder vor, dass eine Verbindung unnötig lange bestehen bleibt und dadurch hohe Kosten verursacht. Deshalb sollten Sie unbedingt eine Testphase durchführen, in der Sie den PC beaufsichtigen und kontrollieren, welche Programme wann eine Internetverbindung anfordern.

2 Im Feld *DFÜ-Einstellungen* finden Sie alle wesentlichen Einstellungen. Aktivieren Sie zunächst mit der Option *Immer Standardverbindung wählen* den automatischen Verbindungsaufbau.

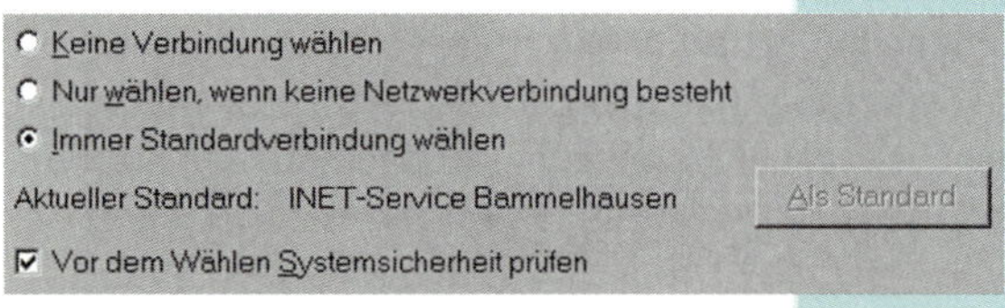

3 Wenn mehrere DFÜ-Verbindungen zur Auswahl stehen, müssen Sie nun die standardmäßig zu verwendende angeben. Wählen Sie dazu die entsprechende Verbindung in der Liste aus und klicken Sie auf die *Als Standard*-Schaltfläche. Die gewählte Verbindung wird daraufhin als *Aktueller Standard* angezeigt.

4 Soweit ist alles für den Verbindungsaufbau getan. Nun gilt es noch, für den automatischen Verbindungsabbau zu sorgen. Markieren Sie dazu die als Standard gewählte Verbindung und klicken Sie auf die *Einstellungen*-Schaltfläche.

5 Benutzen Sie im anschließenden *Einstellungen*-Menü ganz unten im *Feld DFÜ-Einstellungen* die Schaltfläche *Erweitert*.

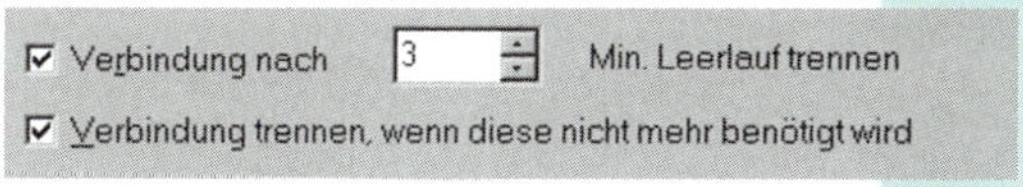

6 Damit öffnen Sie die *Erweiterten Einstellungen für DFÜ-Netzwerk*. Hier finden Sie unten die beiden entscheidenden Einstellungen für den Verbindungsabbau.

7 Schalten Sie auf alle Fälle die Option *Verbindung trennen, wenn diese nicht mehr benötigt wird* ein. Damit ist der eigentliche automatische Verbindungsabbau aktiviert. Er sollte dafür sorgen, dass die Verbindung unterbrochen wird, wenn sie nicht mehr gebraucht wird.

8 Da der automatische Abbau leider nicht immer zuverlässig funktioniert, können Sie mit der *Option Verbindung nach X Min. Leerlauf trennen* noch einen Sicherheitsmechanismus aktivieren. Ist diese Einstellungen aktiv, kontrolliert Windows permanent, ob über die Verbindung noch Daten fließen. Ist dies für die Dauer des angegebenen Zeitraums nicht der Fall, wird die Verbindung unterbrochen.

9 Klicken Sie anschließend dreimal auf die *OK*-Schaltfläche des jeweiligen Menüs, um die neuen Einstellungen zu übernehmen.

Ab sofort müssen Sie sich über den Verbindungsaufbau keine Gedanken mehr machen. Starten Sie einfach die Internetanwendung Ihrer Wahl und legen Sie los. In dem Moment, wo eine Internetverbindung notwendig ist, registriert Windows dies und stellt die Verbindung her. Dabei kommt es zu einer kurzen Pause, bis die Verbindung hergestellt ist. Außerdem wird ein Statusfenster für die Verbindung aufgebaut (mehr darüber in nachfolgenden Abschnitt). Haben Sie Ihre Internetaktivitäten beendet, schließt Windows die Verbindung (hoffentlich) wieder automatisch.

Manueller Verbindungsaufbau

Die Alternative zum komfortablen, aber auch etwas unsicheren automatischen Verbindungsaufbau ist der manuelle Aufbau einer Online-Verbindung bei Bedarf. Diese Methode hat den Vorteil, dass Sie die völlige Kontrolle darüber behalten, wann von Ihrem PC aus eine Verbindung ins Internet aufgebaut wird.

1 Um ausschließlich manuell hergestellte Verbindungen zu verwenden, sollten Sie das DFÜ-Netzwerk zunächst entsprechend einstellen. Das gilt insbesondere, wenn Sie zuvor mit automatischem Verbindungsaufbau gearbeitet haben und nun wechseln wollen. Öffnen Sie dazu mit *Start/Einstellungen/Systemsteuerung/Internetoptionen* die Interneteinstellungen und wechseln Sie in die Kategorie *Verbindungen*.

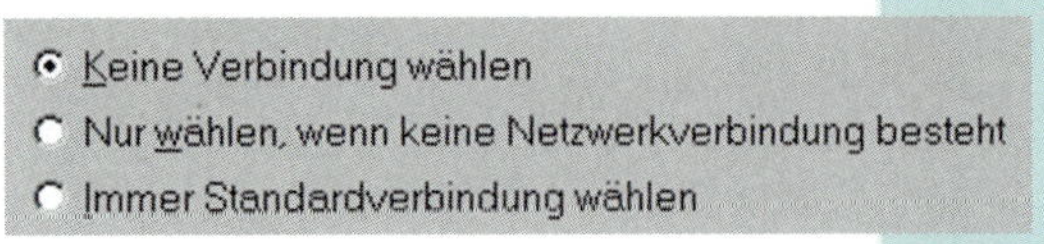

2 Schalten Sie im Feld *DFÜ-Einstellungen* die Option *Keine Verbindung wählen* ein. Damit deaktivieren Sie den automatischen Verbindungsaufbau. Ab sofort können Online-Verbindungen von Ihrem PC nur noch von Hand aufgenommen werden.

3 Bestätigen Sie die geänderten Einstellungen mit *OK*.

Damit sind die Voraussetzungen für den ausschließlich manuellen Verbindungsaufbau geschaffen worden. Wie aber wird die Verbindung nun hergestellt?

1 Um eine Online-Verbindung herzustellen, öffnen Sie das *DFÜ-Netzwerk* im zentralen *Arbeitsplatz*-Ordner.

2 Hier finden Sie einen Überblick aller eingerichteten DFÜ-Verbindungen. In der Regel ist das nur eine, aber vielleicht benutzen Sie ja verschiedene Internetprovider oder machen von Call-by-Call-Zugängen Gebrauch. Wählen Sie die gewünschte Verbindung aus und öffnen Sie diese mit einem Doppelklick. Alternativ können Sie auch den Befehl *Verbinden* aus dem kontextabhängigen Menü verwenden.

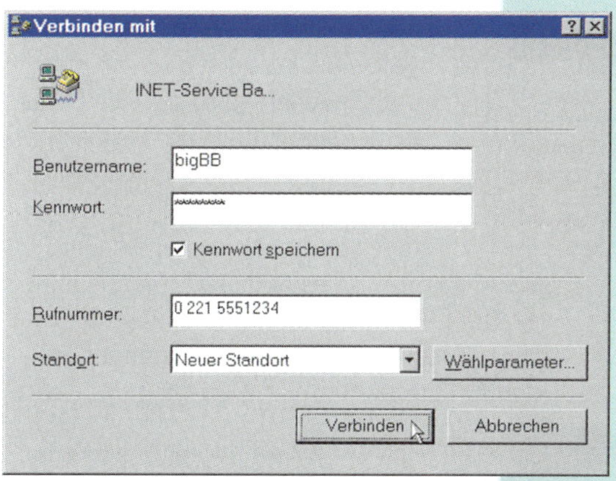

3 Daraufhin zeigt Windows das *Verbinden mit*-Menü mit den wichtigsten Einzelheiten (Benutzername, Kennwort, Rufnummer) dieser Verbindung an. Bei Bedarf können Sie noch kurzfristig Änderungen vornehmen. Ansonsten starten Sie den Aufbau der Verbindung mit einem Klick auf die *Verbinden*-Schaltfläche.

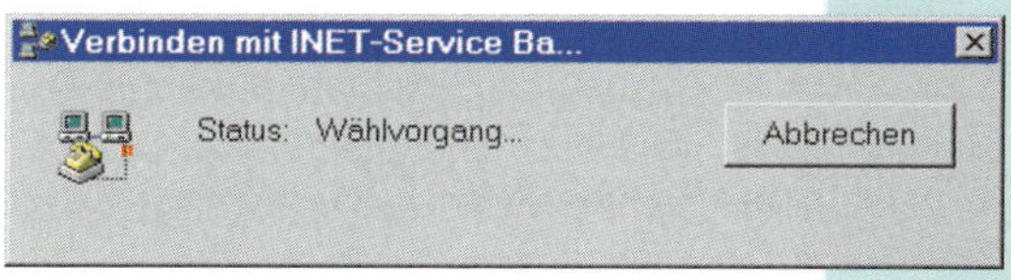

4 Das DFÜ-Netzwerk wählt nun die in den Verbindungsdaten angegebene Einwahlnummer des Providers und versucht, Kontakt zu dessen Server herzustellen. Wenn eine Verbindung nicht möglich ist, weil z. B. alle zur Verfügung stehenden Einwahlknoten gerade besetzt sind, erhalten Sie eine entsprechende Fehlermeldung. Während dieser Phase sehen Sie ein Statusfenster mit der Meldung *Wählvorgang*.

5 Ist eine Verbindung zum Internetprovider frei und der Kontakt zwischen den beiden Rechnern kommt zustande, beginnt die eigentliche Anmeldung. Ihr PC muss sich nun dem Server des Providers gegenüber ausweisen. Dazu überträgt er Ihren Benutzernamen und das dazugehörende Kennwort. Sind diese richtig, akzeptiert der Server die Einwahl und übermittelt seinerseits wichtige Daten. Während dieser Phase gibt das Statusfenster die Meldung *Benutzername und Kennwort werden überprüft* aus.

6 Ist der Austausch von Informationen erfolgreich beendet, steht der Internetverbindung nichts mehr im Weg. Im Statusfenster ändert sich nun die Titelzeile von *Verbinden mit* zu *Verbunden mit*, und Sie sehen ab sofort eine Statistik der Verbindung, der Sie Geschwindigkeit, Dauer und die Anzahl der empfangenen bzw. gesendeten Bytes entnehmen können. Wenn das Statusfenster diese Form annimmt, ist Ihr PC mit dem Internet verbunden und Sie können mit Ihren Internetanwendungen loslegen.

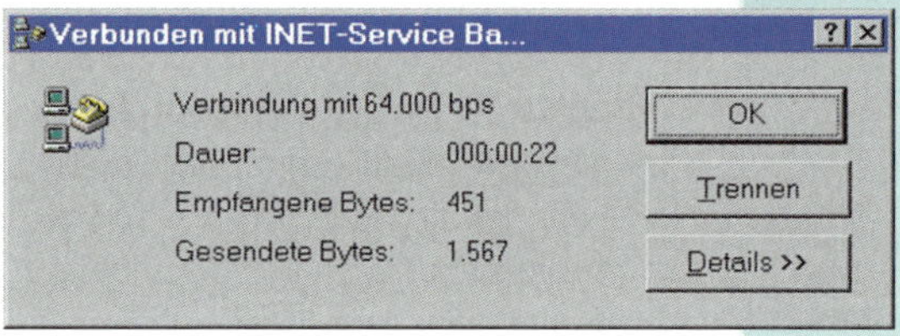

7 Mit einem Klick auf die *Details*-Schaltfläche können Sie noch weitere Einzelheiten über die bestehende Verbindung erfahren. Mit *Keine Details* blenden Sie die Zusatzinformationen wieder aus und bringen das Statusfenster auf seine übliche Größe.

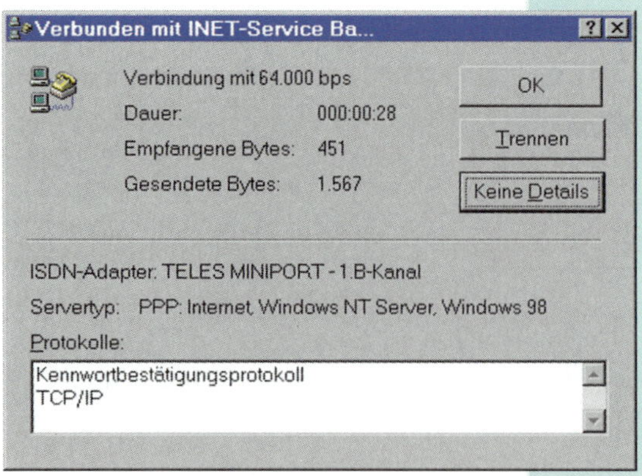

8 Das Statusfenster muss während der Sitzung nicht unbedingt die ganze Zeit geöffnet bleiben. Solange belegt es Platz auf dem Bildschirm und taucht vor allem überflüssigerweise in Taskliste und -leiste auf. Praktischerweise kann man das Statusfenster als Symbol in der Task-Leiste verkleinern. Dazu brauchen Sie lediglich auf die *OK*-Schaltfläche zu klicken. Das Fenster verschwindet daraufhin vom Bildschirm und Sie finden stattdessen ein kleines Symbol mit zwei verbundenen PCs ganz rechts in der Task-Leiste wieder. Die beiden grünen Monitore der PCs dienen als Anzeigen für ein- bzw. ausgehende Daten und blinken auf, wenn entsprechende Informationen übertragen werden.

9 Um die Verbindung wieder zu beenden, gibt es verschiedene Möglichkeiten. So können Sie mit einem Doppelklick auf das Verbindungssymbol in der Task-Leiste das Statusfenster wieder zum Vorschein bringen und dort die *Trennen*-Schaltfläche anklicken. Schneller geht es, wenn Sie mit der rechten Maustaste das Kontextmenü des Verbindungssymbols aufrufen. Dort finden Sie den Befehl *Trennen*, der genau das Gleiche macht. In beiden Fällen beendet Ihr PC die Verbindung mit dem Server der Internetproviders. Anschließend wird das Statusfenster bzw. das Symbol dafür in der Task-Leiste automatisch beendet.

Hallo World Wide Web – Online mit dem Internet Explorer 5

Ohne Internet geht heute ja fast nichts mehr, könnten man glauben. Tatsächlich sind die meisten PC-Benutzer inzwischen auch am weltweiten Informations- und Kommunikationsnetz sehr interessiert. Microsoft trägt diesem Interesse mit dem Internet Explorer Rechnung. In diesem Kapitel zeigen wir Ihnen die wichtigsten Funktionen des Internet Explorer 5. Dabei gehen wir neben den Grundfunktionen vor allem auf die wirklichen Neuheiten, wie Intellisense oder die überarbeiteten Favoritenfunktionen ein.

Das Geheimnis der Links – Verknüpfungen erkennen und nutzen

Links, auch Hyperlinks oder auf gut deutsch Verknüpfungen genannt, sind die zentralen Elemente des World Wide Web. Sie verbinden die einzelnen Webseiten miteinander, indem sie in einer Webseite platziert werden und dort auf die Adresse einer anderen Seite verweisen, auf der z. B. ein ähnliches Thema behandelt wird. Durch diese Verbindungen zwischen den Webseiten entsteht ein Netz, das letztendlich das weltweite WWW bildet. Auch beim Websurfen spielen Links deshalb eine ganz wichtige Rolle. So sind sie die Einstiegspunkte ins Web, die man z. B. in einer Computerzeitschrift entdecken und als Adresse in den Browser eintippen kann. Die so aufgerufenen Seite enthält wiederum Links, mit denen man zu weiteren interessanten Themen kommt.

Finden Sie die Links in Webseiten

Aufgrund ihrer zentralen Bedeutung ist es wichtig, Links in Webseiten gut erkennen zu können. Dementsprechend stellt der Internet Explorer Ihnen verschiedene Möglichkeiten zur Verfügung, Links zu finden und ihre Bedeutung sowie die Adressen zu erkennen, auf die sie verweisen.

Meist kann man Links an ihrem typischen Erscheinungsbild erkennen. Im Fließtext sind sie üblicherweise blau eingefärbt und werden unterstrichen dargestellt. Beide Eigenschaften lassen sich aber sowohl vom Verfasser als auch vom

Betrachter einer Webseite individuell einstellen, so dass kein absoluter Verlass darauf ist. Eine Ausnahme bilden Grafiken mit eingebauten Links, die sich nunmal nicht blau einfärben und unterstreichen lassen.

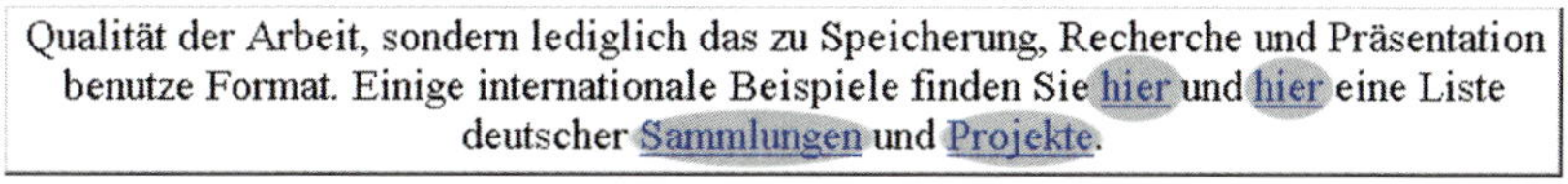

Bei Grafiken und anderen schwierigen Fällen sollten Sie auf den Mauszeiger achten. Befindet er sich über einem Link, verwandelt er seine Form in ein Handsymbol. Das klappt übrigens immer, egal ob es sich bei dem Link um einen Text oder eine Grafik handelt.

Haben Sie einen Link entdeckt, können Sie auch ermitteln, auf welche andere Webseite er zeigt. Während der Mauszeiger über der Verknüpfung schwebt, solange also das Handsymbol sichtbar ist, finden Sie links unten in der Statuszeile die Adresse, auf die der Link verweist.

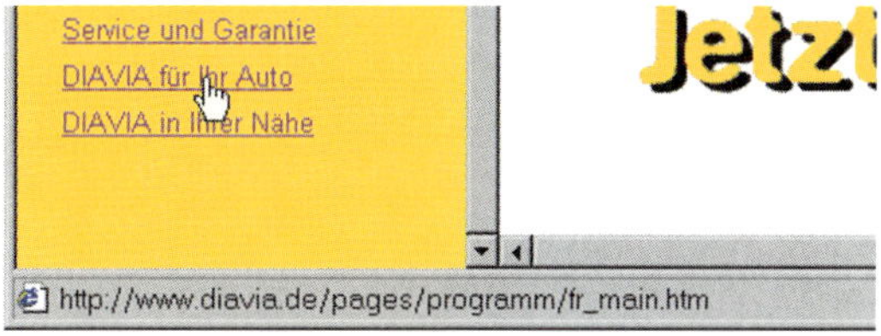

Stellen Sie die Farben für Links individuell ein

Wie bereits erwähnt, werden Links im Fließtext von Webseiten standardmäßig blau eingefärbt. Wenn Sie allerdings z. B. ein Notebook mit monochromem Display benutzen, können Sie das Blau schlecht vom üblichen schwarzen Text unterscheiden. Oder vielleicht mögen Sie Blau einfach nicht. In solchen Fälle können Sie dem Internet Explorer vorgeben, in welchen Farben Links dargestellt werden sollen.

1 Öffnen Sie mit *Extras/Internetoptionen* die Einstellungen des Internet Explorer.

2 Wechseln Sie hier in die Kategorie *Allgemein* und klicken Sie ganz unten auf die Schaltfläche *Farben*.

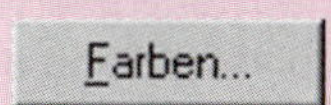

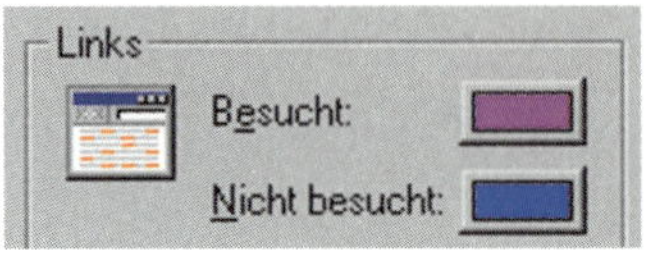

3 Im *Farben*-Menü finden Sie rechts den Bereich *Links*. Hinter *Besucht* sehen Sie eine Schaltfläche, die in dem Ton eingefärbt ist, mit dem bereits besuchte Links dargestellt werden. Hinter *Nicht besucht* finden Sie eine ähnliche Schaltfläche, die die Farbe wiedergibt, in der die bislang noch nicht benutzten Links angezeigt werden.

4 Um die Farbe für eine der Link-Arten zu ändern, klicken Sie auf die entsprechende Schaltfläche. Der Internet Explorer zeigt dann einen Farbauswahldialog an, in dem Sie aus den aufgeführten Grundfarben eine auswählen oder bei Bedarf selbst *Farben definieren* können.

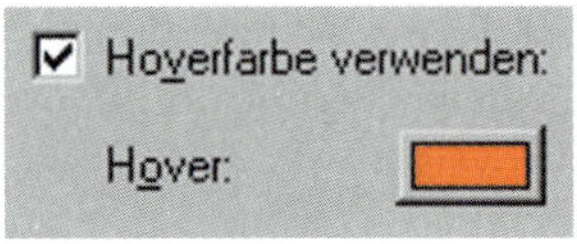

5 Der Internet Explorer bietet mit der sog. *Hoverfarbe* eine zusätzliche Hilfestellung beim Erkennen von Links an. Aktivieren Sie dazu die Option *Hoverfarbe verwenden*. Dann färbt der Browser jeweils die Verknüpfung, über der der Mauszeiger gerade schwebt (engl. hover) in der festgelegten Farbe an. Wählen Sie für einen optimalen Effekt eine Farbe mit einem möglichst starken Kontrast zu den sonstigen Link-Farben. Dieser Hover-Effekt funktioniert leider nur bei Links im Fließtext, also z. B. nicht bei Grafiken mit Verknüpfungen.

Webadressen auf den Desktop!

Mit dem Internet Explorer versucht Microsoft, die Grenzen zwischen den lokalen Dateien auf Ihrer Festplatte und Ressourcen aus dem Internet zu verwischen. Wenn Sie über eine Internetanbindung verfügen, können Sie auf Informationen, Verzeichnisse, Kataloge und Daten aus dem Internet genauso einfach zugreifen, wie auf Ihre selbstgeschriebenen Word-Dokumente. Dementsprechend flexibel kann der Internet Explorer mit Webadressen umgehen. Eine der praktischsten Möglichkeiten ist es, wichtige und vielgenutzte Webadressen direkt als Symbol auf dem Desktop zu platzieren. So müssen Sie nicht erst den Browser starten und die entsprechende Webseite über die Favoriten abrufen, sondern öffnen das

Internetdokument mit einem Klick auf das Desktop-Symbol. Der Browser startet dann automatisch und lädt die gewünschte Seite.

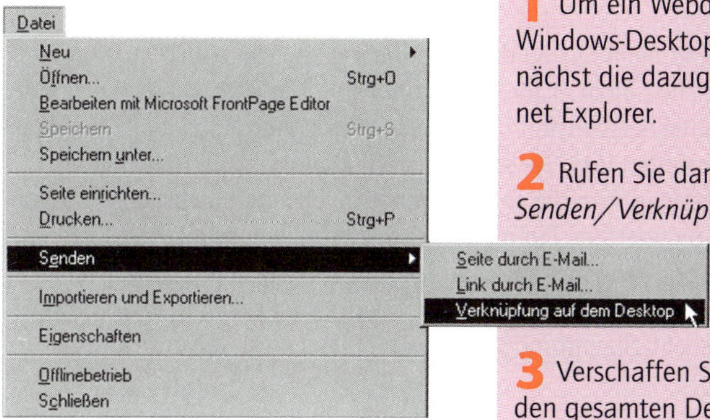

1 Um ein Webdokument als Symbol auf dem Windows-Desktop zu platzieren, öffnen Sie zunächst die dazugehörende Webseite im Internet Explorer.

2 Rufen Sie dann die Menüfunktion *Datei/Senden/Verknüpfung auf dem Desktop* auf. Der Browser erstellt daraufhin die neue Verknüpfung auf dem Desktop.

3 Verschaffen Sie sich einen Überblick über den gesamten Desktop, indem Sie notfalls den Internet Explorer und eventuelle andere aktive Anwendungen minimieren. So finden Sie das neue Symbol für die eben erstellte Verknüpfung.

4 Der Internet Explorer verwendet als Symbolbezeichnung den Titel der Webseite. Oft ist dieser zu lang, so dass die Bezeichnung nicht komplett dargestellt wird, oder der Titel ist einfach ungenau oder wenig aussagekräftig. In solchen Fällen können Sie die Symbolbezeichnung durch einen anderen, geeigneteren Namen ersetzen. Klicken Sie dazu auf die Bezeichnung, oder wählen Sie im kontextabhängigen Menü den Befehl *Umbenennen*.

5 Wollen Sie auf die so gespeicherte Webadresse zugreifen, klicken Sie einfach auf das Symbol. Bei installiertem ActiveDesktop hängt es von Ihren Einstellungen ab, ob ein einfacher oder ein Doppelklick notwendig ist. Ohne ActiveDesktop führen Sie immer einen Doppelklick aus. Daraufhin startet der Internet Explorer und öffnet automatisch die bezeichnete Webseite.

Intellisense – Webseiten schnell und effizient abrufen

Die Webadressen sind beim Surfen das Allerwichtigste. Schließlich muss der Browser wissen, welche Seiten er für Sie abrufen soll. Die Webadressen erfahren Sie z. B. aus Computerzeitschriften und -Büchern, von Werbeplakaten, aus dem Fernsehen, von Bekannten usw. Sie sind stets am charakteristischen Anfang http://www zu erkennen. Um die so bezeichnete Webseite aufzusuchen, geben Sie die Adresse im Browser ein. Ein moderner Browser wie der Internet Explorer ist Ihnen dabei mit der neuen Intellisense-Technologie behilflich. Dabei versucht der Browser schon vorauszuahnen, was Sie eingeben wollen. Er reagiert dementsprechend und versucht, Sie mit möglichst wenig Tastendrücken zum Ziel zu bringen.

Adressen über die Adressleiste eingeben

Das zentrale Werkzeug zum Eingeben von Webadressen ist für die meisten Benutzer die Adressleiste. Das ist eine der variablen Hilfsleisten, die Sie ein- und ausblenden und innerhalb der Symbolleisten beliebig platzieren können. Die Adressleiste wird standardmäßig unterhalb der Symbolleiste des Internet Explorer angezeigt. Da die Steuerleisten beliebig konfiguriert werden können, kann ihre Position auch abweichen. Sollte sie bei Ihrem Internet Explorer nicht sichtbar sein, können Sie das jederzeit ändern.

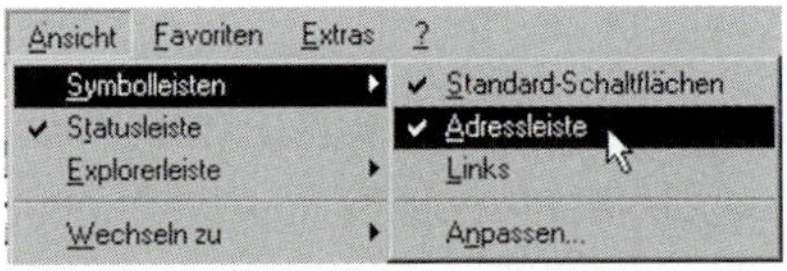

1 Um die Adressleiste einzublenden, benutzen Sie die Menüfunktion *Ansicht/Symbolleisten/Adressleiste.*

2 Mit der gleichen Funktion blenden Sie diese Leiste auch wieder aus. Ein Häkchen, das dem Eintrag *Adressleiste* vorangestellt ist, bedeutet, dass die Leiste aktiviert ist, also angezeigt wird.

Wenn die Adressleiste eingeblendet ist, können Sie sie jederzeit benutzen, um eine neue Adresse einzugeben und so andere Stellen im World Wide Web zu besuchen.

1 Klicken Sie mit der Maus in das Eingabefeld der Adressleiste.

2 Steht dort bereits ein URL, entfernen Sie diesen, indem Sie den Text mit dem Mauszeiger markieren und mit [Entf] löschen.

3 Geben Sie die gewünschte Adresse ein. Bei den meisten Webadressen können Sie auf das anführende http:// verzichten und stattdessen gleich mit *www* beginnen. Da der Protokollbezeichner ohnehin immer gleich ist, ergänzt der Internet Explorer ihn automatisch.

4 Haben Sie die Adresse komplett eingetippt, schließen Sie die Eingabe mit [Enter] ab oder klicken auf die *Wechseln zu*-Schaltfläche. Der Internet Explorer fordert daraufhin die gewünschte Webseite an und stellt sie im Browserfenster dar.

Direkte Auswahl der Adresse

Die Adressleiste des Internet Explorer speichert die 25 Adressen, die Sie jeweils zuletzt besucht haben. Diese Adressen können Sie über ein Auswahlfeld direkt abrufen. Das spart Ihnen einiges an Tipparbeit, da Sie so regelmäßig besuchte Adressen nicht immer und immer wieder eintippen müssen.

1 Klicken Sie mit der linken Maustaste auf das Auswahlsymbol am rechten Rand der Adressleiste.

2 Damit öffnen Sie das Auswahlfeld, in dem Sie die letzten 25 Adressen finden, die Sie besucht haben. Benutzen Sie ggf. die Laufleisten, um die Liste nach unten zu scrollen.

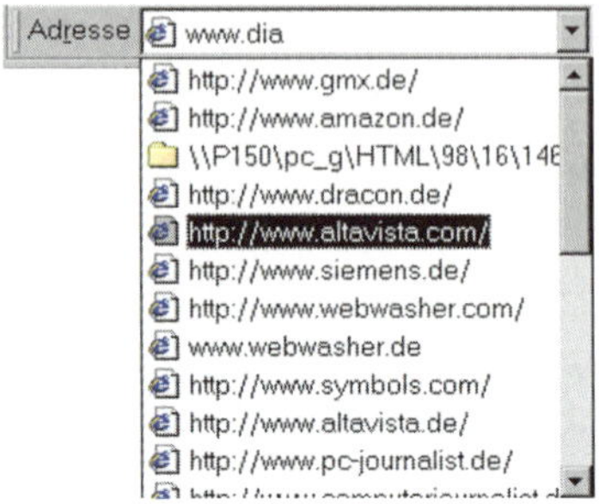

3 Wählen Sie den Eintrag aus, dessen Webseite Sie besuchen möchten, und klicken Sie darauf. Der Internet Explorer schließt das Auswahlfenster und öffnet die bezeichnete Webseite.

Machen Sie sich Intellisense zunutze

Vielleicht haben Sie bei den ersten Versuchen mit dem Eintippen von Adressen in die Adressleiste schon bemerkt, dass der Internet Explorer sich manchmal etwas merkwürdig benimmt. Scheinbar unvermittelt zeigt er unter dem Eingabefeld eine Adressliste an, und wenn Sie Glück haben, ist sogar die gewünschte dabei. Dann können Sie sich weitere Tipparbeit sparen und die Adresse mit der Maus direkt auswählen.

Info

So funktioniert Intellisense

Wie bereits beschrieben, speichert der Internet Explorer die 25 zuletzt besuchten Webseiten in der Adressleiste. Aber auch darüber hinaus merkt der Browser sich alle besuchten Webseiten eine bestimmte Zeitlang. Wie lange, hängt vor allem vom dafür zur Verfügung stehenden Speicherplatz ab. Die so gespeicherten Seiten sind offline verfügbar und können ohne Internetverbindung im Offline-Modus betrachtet werden. Aber auch der Internet Explorer selbst macht für seine Intellisense-Funktionen von diesen gespeicherten Daten Gebrauch. Wenn Sie eine Adresse in der Adressleiste zum Öffnen eingeben, vergleicht er bei jedem eingetippten Tastendruck die bislang eingetippten Buchstaben mit den im Verlauf gespeicherten Adressen. Findet er dort Adressen, die mit den bislang eingegebenen Buchstaben übereinstimmen, zeigt er diese in einer Liste an. Das funktioniert allerdings nur bei Adressen, die im Verlauf gespeichert sind, d. h. solche, die Sie in letzter Zeit schon mal besucht haben.

1 Um eine Webadresse mit Hilfe von Intellisense einzugeben, gehen Sie zunächst so vor, wie oben bei den Schritten 1 und 2 beschrieben. Das folgende Beispiel demonstriert die Funktionsweise anhand des URL http://www.leo.org.

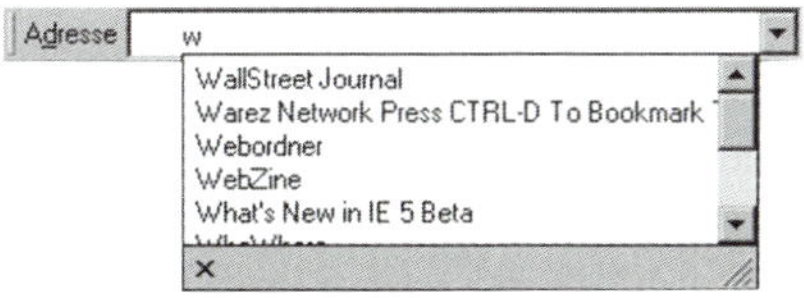

2 Beginnen Sie, die Buchstaben der gewünschten Adresse einzutippen. Nach jedem Buchstaben versucht der Internet Explorer, dazu passende Adressen in den Verlaufdaten zu finden, und schlägt sie vor. Beim ersten „w" von „www" kann Intellisense noch nicht erkennen, dass Sie „www" eintippen wollen. Deshalb schlägt es alle gespeicherten Webseiten vor, deren Titel mit „w" beginnt.

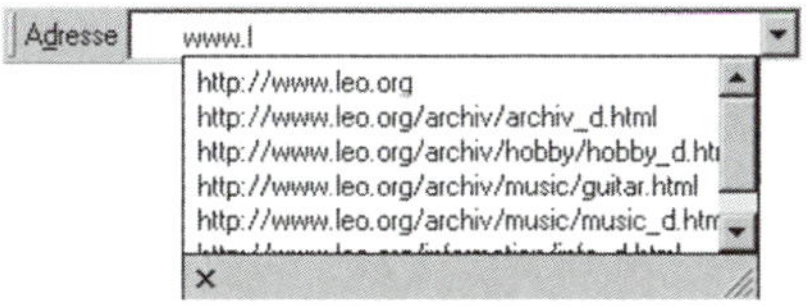

3 Um dem Internet Explorer klar zu machen, dass Sie einen URL eingeben wollen, komplettieren Sie das „www." und geben den ersten Buchstaben des eigentlichen Namens an. Nun kommen nur noch Adressen in Frage, bei denen dieser Teil der Adresse mit dem gleichen Buchstaben anfängt.

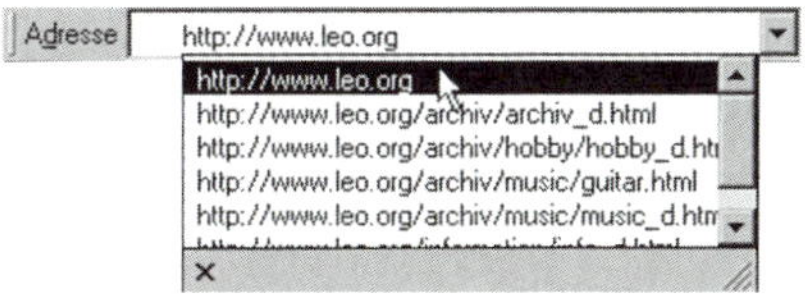

4 Intellisense gibt in der Liste alle Kandidaten an, die mit dem gleichen Anfangsbuchstaben beginnen. Ist die Liste klein, können Sie Ihre Wunschadresse vielleicht schon sehen und mit einem Mausklick direkt auswählen. Sonst geben Sie weitere Buchstaben an und verkleinern die Liste weiter, so dass der gesuchte URL erscheint

5 Wenn Ihnen der Einsatz der Maus zum Auswählen einer aufgelisteten Adresse zu umständlich ist, gibt es auch eine reine Tastaturlösung: Wenn Sie die Tab-Taste drücken, übernimmt Intellisense den ersten Eintrag aus der Auswahlliste, durch zweimaliges Drücken springt es zum zweiten Eintrag usw. So können Sie sich mit etwas Übung viel Zeit und Tippen ersparen.

Intellisense deaktivieren

Beim Internet Explorer 5 ist Intellisense standardmäßig aktiv. Wenn Sie diese Funktion aber vielleicht eher irritierend als hilfreich finden, kann sie deaktiviert werden. Dazu öffnen Sie die Einstellungen des Internet Explorer mit *Extras/Internetoptionen* und klicken in der Kategorie *Inhalt* auf die *Autovervollständigen*-Schaltfläche. Im nachfolgenden Menü können Sie im Feld *Autovervollständigen verwenden für.* einstellen, welche Funktionen von Intellisense in Zukunft nicht mehr benutzt werden sollen. Um ganz auf die Hilfestellungen zu verzichten, deaktivieren Sie am besten alle drei Optionen.

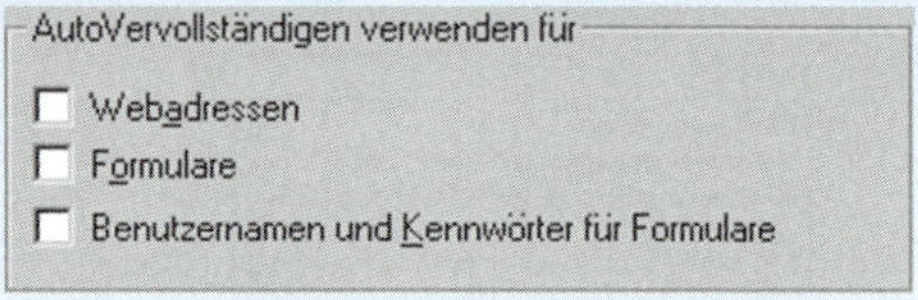

Das Öffnen-Menü

Gerade wenn Sie wenig Platz auf Ihrem Bildschirm haben, sollten Sie die Adressleiste ausblenden, um mehr Platz für das Anzeigen der eigentlichen Webinhalte zu haben. In diesem Fall können Sie Webadressen auch über das *Öffnen*-Menü eingeben.

1 Um das *Öffnen*-Menü anzuzeigen, benutzen Sie die Menüfunktion *Datei/Öffnen.*

2 Im Folgenden Menü finden Sie mit *Öffnen* ein Eingabefeld, dass Sie genauso wie die oben beschriebene Adressleiste benutzen können. Es verfügt ebenso über einen Speicher der letzten 25 besuchten Adressen und über die Intellisense-Funktion.

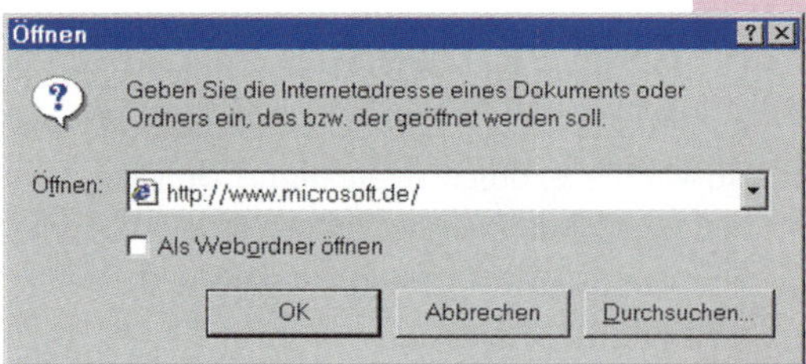

3 Zusätzlich können Sie mit der *Durchsuchen*-Schaltfläche einen Dateiauswahl-Dialog aufrufen, mit dem Sie lokale Webseiten von Ihrem PC öffnen können.

Die Nadel im Heuhaufen – Webseiten finden

Bislang haben wir Ihnen gezeigt, wie Sie Webseiten abrufen bzw. wie Sie Links auf Webseiten folgen können, um zu weiteren interessanten Angeboten zu gelangen. Das setzt aber voraus, dass Sie zunächst irgendeinen Einstiegspunkt haben, also eine Adresse, von der aus Sie starten können. Diese Startadresse kann man aus zahlreichen Quellen bekommen, von denen wir einige bereits angesprochen haben: Computerzeitschriften, Werbeplakate und -anzeigen, Visitenkarten, Tips von Bekannten etc. Oft interessiert man sich aber für ein Thema, ohne gleich eine oder mehrere Adressen zu kennen, mit denen man beim Surfen einsteigen kann. Auch dann sind Sie beim Internet Explorer gut aufgehoben. Er verfügt nämlich über eine eingebaute Suchfunktion, mit der Sie zu einem vorgegebenen Stichwort im Handumdrehen passende Webseiten finden.

1 Um die Suchfunktion zu benutzen, müssen Sie zunächst die Suchleiste einblenden. Benutzen Sie dazu die Menüfunktion *Ansicht/Explorerleiste/Suchen* oder schneller das *Suchen*-Symbol in der Symbolleiste.

2 Der Internet Explorer teilt daraufhin das Browserfenster senkrecht und stellt die aktuelle Webseite nur noch in der rechten Hälfte dar. Im linken Feld blendet er ein Suchformular ein.

3 Tippen Sie im Eingabefeld *Eine Webseite mit folgendem Inhalt suchen* das Suchwort ein, zu dem Sie Webseiten finden wollen. Wir suchen in unserem Beispiel nach Informationen über die *Antarktis*.

4 Haben Sie die Anfrage eingegeben, klicken Sie auf das *Suchen*-Symbol, um die Suche zu starten.

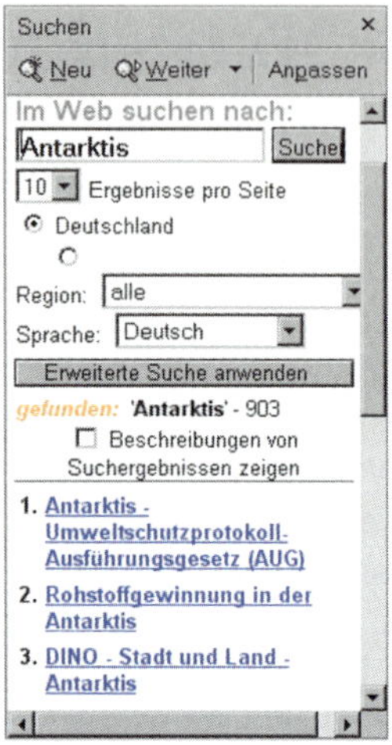

5 Der Internet Explorer leitet Ihre Anfrage nun an die Suchmaschine weiter und wartet die Ergebnisse ab. Sind sie eingetroffen, stellt er sie als Trefferliste im *Suchen*-Fenster dar. Dabei wird zu jedem Eintrag der Titel der gefundenen Seite angegeben.

6 Um eine der Fundstellen zu besuchen, klicken Sie auf den angezeigten Seitentitel, der Sie direkt zu der gefundenen Webseite führt. Der Internet Explorer zeigt diese Seite in der rechten Hälfte des Browserfensters an, so dass die Trefferliste links erhalten bleibt. So können Sie jederzeit auch die anderen Fundstellen inspizieren.

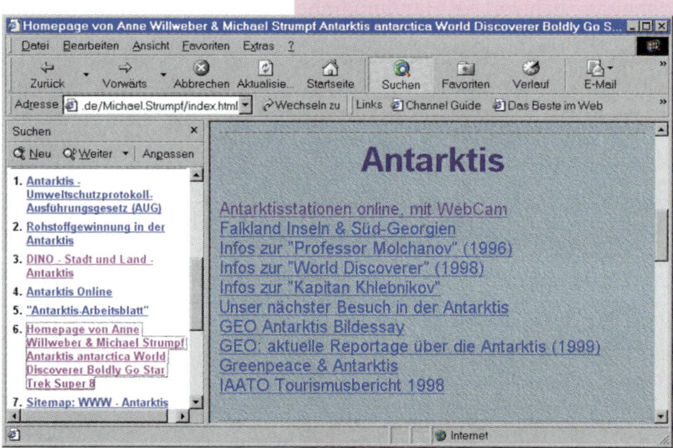

7 Sind Sie mit den Ergebnissen der Suche nicht zufrieden, klicken Sie doch mal auf die *Weiter*-Schaltfläche. Damit können Sie Ihre Suchanfrage bei einer anderen Suchmaschine wiederholen, die vielleicht bessere Treffer liefert.

8 Haben Sie einen geeigneten Einstiegspunkt zum gesuchten Thema entdeckt, können Sie die Suchleiste mit einem erneuten Mausklick auf den *Suchen*-Schalter schließen. Der

Internet Explorer entfernt dann das *Suchen*-Fenster und stellt Ihnen wieder das gesamte Browserfenster für Ihre Webseiten zur Verfügung.

Info

Komplexe Suchbegriffe

Für unsere Beispiele haben wir ganz bewusst eine einfache Suchanfrage mit nur einem Wort erstellt. Solche Suchen ergeben meist recht viele Ergebnisse, so dass man gar nicht weiß, wo man mit dem Surfen anfangen soll. Wenn Sie gezielter nach einem Spezialthema oder einem speziellen Aspekt eines allgemeineren Themas suchen wollen, können Sie auch gleich mehrere Begriffe angeben. Um z. B. Webseiten zu Schiffsreisen in die Antarktis zu finden, könnten Sie den Suchbegriff *Antarktis Schiffsreisen* verwenden. Die Suchfunktion würde dann nur Webseiten finden, auf denen diese Wörter beide vorkommen. Dadurch erhalten Sie ein viel spezielleres und hoffentlich genaueres Ergebnis.

Komfortabel und effizient surfen – Die optimalen Browsereinstellungen

Ein optimal eingestellter Browser ist die beste Voraussetzung für ungetrübtes Surfvergnügen. Der Internet Explorer bietet eine ganze Reihe von Einstellmöglichkeiten, mit denen Sie ihn an Ihre individuellen Bedürfnisse und Vorlieben anpassen können. Eine der wichtigsten Komponenten bei der Bedienung des Internet Explorer ist die Standardsymbolleiste. Sie enthält praktische Symbole für die meistgenutzten Funktion wie *Vorwärts* und *Zurück*, *Aktualisieren*, *Verlauf* oder *Drucken*. Waren die Symbole und ihre Reihenfolge in den bisherigen Versionen immer fest vorgegeben, erlaubt der Internet Explorer 5 Ihnen beim Gestalten dieser Symbolleiste viel Freiheit.

Die Symbolleiste ein- und ausblenden

Zunächst einmal stellt sich die Frage, ob Sie die Standardsymbolleiste überhaupt verwenden wollen. Wenn nicht, können Sie einiges an Platz auf dem Bildschirm sparen.

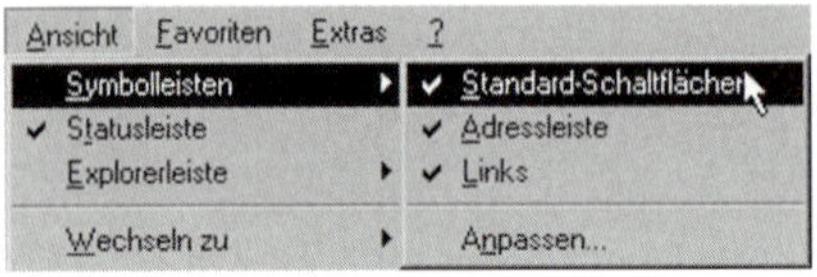

1 Um die Standardsymbolleiste auszublenden, wählen Sie die Menüfunktion *Ansicht/Symbolleisten/Standard-Schaltflächen*.

2 Der Internet Explorer blendet die Standardsymbolleiste daraufhin aus. Wollen Sie das rückgängig machen, wiederholen Sie diesen Vorgang.

Die Symbolleiste individuell einstellen

Beim Internet Explorer ist es möglich, den Inhalt der Standardsymbolleiste in gewissen Grenzen selbst zu gestalten. Dazu stehen Ihnen eine Reihe von Elementen zur Verfügung, die diese Leiste enthalten darf. In einem Anpassungsmenü können Sie festlegen, welche der Elemente in welcher Reihenfolge enthalten sein sollen.

1 Blenden Sie die Standardsymbolleiste wie oben beschrieben ein, falls dies nicht bereits der Fall ist.

2 Klicken Sie mit der rechten Maustaste an einer beliebigen Stelle auf die Symbolleiste. Im kontextabhängigen Menü, das sich daraufhin öffnet, wählen Sie die Funktion *Anpassen*.

3 Im Menü *Symbolleiste anpassen* finden Sie ganz links eine Liste *Verfügbare Schaltflächen*. Sie enthält alle Elemente, die sich derzeit nicht in der Symbolleiste befinden. Rechts daneben finden Sie als Gegenstück die Liste *Aktuelle Schaltflächen*, die das derzeitige Erscheinungsbild der Symbolleiste wiedergibt.

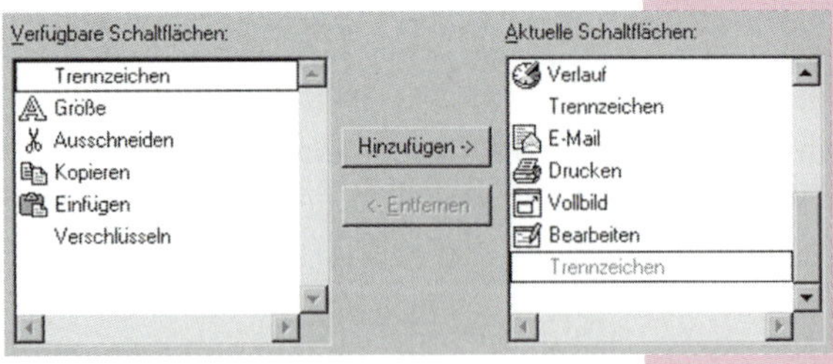

4 Um ein zusätzliches Symbol aufzunehmen, wählen Sie es in der linken Liste aus und klicken auf die *Hinzufügen*-Schaltfläche. Alternativ können Sie das Element auch direkt per Drag & Drop in die rechte Liste ziehen und dort an der gewünschten Stelle loslassen.

5 Um eines der vorhandenen Symbole aus der Symbolleiste zu entfernen, gehen Sie den umgekehrten Weg: Markieren Sie das entsprechende Element in der Liste rechts und klicken Sie dann auf die *Entfernen*-Schaltfläche. Das Symbol wird dann aus der rechten Liste in die linke verschoben und so aus der Symbolleiste gelöscht.

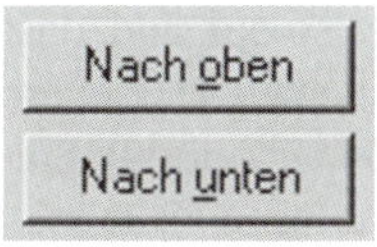

6 Auch die Reihenfolge der Symbole in der Symbolleiste können Sie beeinflussen. Markieren Sie das Element, das weiter nach vorn oder nach hinten soll, in der rechten Liste. Benutzen Sie dann den *Nach oben*- bzw. *Nach unten*-Schalter, um das Symbol nach vorn bzw. nach hinten zu verschieben.

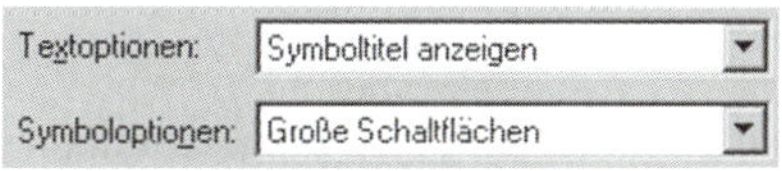

7 Die Einstellungen *Textoptionen* und *Symboloptionen* sind für das allgemeine Erscheinungsbild zuständig. Die Standardeinstellungen *Symboltitel anzeigen* und *Große Schaltflächen* sorgen für eine übersichtliche und gut lesbare Symbolleiste, die allerdings etwas Platz benötigt. Mit *Keine Symboltitel* und *Kleine Symbole* können Sie diesen Platzbedarf reduzieren.

8 Mit *Schließen* bestätigen Sie die neuen Einstellungen für die Standardsymbolleiste.

Symbolleiste zurücksetzen

Falls Sie beim Experimentieren mit der Standardsymbolleiste mal den Überblick verlieren, können Sie schnell wieder zu einem sinnvollen Ausgangszustand zurückgelangen. Im *Symbolleiste Anpassen*-Menü finden Sie die Schaltfläche *Zurücksetzen*. Sie bringt die Symbolleiste wieder in den Ausgangszustand, mit dem der Internet Explorer ausgeliefert wurde. So finden Sie die wichtigsten Funktionen garantiert wieder in Ihrer Symbolleiste vor.

Das elektronische Adressbuch – Webseiten als Favoriten speichern

Wenn Sie erst mal regelmäßig durch das Web surfen, werden Sie bestimmt interessante Angebote finden, von denen einige so gut sind, dass Sie es nicht bei einem einmaligen Besuch bewenden lassen wollen. Um jederzeit zu einem bestimmten Webangebot zurückkehren zu können, müssen Sie die Webadresse des Angebots genau kennen (z. B. http://www.auto.de). Dazu stellt Ihnen der Internet Explorer unter dem Menüpunkt *Favoriten* eine komplette elektronische Verwaltung für Webadressen zur Verfügung.

Neue Adressen aufnehmen

Ganz wichtig bei einem guten Adressbuch ist natürlich das Aufnehmen neuer Adressen. Beim Internet Explorer ist dies denkbar einfach gelöst. Sie können neue Adressen mit wenigen Mausklicks und ohne Eingabe eines einzigen Buchstabens aufnehmen.

1 Öffnen Sie zunächst im Internet Explorer die Webseite, die Sie zu Ihren Favoriten hinzufügen wollen.

2 Benutzen Sie die Menüfunktion *Favoriten/ Zu Favoriten hinzufügen*, um die aktuelle Webseite in die Favoriten aufzunehmen.

3 Im Feld *Name* macht der Internet Explorer einen Vorschlag für die Bezeichnung des neuen Favoriten. Dabei orientiert er sich an dem Titel, den der Autor der Webseite gegeben hat. Häufig können Sie diesen Namen übernehmen. Manchmal gibt es aber auch Webseiten ohne Bezeichnung, oder der Titel ist Ihnen nicht aussagekräftig genug. Dann ersetzen Sie ihn in diesem Feld durch einen eigenen Namen.

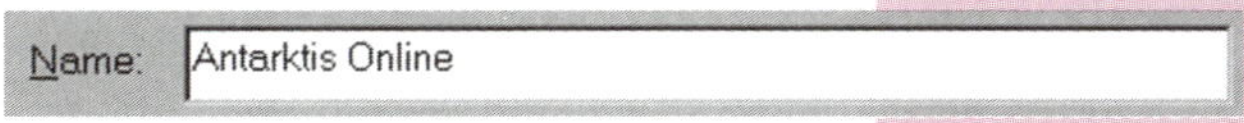

4 Das Adressbuch ist in mehrere Ordner und Unterordner aufgeteilt. Standardmäßig werden alle neuen Adressen in den Stammordner eingefügt. So können Sie später am schnellsten darauf zugreifen. Ab einem gewissen Umfang wird es aber unerlässlich, die Adressen auf verschiedene Ordner zu verteilen, um die Übersicht zu behalten. Dann können Sie beim Erstellen eines Eintrags direkt angeben, in welchen Ordner er eingefügt werden soll. Klicken Sie dazu auf die *Erstellen in*-Schaltfläche.

5 Dadurch wird das Menü um eine Liste der Favoritenordner erweitert. Wählen Sie in der Explorer-ähnlichen Liste den gewünschten Ordner aus.

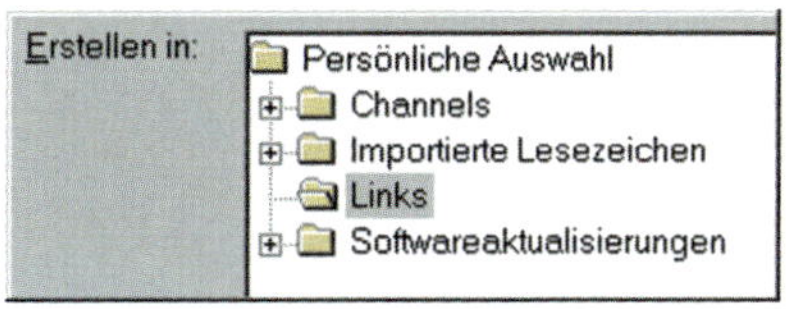

6 Mit *OK* nehmen Sie die Adresse zu Ihren Favoriten auf.

Wiedersehensfreude – Rufen Sie Ihre Favoriten ab

Ebenso wichtig wie das Aufnehmen von Adressen ist das Abrufen von einmal gespeicherten Favoriten. Auch hier bemüht sich der Internet Explorer um möglichst einfache Bedienbarkeit und schnelle Aktionen. Die gespeicherten Favoriten werden direkt in die Menüstruktur des Browsers integriert.

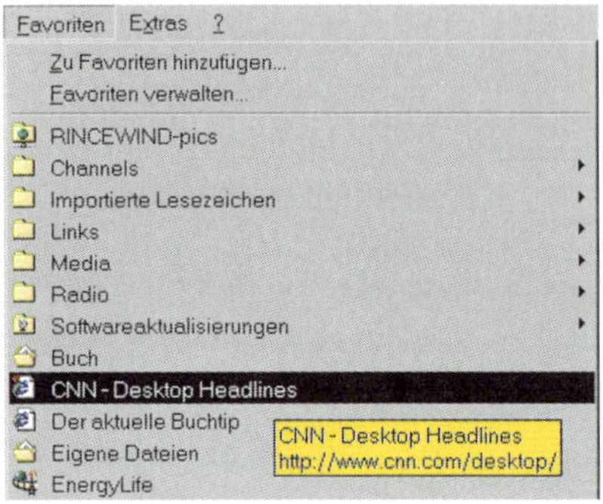

1 Um einen der Favoriten abzurufen, klicken Sie auf den Menüpunkt *Favoriten*.

2 Daraufhin öffnet der Internet Explorer das Favoriten-Menü, in dem sich neben den Funktionen zum Verwalten von Favoriten und Abonnements auch die Favoriten selbst befinden. Befindet sich die gewünschte Adresse im Stammordner der Favoriten, wird sie schon in der obersten Ebene des Menüs angezeigt und kann direkt von dort abgerufen werden.

3 Wenn Sie den gewünschten Favoriten in einem Unterordner platziert haben, bewegen Sie den Mauszeiger zunächst auf diesen Ordner und warten einen kurzen Moment, bis der Internet Explorer den Inhalt anzeigt.

4 Wählen Sie dann den gesuchten Eintrag und klicken Sie darauf.

5 Der Internet Explorer fordert die vom gewählten Favoriten bezeichnete Webseite an und stellt sie im Browserfenster dar.

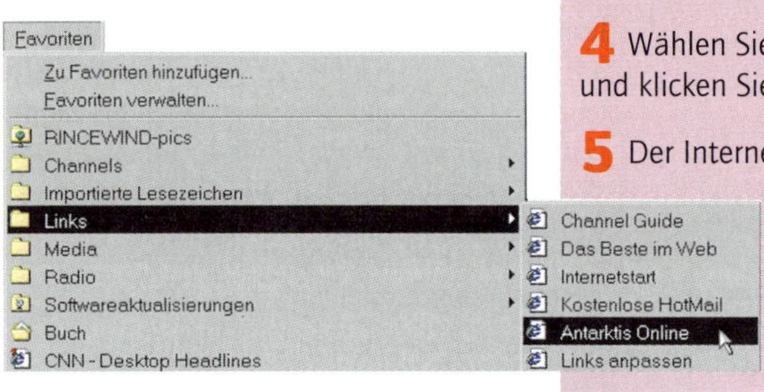

Neuigkeiten automatisch – Wichtige Seiten besser gleich abonnieren

Mit den Favoritenfunktionen des Internet Explorer können Sie Ihre Lieblings-Webadressen nicht nur einfach verwalten. Der Internet Explorer kann auch als Spürhund für Sie auf die Suche nach Neuigkeiten gehen. Dabei überprüft er ausgewählte Seiten in einstellbaren Abständen regelmäßig und hält dort nach Aktualisierungen und Veränderungen Ausschau. Wird er fündig, kann er Sie benachrichtigen oder die aktualisierten Seiten ggf. gleich abholen und lokal speichern. Dann stehen sie Ihnen auch ohne Online-Verbindung zum Lesen zur Verfügung und Sie können jederzeit nachschauen, was es neues gibt.

1 Um eine Webseite zu abonnieren, öffnen Sie diese Seite zunächst im Internet Explorer.

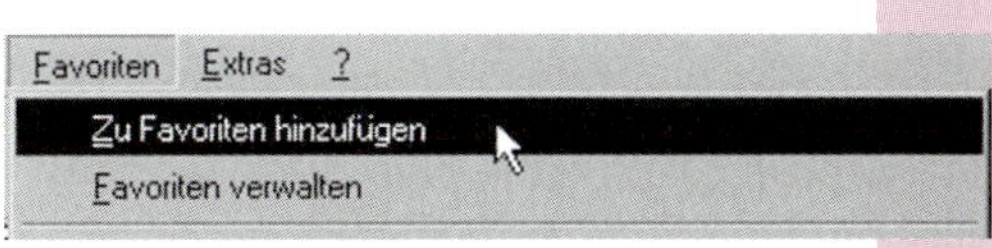

2 Mit der Menüfunktion *Favoriten/ Zu Favoriten hinzufügen* nehmen Sie die aktuelle Webseite als Favoriten auf.

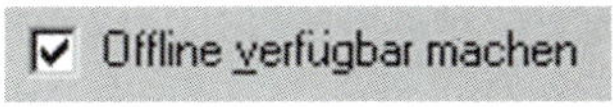

3 Wenn der Internet Explorer diesen Favoriten automatisch auf Veränderungen hin überwachen soll, schalten Sie im *Zu Favoriten hinzufügen*-Menü die Option *Offline verfügbar machen* ein.

4 Starten Sie dann mit der *Anpassen*-Schaltfläche einen Assistenten, mit dem Sie die Details des Abonnements einstellen können.

5 Im ersten Schritt präsentiert der *Assistent für Offlinefavoriten* zunächst eine kurze Zusammenfassung des neuen Favoriten und will wissen, in welchem Umfang er bei einer Aktualisierung Webseiten herunterladen soll. Handelt es sich bei dem Favoriten um eine Einstiegsseite, die erst zu den eigentlichen Informationen führt, sollten Sie die nachfolgenden Seiten gleich mit *Ja* herunterladen lassen. Wollen Sie hingegen wirklich nur die eine Webseite lesen, unterbinden Sie den Download der Folgeseiten mit *Nein*.

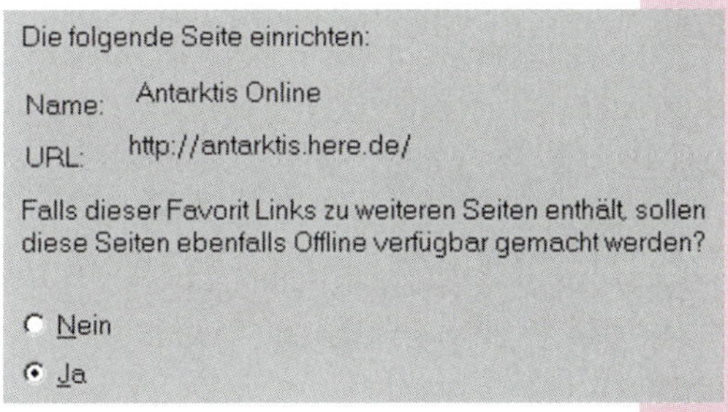

6 Geben Sie im gleichen Schritt außerdem die Verschachtelungstiefe an.

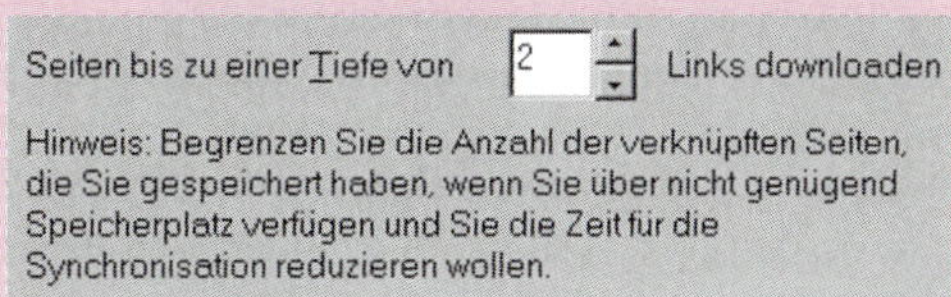

Die richtige Verschachtelungstiefe

Die Verschachtelungstiefe gibt die Zahl an, wie oft der Browser beim Download den in einer Webseite enthaltenen Links folgt und deren Seiten ebenfalls herunterlädt. Bei der Tiefe 1 lädt der Internet Explorer das eigentliche Dokument und die Webseiten, auf die in diesem verwiesen wird. Bei der Ebene 2 analysiert er wiederum die zusätzlich geladenen Seiten von Ebene 1 und lädt auch die dort eingebundenen Webseiten. Bei Tiefe 3 geht er nochmals eine Ebene tiefer usw. Mit jeder Ebene nehmen deshalb die zu übertragenden Seiten - je nach Anzahl der enthaltenen Links - teilweise erheblich zu. Wählen Sie deshalb bei jedem neuen Abonnement zunächst eine niedrigere Verschachtelungstiefe von 1 oder 2 aus. Erst wenn das nicht ausreicht, um alle interessanten Seiten zu übertragen, sollten Sie die Tiefe vorsichtig erhöhen.

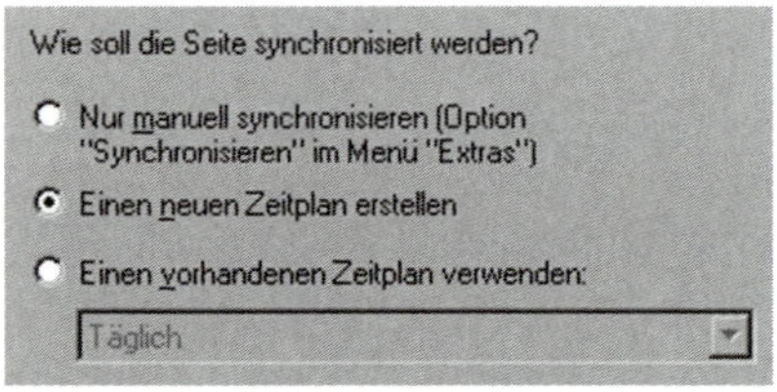

7 Im nächsten Schritt legen Sie fest, wie dieser Favorit synchronisiert werden soll, d. h. wie häufig der Internet Explorer diese Webadresse auf Veränderungen hin überprüfen soll. Mit *Nur manuell synchronisieren* starten Sie das Synchronisieren von Hand zu einem Zeitpunkt Ihrer Wahl, wenn Sie z. B. ohnehin online sind. Die Alternative ist ein Zeitplan, nach dem der Browser diese Aufgabe ganz automatisch erledigt. Dabei steht Ihnen eine Auswahl fertiger Zeitpläne zur Verfügung, oder Sie können einen neuen ganz individuell erstellen. Wählen Sie dazu die Option *Einen neuen Zeitplan erstellen*.

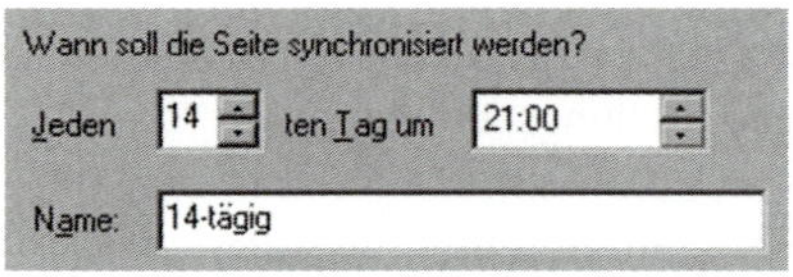

8 Haben Sie sich zuvor für das Erstellen eines neuen Zeitplans entschieden, geben Sie im nächsten Schritt an, wie häufig der Internet Explorer die ausgewählte Webadresse kontrollieren soll. Tragen Sie dazu im Feld *Jeden* ein, alle wie viel Tage der Favorit überprüft werden soll. Im Feld *um* geben Sie die Uhrzeit an. Wählen Sie möglichst einen Zeitpunkt, zu dem Ihr PC in der Regel eingeschaltet bzw. online ist. Unter *Namen* vergeben Sie eine passende Bezeichnung für diesen Zeitplan. Jeder so erstellte Zeitplan wird in die Liste aufgenommen und steht auch für zukünftige Favoriten wieder zur Verfügung, so dass Sie nicht für jeden Offline-Favoriten unbedingt einen ganz neuen Zeitplan erstellen müssen.

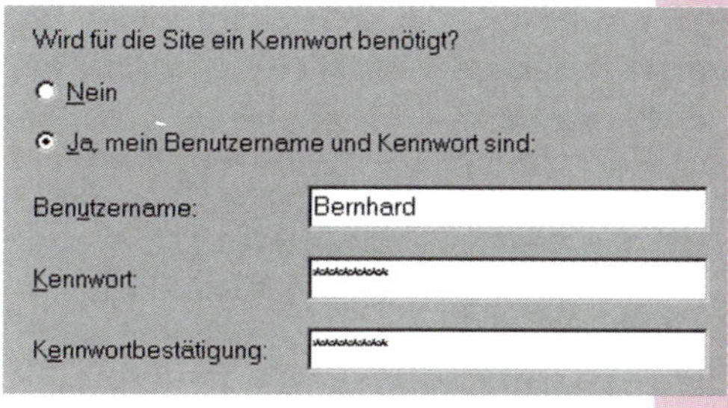

9 Sollte es sich bei dem Favoriten um ein nicht öffentliches Angebot handeln (z. B. in einem Firmen-Intranet), muss der Internet Explorer sich mit Ihren Benutzerdaten anmelden, um die Webseite überprüfen und ggf. herunterladen zu können. Aktivieren Sie in solchen Fällen die Option *Ja* und geben Sie *Benutzername* und *Kennwort* an.

10 Mit *Fertig stellen* richten Sie das Abonnement gemäß den getroffenen Optionen ein.

Finden Sie aktualisierte Favoriten auf einen Blick

Gemäß seinen Einstellungen überprüft der Internet Explorer alle eingerichteten Favoriten regelmäßig. Stößt er dabei auf eine aktuellere Fassung einer abonnierten Webseite, versieht er den Eintrag dieser Webseite in der Favoritenliste mit einem roten Stern. Um einen Überblick über aktualisierte Favoriten zu bekommen, müssen Sie also nur das *Favoriten*-Menü öffnen und nach diesen roten Sternchen Ausschau halten. Diese Markierungen bleiben so lange erhalten, bis Sie die aktuelle Seite betrachtet haben. Um eine aktualisierte Webseite zu betrachten, rufen Sie im Offline-Modus den dazugehörenden Eintrag im *Favoriten*-Menü auf.

Geld und Zeit sparen – Surfen im Offline-Modus

Für jede Minute, die Sie im Internet aktiv sind, will Ihr Internetprovider Geld sehen. Dazu kommen schließlich noch die Telefongebühren an die Telekom. Das gilt auch für die neueren Call-by-Call-Zugänge, bei denen die einheitliche Gebühr letztlich auch aus Telefon- und Online-Kosten besteht. Um Ihre Geldbörsen zu entlasten, können Sie den Internet Explorer in einen sog. *Offline-Modus* schalten. Rufen Sie in dieser Betriebsart Webadressen auf, versucht der Browser, zunächst ohne den Aufbau einer Online-Verbindung auszukommen.

1 Um in den Offline-Modus zu wechseln, benutzen Sie die Menüfunktion *Datei/Offlinebetrieb*.

2 Sie erkennen den Offline-Modus an dem Häkchen vor diesem Menüpunkt. Der Internet Explorer bleibt so lange im Offline-Modus, bis Sie diese Funktion erneut aufrufen, um in den üblichen Online-Modus zurückzukehren. Auch beim Beenden und Neustarten merkt sich der Browser den aktiven Modus. Beenden Sie den Internet Explorer im Offline-Modus, startet er automatisch auch in diesem Modus.

3 Auch direkt auf der Oberfläche des Internet Explorer finden Sie einen deutlichen Hinweis auf den Offline-Modus. Solange Sie diesen Sparmodus benutzen, wird in der Statusleiste links neben der Angabe der aktuellen Zone eine Grafik mit einer von einem roten Kreuz blockierten Leitung angezeigt. Dieses Symbol weist auf den eingeschalteten Offline-Modus hin.

Info

Beim Offline-Surfen zeigt der Mauszeiger verfügbare Links

Beim eigentliche Surfen im Offline-Modus müssen Sie sich nicht umgewöhnen. Alle Funktionen zum Aufrufen von Webseiten, wie z. B. das direkte Eingeben im *Adresse*-Feld, stehen wie immer zur Verfügung. Links in Webseiten werden wie üblich dargestellt, unabhängig davon, ob sie tatsächlich offline verfügbar sind. Sie können aber am Mauszeiger sofort erkennen, ob ein Verweis ohne Online-Verbindung verfolgt werden kann. Verwandelt sich der Mauszeiger bei Bewegen über den Link in das bekannte Handsymbol, ist der Link verfügbar. Wird stattdessen die Hand mit einem symbolischen Verbotsschild angezeigt, ist der Verweis offline nicht verfügbar. Um die entsprechende Seite trotzdem anzuzeigen, müsste der Internet Explorer eine Online-Verbindung aufbauen.

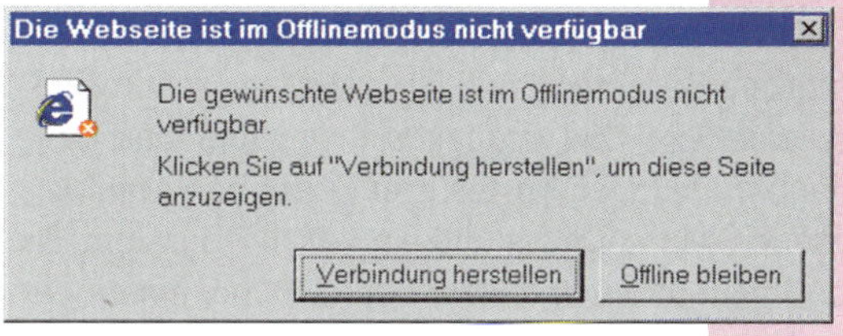

4 Fordern Sie im Offline-Modus eine nicht verfügbare Webseite an, macht der Internet Explorer Sie mit einem Hinweisfenster darauf aufmerksam. Sie haben dann die Möglichkeit, mit *Verbindung herstellen* online zu gehen und die gewünschte Adresse abzufragen. Oder Sie können auf das Dokument verzichten und *Offline bleiben*.

Weltweite Post – E-Mail mit Outlook Express

E-Mail bekommt eine immer stärkere Bedeutung und ist inzwischen schon ein vollwertiger Ersatz für die klassische Post. Das verdankt sie vor allem ihrer Geschwindigkeit und den unschlagbar niedrigen Kosten. Um E-Mail benutzen zu können, benötigen Sie eine eigene E-Mail-Adresse und ein E-Mail-Programm. Die E-Mail-Adresse erhalten Sie von Ihrem Internetprovider oder z. B. bei einem der kostenlosen E-Mail-Anbieter (z. B. http://www.gmx.de). Ein flexibles und komfortables E-Mail-Programm gehört bei Windows 98 SE bereits zum Lieferumfang. Es heißt Outlook Express und ist Teil der Internet Explorer Suite.

Der Weg zum Briefkasten – Outlook Express starten

Obwohl Outlook Express zum Lieferumfang des Internet Explorer gehört, ist es ein eigenständiges Programm, das auch komplett ohne den Browser laufen kann. Das hat den Nachteil, dass es unabhängig vom Browser gestartet werden muss. Das kann aber zugleich ein Vorteil sein, denn so können Sie Outlook Express benutzen, ohne zuvor den Internet Explorer starten zu müssen. Zum Starten von Outlook Express gibt es verschiedene Möglichkeiten, unter denen Sie sich jeweils die einfachste heraussuchen können.

1 Die einfachste Methode klappt eigentlich immer: In der Startleiste finden Sie unter *Start/Programme/Outlook Express* einen Eintrag für die E-Mail-Komponente, mit der Sie das Programm jederzeit starten können.

2 Wenn der Internet Explorer ohnehin bereits läuft, können Sie Outlook Express mit *Extras/Mail und News* aufrufen. Dabei stehen Ihnen die wichtigsten Funktionen von Outlook Express direkt zur Verfügung, wie z. B. *E-Mail lesen* zum Lesen eingegangener Nachrichten.

3 Wenn auf Ihrem PC der ActiveDesktop aktiv ist, finden Sie in der Task-Leiste gleich neben dem *Start*-Symbol eine Funktionsleiste mit den wichtigsten Funktionen des Internet Explorer. Mit dem ganz rechten Symbol starten Sie Outlook Express.

4 Außerdem wird bei der Installation von Outlook Express ein spezielles Symbol für die E-Mail-Komponente auf dem Windows-Desktop angelegt. Auch hier können Sie das Programm jederzeit mit einem Doppelklick aufrufen.

Adressen, Protokolle und Server – Das E-Mail-Konto

Damit Outlook Express Ihre E-Mail abholen und versenden kann, benötigt es zunächst einige Verbindungsdaten wie z. B. Ihre E-Mail-Adresse, Ihren Namen, aber auch den Namen des Mail-Servers Ihres Providers. Diese Informationen stellt Ihnen Ihr Internet- oder E-Mail-Anbieter zur Verfügung. Normalerweise sollten Sie diese Daten bei der Anmeldung erfahren. Notfalls können Sie aber auch beim Kundenservice des Anbieters nachfragen. Um die Daten von Ihnen zu erfragen, startet Outlook Express beim ersten Start automatisch einen Assistenten für den Internetzugang. Dieser fragt die notwendigen Daten ab und gibt bei Bedarf Hilfestellung. Sie können diesen Assistenten auch später jederzeit mit *Extras/Konten/Hinzufügen/E-Mail* reaktivieren.

1 Zunächst fragt der Assistent nach Ihrem Namen. Verwenden Sie hier am besten Ihren wirklichen Namen in der üblichen Schreibweise (Vorname – Nachname). Outlook Express versieht ausgehende Nachrichten neben Ihrer E-Mail-Adresse auch mit diesen „echten" Namen.

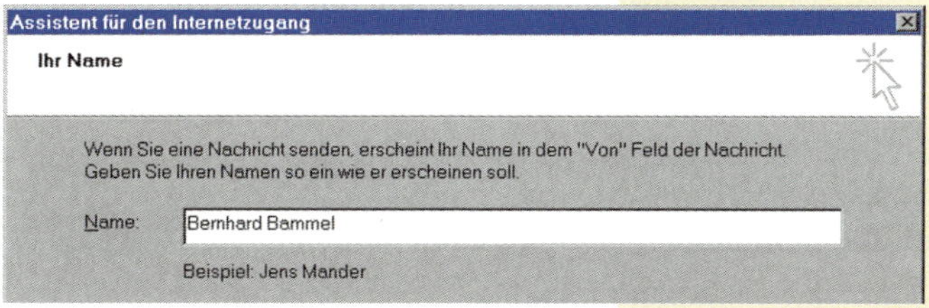

2 Dann will der Assistent Ihre E-Mail-Adresse wissen. Wenn Sie bereits eine Adresse haben und die entsprechenden Verbindungsdaten kennen, wählen Sie die Option *Ich habe bereits eine E-Mail-Adresse* und geben die Adresse im Feld darunter an. Sollten Sie noch keine Adresse haben, kann Ihnen der Assistent dabei helfen, sich bei einem kostenlosen Anbieter (Hotmail) eine Adresse zu besorgen. Wählen Sie dazu die Option *Neues Konto einrichten bei*.

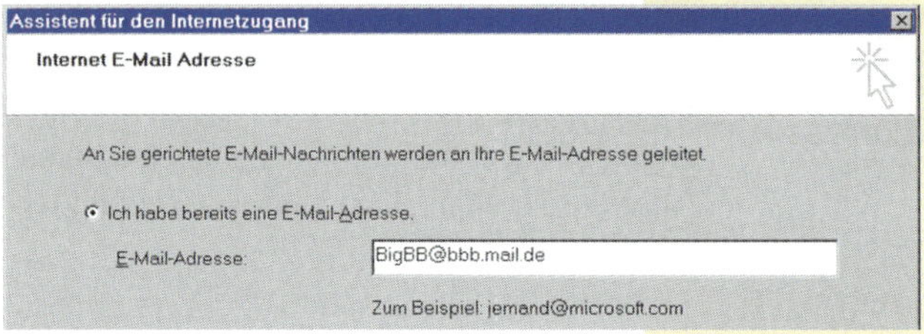

3 Dann müssen Sie dem Assistenten mitteilen, welches Zugangsverfahren zum Abholen von E-Mail verwendet werden soll. Möglich sind das Post Office Protocol (POP3), das Internet Mail Access Protocol (IMAP) und HTTP. In den meisten Fällen liegen Sie mit POP3 richtig, aber im Zweifelsfall sollten Sie das mit Ihrem Internetprovider abklären.

4 Im gleichen Schritt fragt der Assistent nach dem Server für Posteingang (POP3, IMAP oder HTTP). Hier ist der Name des Internetrechners gefragt, auf dem Ihr Internetprovider die für Sie eingegangenen Nachrichten zum Abholen bereitstellt.

5 Darunter geben Sie gleich noch den *Server für Postausgang (SMTP)* an. Zu diesem Rechner stellt Outlook Express eine Verbindung her, wenn es Nachrichten von Ihnen an andere Teilnehmer abschicken soll.

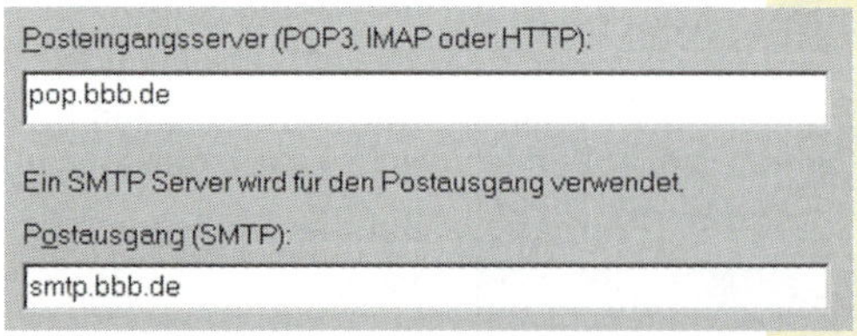

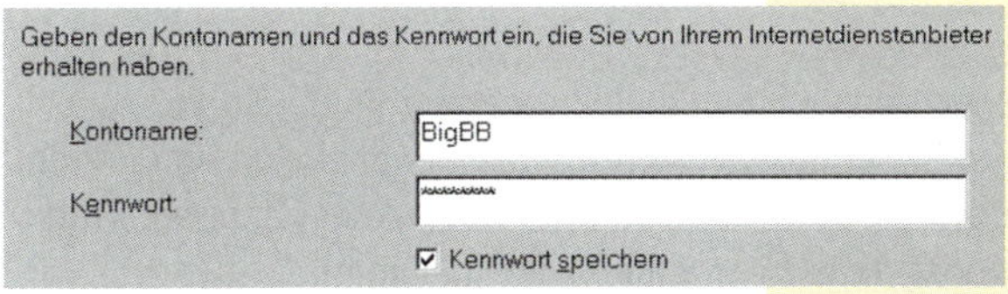

6 Damit E-Mail richtig komfortabel ist, sollte Outlook Express Ihre E-Mail vollautomatisch abholen können. Geben Sie dazu im folgenden Schritt Ihren Kontonamen und das dazugehörende Kennwort an. Das E-Mail-Programm verwendet diesen Daten, um sich für Sie beim Mail-Server anzumelden. So kann es die für Sie gespeicherten Nachrichten abholen. Wenn Sie sich lieber jedesmal manuell anmelden wollen, lassen Sie diese Eingabefelder einfach frei.

Info

Kennwort speichern?

Outlook Express kann sich das Passwort für den Mail-Server merken und das Abholen Ihrer Nachrichten so vollständig automatisieren, weil Ihnen das regelmäßige Eintippen des Passworts dadurch erspart bleibt. Damit ist allerdings das Risiko verbunden, dass andere Personen, die Zugang zu Ihrem PC haben, Ihre E-Mail ebenso leicht abholen und lesen können. Haben also auch andere Personen Zugang zu Ihrem PC (z. B. Kollegen in der Firma oder die Kinder am heimischen PC) und wollen Sie Ihre Nachrichten lieber für sich behalten, sollten Sie die Option *Kennwort speichern* abschalten und Ihr Passwort lieber jedesmal selbst eingeben.

7 Damit haben Sie alle notwendigen Daten eingegeben und die wichtigsten Einstellungen getroffen. Mit *Fertig stellen* richtet Outlook Express das Konto gemäß Ihren Vorgaben ein. Als Kontoname wird zunächst der Name des Posteingangsservers angenommen. Diesen können Sie aber jederzeit durch eine passendere Bezeichnung ersetzen. Anschließend ist Outlook Express einsatzbereit.

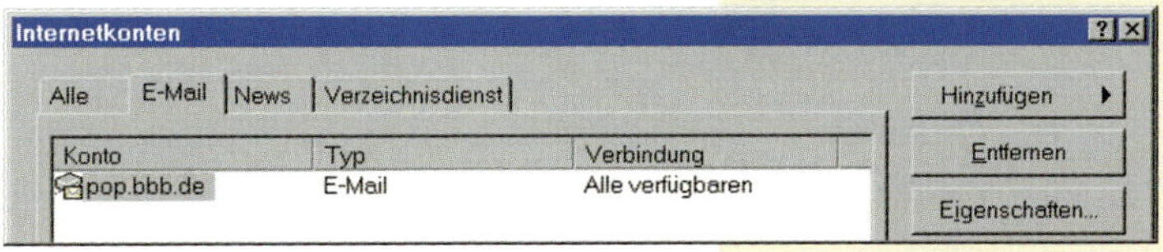

Sehr geehrte Damen und Herren – Schreiben Sie eine E-Mail

Outlook Express stellt Ihnen zum Schreiben elektronischer Briefe ein Formular zur Verfügung. Darin müssen Sie nur die wichtigen Felder ausfüllen und den Inhalt der Nachricht eingeben. So wird sichergestellt, dass nichts vergessen wird und die Nachricht ordnungsgemäß beim Empfänger ankommt.

1 Benutzen Sie die Menüfunktion *Nachricht/Neue Nachricht*, oder klicken Sie auf das *Neue E-Mail*-Symbol in der Symbolleiste, um ein Formular zum Schreiben von Nachrichten anzuzeigen.

2 Daraufhin zeigt Outlook Express ein leeres *Neue Nachricht*-Formular an. Geben Sie im Feld *An* die E-Mail-Adresse des Empfängers ein. Wollen Sie die Nachricht gleich an mehrere Empfänger verschicken, drücken Sie nach jeder Adresse auf [Enter].

3 Mit [Tab] springen Sie in das *Cc*-Eingabefeld des Formulars. Geben Sie hier bei Bedarf weitere Empfängeradressen ein, an die eine Kopie der Nachricht geschickt werden soll.

4 Mit nochmaligem [Tab] gelangen Sie in das *Betreff*-Eingabefeld. Hier können Sie ein Thema für die Nachricht angeben. Dieses entspricht in etwa der Betreffzeile eines klassischen Briefs und wird dem Empfänger in einer Übersicht angezeigt, damit er Ihre Nachricht gleich richtig einordnen kann. Wenn Ihnen gar nichts Passendes einfällt, können Sie dieses Feld auch leer lassen, was aber sehr unüblich ist.

5 Die bislang eingegebenen Daten gehören zum Briefkopf. Dieser Kopf enthält alle Daten, die zum ordnungsgemäßen Zustellen der Nachricht beim Empfänger bekannt sein müssen. Diese Angaben sollten Sie deshalb grundsätzlich machen. Am besten erledigen Sie das stets, bevor Sie mit einem weiteren [Tab] in das große Eingabefeld gelangen. Hier können Sie nach Lust und Laune den eigentlichen Text der Nachricht eingeben, so als wenn Sie mit einem einfachen Texteditor arbeiten würden.

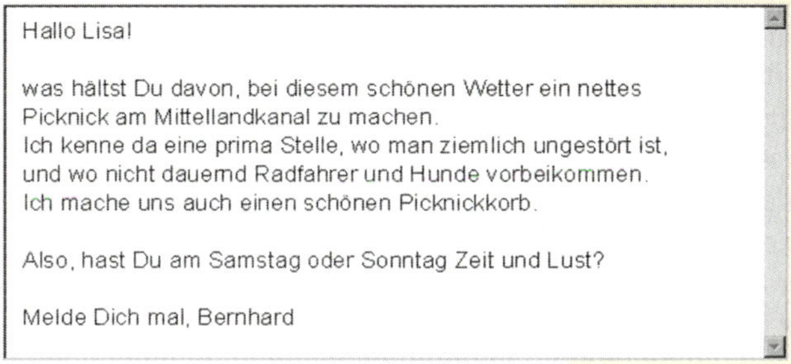

6 Nach dem Verfassen der Nachricht klicken Sie auf den *Senden*-Schalter, um die E-Mail abzuschicken.

7 Outlook Express sammelt alle verfassten Nachrichten zunächst in einem speziellen Ordner namens *Postausgang*, wo Sie bis zur nächsten Online-Verbindung verbleiben. Wenn diese zustandekommt, werden sie automatisch abgeschickt. Dadurch ist es nicht nötig, für jede einzelne Nachricht eine eigene Verbindung aufzubauen. Stattdessen können Sie gleich mehrere Nachrichten verfassen und alle auf einmal mit einer Online-Verbindung losschicken. Das spart Zeit und Online-Kosten. Outlook Express weist Sie auf diese Verzögerung vorsichtshalber hin. Wenn Sie auf diesen Hinweis in Zukunft verzichten wollen, schalten Sie die Option *Diese Meldung nicht wieder anzeigen* ein, bevor Sie auf *OK* klicken.

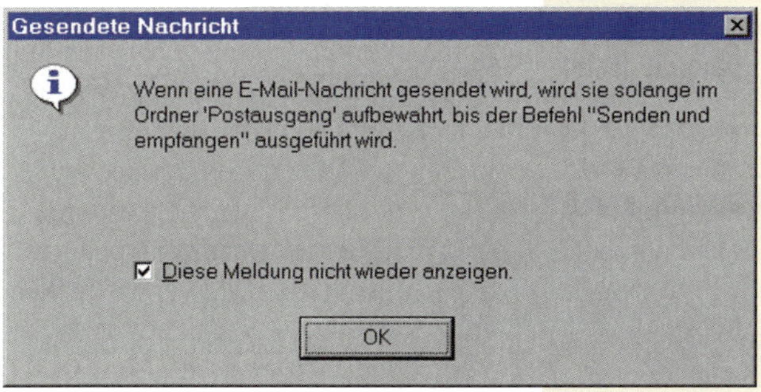

Kontaktaufnahme – Nachrichten absenden und empfangen

Bei Outlook Express ist eine Online-Verbindung nur nötig, um unmittelbar E-Mails abzusenden oder vom Posteingangsserver abzuholen. So kann man mit dem Programm optimal offline arbeiten: Das eigentliche Bearbeiten von Nachrichten erfolgt vollständig offline. Alle bearbeiteten Nachrichten werden zunächst lokal zwischengespeichert. Nur bei Bedarf wird eine kurze Online-Verbindung aufgebaut, bei der alle noch im Zwischenspeicher vorhandenen Nachrichten abgeschickt werden. Gleichzeitig werden eingegangene Nachrichten abgeholt und lokal gespeichert. Anschließend können sie - dann wieder kostensparend offline - in aller Ruhe gelesen werden. Das spart allen Teilnehmern, die sich per Modem oder ISDN-Karte ins Internet einwählen, ganz erhebliche Kosten.

1 Um eine Online-Verbindung herzustellen, benutzen Sie die Menüfunktion *Extras/Senden und empfangen* oder das *Senden und Empfangen*-Symbol in der Symbolleiste. Wollen Sie einfach nur die gerade geschriebenen Nachrichten absenden, ohne gleichzeitig neue Nachrichten abzuholen (weil der letzte Mailcheck vielleicht erst kurz zurückliegt), können Sie stattdessen die Menüfunktion *Extras/Senden und empfangen/Alle senden* verwenden.

2 Wenn sich noch zu versendende Nachrichten im Zwischenspeicher befinden, nimmt Outlook Express bei der Online-Verbindung zunächst Kontakt zum Server für ausgehende Nachrichten auf und bringt diese Nachrichten auf den Weg. Ein Statusfenster informiert Sie über den Fortschritt. Sollte es irgendwelche Probleme geben, können Sie mit *Details* genauere Informationen zur Übertragung einblenden. Bei schwer wiegenden Störungen geschieht das sogar ganz automatisch.

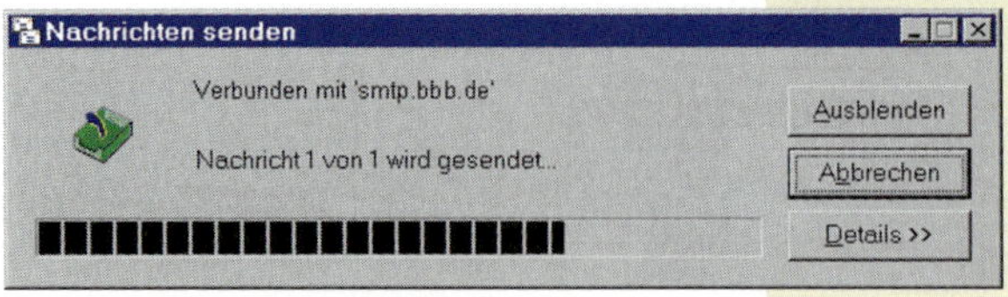

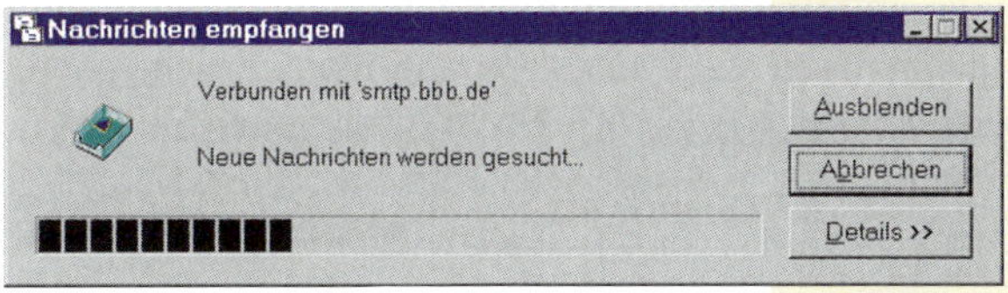

3 Sind alle zu versendenden Nachrichten erledigt, verbindet sich das Programm mit dem Server für eingehende Nachrichten und überprüft, ob neue Botschaften für Sie vorliegen. Ist dies der Fall, werden die E-Mails übertragen und lokal im Ordner *Posteingang* gespeichert.

Post für Sie! – Lesen Sie empfangene Nachrichten

Wenn Outlook Express bei der Online-Verbindung zum Posteingangsserver Nachrichten für Sie abgeholt hat, finden Sie diese anschließend im Ordner *Posteingang*.

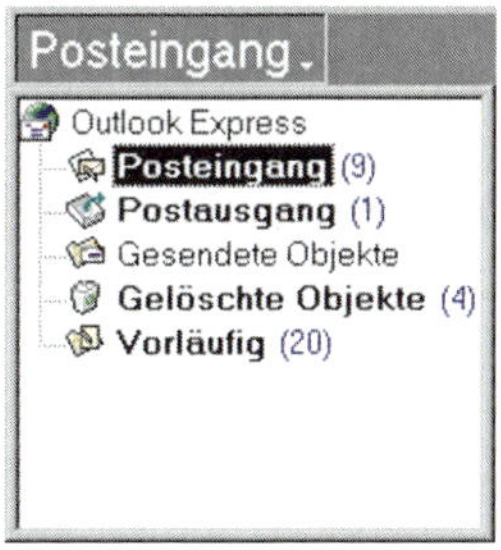

1 Um neu eingetroffene Nachrichten zu lesen, klicken Sie auf das *Posteingang*-Symbol in der Ordnerliste am linken Rand. Damit öffnen Sie den *Posteingang*-Ordner. Die Zahl in Klammern hinter der Ordnerbezeichnung gibt an, wie viele Nachrichten sich derzeit in diesem Ordner befinden.

2 In der Liste der Nachrichten im *Posteingang*-Ordner finden Sie für jede eingegangene Nachricht die wichtigsten Daten des Briefkopfs wieder. In der Spalte *Von* steht der Absender. Dabei wird stets versucht, den wirklichen Namen des Absenders anzugeben. Nur wenn dieser nicht bekannt ist, verwendet das Programm stattdessen die E-Mail-Adresse. In der Spalte *Betreff* finden Sie die Betreffzeile der jeweiligen Nachricht wieder. So erkennen Sie auf einen Blick, worum es in der E-Mail geht. Unter *Eingang* verzeichnet Outlook Express das Eingangsdatum, zu dem die Nachricht empfangen wurde.

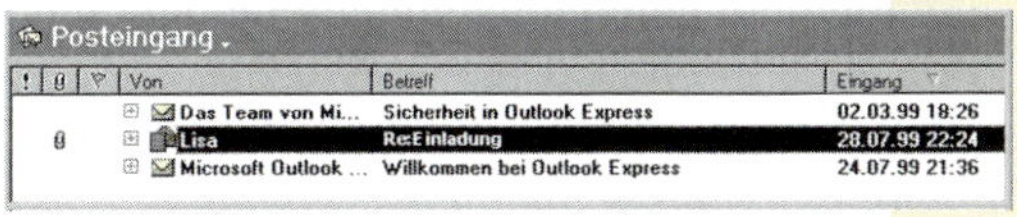

3 Unterhalb der Nachrichtenliste sehen Sie ein Vorschaufenster, in dem Outlook Express den Inhalt der jeweils ausgewählten Nachricht anzeigt. Bei kürzeren Texten reicht dieses Fenster sogar zum Lesen. Bei umfangreicheren Nachrichten sollten Sie den Text aber mit einem Doppelklick auf den entsprechenden Eintrag der Nachrichtenliste ausführlich anzeigen lassen. Hier finden Sie ein zweigeteiltes Fenster, in dem oben die Informationen des Briefkopfs und darunter der eigentliche Inhalt der Nachricht angegeben werden.

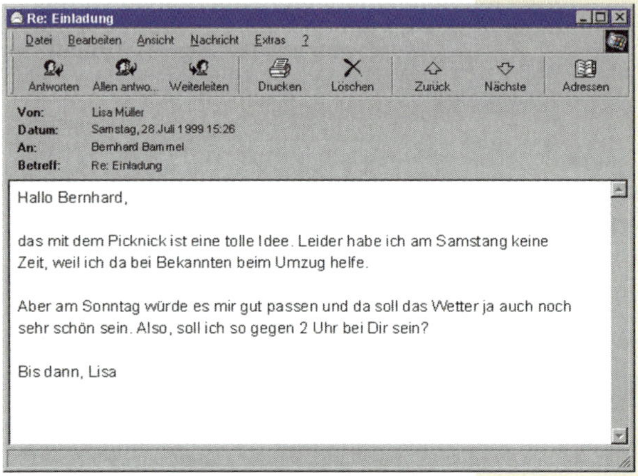

Päckchen statt Briefe – Dateien per E-Mail verschicken

Nicht nur einfache Textbotschaften können per E-Mail auf den Weg in die ganze Welt gebracht werden, sondern Daten im weitesten Sinne. Da E-Mail ein digitaler Übertragungsweg ist, können Dateien quasi huckepack auf einer E-Mail mitreisen. So können Sie ganze Dateien wie z. B. Word-Dokumente, Excel-Tabellen oder Multimedia-Dateien auf elektronischem Weg versenden. Dabei bleiben die beiden wichtigsten Vorteile von E-Mail – Geschwindigkeit und niedrige Kosten – voll erhalten.

1 Verfassen Sie zunächst wie üblich eine E-Mail an den Empfänger der Datei. Füllen Sie also den Briefkopf mit den wichtigen Adressdaten aus.

2 Um eine Datei zu verschicken, muss die E-Mail selbst nicht unbedingt eine Nachricht enthalten. Machen Sie aber möglichst zumindest eine kurze Mitteilung für den Empfänger, damit der weiß, was die Datei enthält und welche Anwendung er zum Betrachten oder Bearbeiten benötigt.

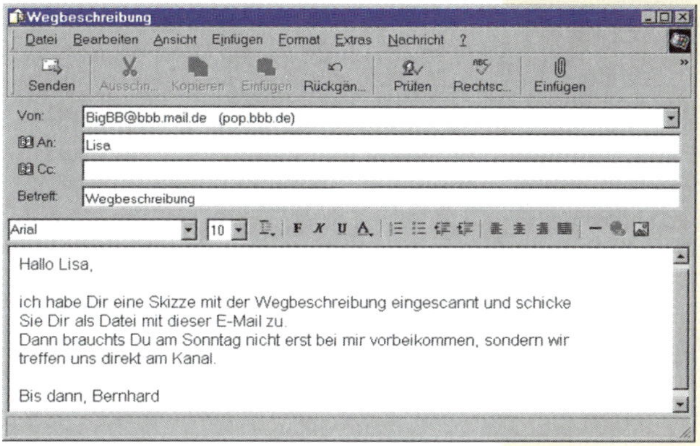

3 Um mit der E-Mail eine Datei zu versenden, benutzen Sie anschließend die Menüfunktion *Einfügen/ Anlage* oder klicken auf die *Einfügen*-Schaltfläche.

4 Im *Anlage einfügen*-Dialog können Sie dann die Datei auswählen, die per E-Mail verschickt werden soll. Wenn Sie die Auswahl mit *Einfügen* bestätigen, wird die Datei als Anlage in die E-Mail eingefügt. Dazu wird im Briefkopf eine weitere Zeile namens *Einfügen* angelegt, die alle eingefügten Anlagen enthält. Durch beliebiges Wiederholen dieses Vorgangs können Sie ohne Weiteres auch mehrere Dateien an eine E-Mail anhängen.

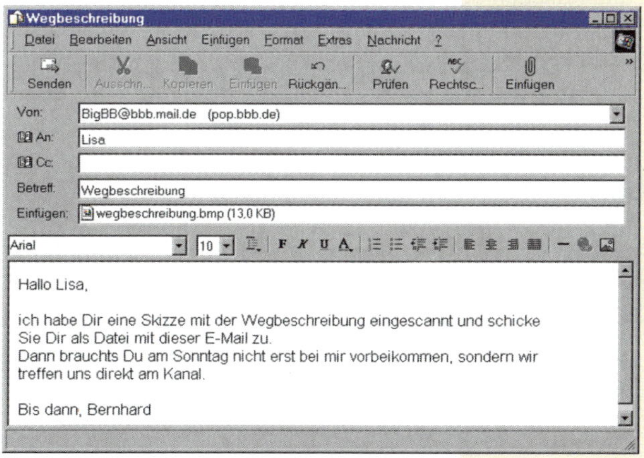

Info

Einschränkungen beim Versenden von Dateien per E-Mail

Das Versenden von Dateien per E-Mail funktioniert leider nur bis zu einer gewissen Dateigröße zuverlässig. Je größer die angehängte Datei ist, desto größer ist auch die Wahrscheinlichkeit, dass bei der Zustellung etwas schief geht und die Nachricht nebst Datei den Empfänger nicht erreicht. Konkret heißt das: Im Kern-Internet sind Dateigrößen bis zu einem MByte als zulässig anzusehen. Geht die Nachricht aber z. B. an Teilnehmer von Online-Diensten wie CompuServe, sind auch kleinere Dateien schon riskant. Versuchen Sie deshalb, die Dateien so klein wie möglich zu machen. Hilfreich können dabei Packprogramme wie z. B. WinZip sein, die Dateien teilweise erheblich komprimieren.

Nicht nur für Vergessliche – Das E-Mail-Adressbuch

Damit Sie sich die E-Mail-Adressen Ihrer Freunde, Bekannten oder Kollegen nicht in einem kleinen, schwarzen Büchlein notieren müssen, stellt Ihnen Outlook Express ein komfortables Adressbuch zur Verfügung. Hier können Sie nicht nur Namen und E-Mail-Adressen, sondern darüber hinaus noch zahlreiche weitere wichtige Informationen zu jedem Kommunikationspartner hinterlegen. Selbstredend müssen Sie die gespeicherten E-Mail-Adressen bei Bedarf nicht abtippen oder einkopieren, sondern können Sie aus dem Adressbuch komfortabel in das E-Mail-Formular übernehmen. Sehr interessant sind auch die Gruppenfunktionen des Adressbuchs. Damit können Sie bestimmte Adresseinträge zu Gruppen zusammenfassen, z. B. alle Kollegen aus einer bestimmten Abteilung. Wollen Sie an alle Mitarbeiter dieser Abteilung eine Nachricht schicken, geben Sie einfach die Gruppe als Empfänger an und Outlook Express kümmert sich um alles Weitere.

Neue Adressen eingeben

1 Zunächst einmal will das leere Adressbuch natürlich mit Daten gefüttert werden. Öffnen Sie es dazu mit der Menüfunktion *Extras/ Adressbuch* oder mit der Schaltfläche *Adressen*.

2 Wählen Sie im Adressbuch die Menüfunktion *Datei/Neuer Kontakt*, oder klicken Sie auf die *Neu*-Schaltfläche und wählen Sie im anschließenden Untermenü die Funktion *Neuer Kontakt*, um eine neue E-Mail-Adresse einzugeben. Das Outlook Express-Adressbuch öffnet daraufhin ein umfangreiches Menü für die *Eigenschaften* des neuen Kontakts.

3 Füllen Sie unter *Name und E-Mail Info dieses Kontaktes hier eingeben* die Eingabefelder *Vorname* und *Nachname* aus. Die Felder *2. Vorname* und *Rufname* brauchen nur bei Bedarf eingetragen zu werden. Im Feld *Anzeige* finden Sie die Bezeichnung, unter der das Outlook Express-Adressbuch diesen Kontakt in Zukunft führen wird. Standardmäßig setzt sich diese Bezeichnung aus den Namen in *Vorname*, *2. Vorname* und *Nachname* zusammen. Sie können die Bezeichnung aber auch manuell verändern und so eine geeignetere festlegen.

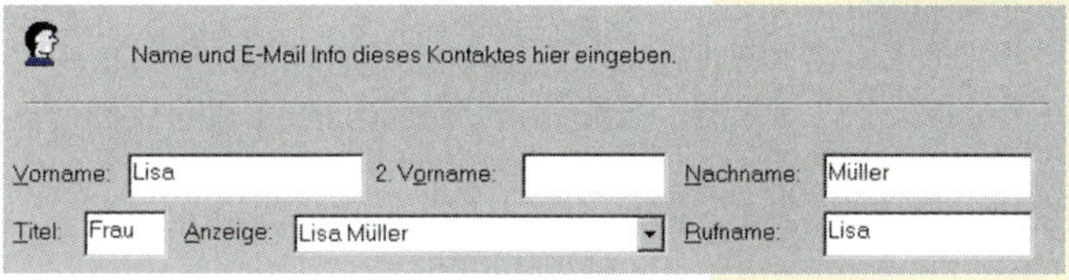

4 Im Bereich *E-Mail-Adressen* tragen Sie die E-Mail-Adresse der oben angegebenen Person ein und übernehmen die Adresse mit *Hinzufügen* in die Liste darunter. Sie können für jede Person mehrere E-Mail-Adressen eintragen, indem Sie den vorhergehenden Schritt mit der jeweiligen Adresse wiederholen. Um eine der Adressen als Standard festzulegen, markieren Sie die Adresse und klicken auf *Standard*. Um nicht mehr gültige Adressen zu löschen, benutzen Sie *Entfernen*.

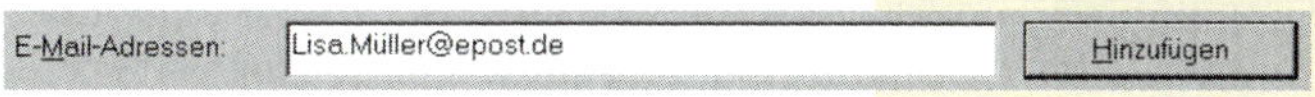

Übernehmen Sie Adressen aus Nachrichten

Das manuelle Eingeben vollständiger Adresseinträge wird vor allem am Anfang vorkommen, wenn Sie erstmal alle bekannten Adressen ins Adressbuch eingeben. Später wird es in der Praxis viel häufiger so sein, dass Sie eine Nachricht von einem anderen Teilnehmer bekommen und daraufhin dessen Adresse speichern wollen. Dazu stellt Ihnen Outlook Express eine komfortable Funktion zur Verfügung, mit der Sie die Absenderadresse einer E-Mail per Knopfdruck in das Adressbuch übernehmen können.

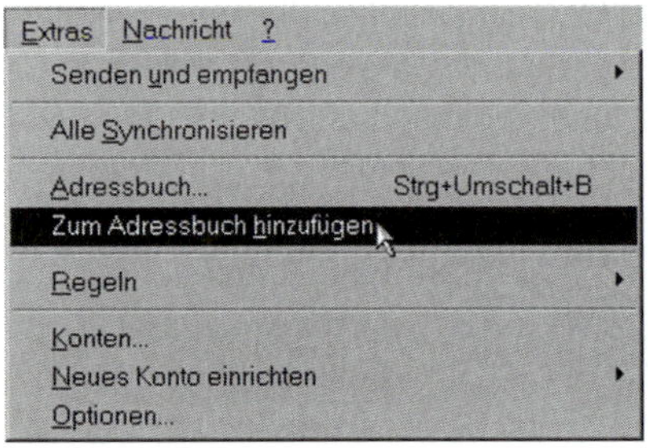

1 Öffnen Sie die Nachricht des betreffenden Absenders zum Lesen und wählen Sie dann die Menüfunktion *Extras/Zum Adressbuch hinzufügen/Absender*.

2 Outlook Express erstellt daraufhin einen neuen Eintrag im Adressbuch. Dabei versucht es, außer der eigentlichen E-Mail-Adresse noch möglichst viele Informationen aus der Nachricht zu übernehmen.

3 Überprüfen Sie am besten gleich im Anschluss die Richtigkeit dieser automatisch ermittelten Daten und berichtigen oder ergänzen Sie sie ggf.

Adressen aus dem Adressbuch verwenden

Um Adressen aus dem Adressbuch komfortabel in neue E-Mails einfügen zu können, stellt Outlook Express Ihnen insgesamt drei verschiedene Methoden zur Verfügung. So können Sie sich ganz generell oder je nach Situation für die optimale Methode entscheiden. Öffnen dazu Sie zunächst immer mit *Nachricht/ Neue Nachricht* oder der *Neue E-Mail*-Schaltfläche ein Formular zum Verfassen einer neuen Nachricht.

1 Wenn Sie genau wissen, unter welcher Bezeichnung die gewünschte E-Mail-Adresse im Outlook Express-Adressbuch gespeichert ist, beginnen Sie, diese Bezeichnung einzutippen. Sowie Outlook Express aufgrund der eingetippten Buchstaben erkennen kann, welche Adresse gemeint ist, vervollständigt es Ihre Eingabe automatisch. Mit Tab können Sie den Vorschlag übernehmen und ins nächste Eingabefeld gelangen. Sollte Outlook Express einmal eine falsche Bezeichnung vorschlagen, tippen Sie einfach weiter. Das Programm wird seinen Fehler bemerken und den richtigen Eintrag suchen.

2 Kennen Sie die genaue Bezeichnung des Adresseintrags nicht, geben Sie einfach einen bekannten Teil des Namens ein, für „Lisa Müller" reicht z. B. „Lisa" oder „Müller". Wählen Sie dann die Menüfunktion *Extras/Namen überprüfen*, oder klicken Sie auf die *Prüfen*-Schaltfläche. Outlook Express gleicht daraufhin die im Adressbuch enthaltenen Einträge mit dem von Ihnen eingegebenen Namen ab. Findet sich in den Adressdaten nur ein in Frage kommender Eintrag, übernimmt Outlook Express diesen automatisch als Adresse. Kommen mehrere Einträge in Frage, präsentiert Ihnen das Programm eine Liste möglichen Empfänger. Hier können Sie mit einem Doppelklick die gewünschte Adresse auswählen.

3 Wenn Sie sich gar nicht mehr an den Namen oder die E-Mail-Adresse des Empfängers erinnern können, hilft Ihnen die Menüfunktion *Extras/Empfänger auswählen* oder ein Klick auf die *An*-Schaltfläche weiter. Outlook Express öffnet daraufhin ein Auswahlmenü mit einer Liste aller im Adressbuch enthaltenen Kontakte. Hier können Sie die gewünschte Adresse auswählen und mit der *An*-Schaltfläche als Empfänger

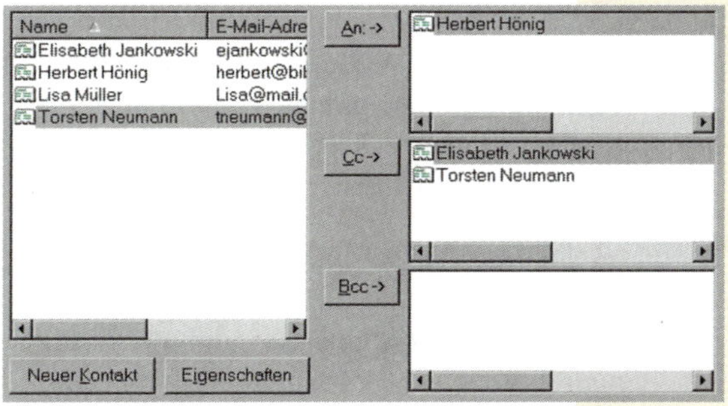

festlegen. Diese Methode ist sehr praktisch, wenn Sie Nachrichten an mehrere Empfänger verschicken wollen, da Sie mit den *Cc-* und *Bcc-*Schaltern auch gleich die anderen Adressfelder ausfüllen können. Mit *OK* übernehmen Sie die ausgewählten Adressen in das Formular für die neue Nachricht.

Gruppen von Empfängern erstellen

Das Adressbuch bietet Ihnen zusätzlich die sehr praktische Möglichkeit, mehrere eingetragene Empfänger zu einer Gruppe zusammenzufassen. Das ist immer dann hilfreich, wenn man mit mehreren Personen gleichzeitig kommunizieren möchte. Damit man nicht jedesmal eine Nachricht an alle Empfänger einzeln verschicken muss, fasst man die E-Mail-Adressen aller Adressaten in einer Empfängergruppe zusammen. Um die Mitglieder dieser Gruppe zu erreichen, muss man die E-Mail dann lediglich an die Gruppe adressieren. Das Adressbuch sorgt gemeinsam mit Outlook Express dafür, dass eine Kopie der Nachricht an alle zu dieser Gruppe gehörenden Empfänger geht.

Natürlich kann ein Empfänger auch verschiedenen Gruppen gleichzeitig angehören. Das ist besonders im betrieblichen Umfeld nützlich, wo man seine Adresseinträge nach Abteilungen, Projekten oder ähnlichen Organisationseinheiten gruppieren kann.

1 Voraussetzung ist zunächst, dass alle Personen, die in einer Gruppe zusammengefasst werden sollen, auch im Adressbuch eingetragen sind.

2 Öffnen Sie dann das Adressbuch. Wählen Sie die Menüfunktion *Datei/Neue Gruppe,* oder klicken Sie auf die *Neu-*Schaltfläche und wählen Sie im anschließenden Untermenü die Funktion *Neue Gruppe.*

3 Im anschließenden Menü zum Erstellen von Gruppen tragen Sie zunächst im Eingabefeld *Gruppenname* eine Bezeichnung für die neue Gruppe ein. Unter diesem Namen wird das Adressbuch die Gruppe ablegen. Diesen Namen verwenden Sie auch, um Nachrichten an die Gruppe zu adressieren.

4 Klicken Sie dann auf die *Mitglieder auswählen*-Schaltfläche, um aus den im Adressbuch gespeicherten Adressen diejenigen auszuwählen, die in die neue Gruppe aufgenommen werden sollen.

5 Im *Gruppenmitglieder auswählen*-Menü sehen Sie links eine Liste aller im Adressbuch gespeicherten Adressen. Um eine dieser Adressen in die Gruppe aufzunehmen, wählen Sie diese aus und kopieren sie mit der *Auswählen*-Schaltfläche nach rechts in die *Mitglieder*-Liste. Wiederholen Sie diesen Vorgang für alle Mitglieder.

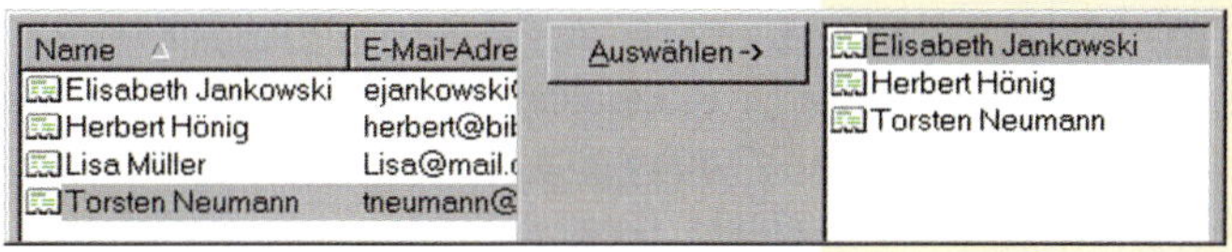

6 Mit *OK* übernehmen Sie die Mitglieder in die neue Gruppe.

7 Wollen Sie eine E-Mail an alle Mitglieder einer Gruppe schicken, gehen Sie wie beim Verfassen von gewöhnlichen E-Mails vor. Im Briefkopf geben Sie in das *An*-Feld den Gruppennamen ein. Dazu können Sie auch eine der drei vorgestellten Komfortmethoden verwenden. Beim Abschicken der Nachricht erstellt Outlook Express automatisch eine Kopie für jedes der Gruppenmitglieder.

Notfallkiste

Nicht immer klappt alles auf Anhieb so, wie man möchte. Damit Sie nicht unnötig mit der Tücke des Objekts kämpfen müssen, haben wir auf den folgenden Seiten einige ganz typische Probleme, die Ihnen bei der Arbeit mit Windows 98 SE und seinen Komponenten begegnen können, zusammengefasst und geben Ihnen Tips zum Lösen oder Umgehen.

Hilfe bitte!

Einen Ansprechpartner bei Fragen und Problemen hat Windows schon bei der Installation auf Ihrem PC eingerichtet, die Windows-Hilfe. Hier sind fast alle Funktionen von Windows mehr oder weniger ausführlich erklärt. Darüber hinaus sind in die Hilfe eine ganze Reihe von speziellen Assistenten zur Problemlösung integriert, die jeweils spezielle Gebiete (z. B. Probleme beim Drucken) behandeln und dabei in einer Interaktion mit dem Benutzer versuchen, der Ursache für ein Problem auf den Grund zu kommen.

1 Um die Windows-Hilfe zu starten, benutzen Sie *Start/Hilfe*. In vielen Fällen können Sie auch innerhalb einer Anwendung mit [F1] oder im *Hilfe*-Menü eine kontextsensitive Hilfe abrufen, d. h., das Hilfsprogramm startet nicht mit der allgemeinen Begrüßung, sondern gleich mit einer speziellen Hilfe zur konkreten Situation (wenn das möglich ist).

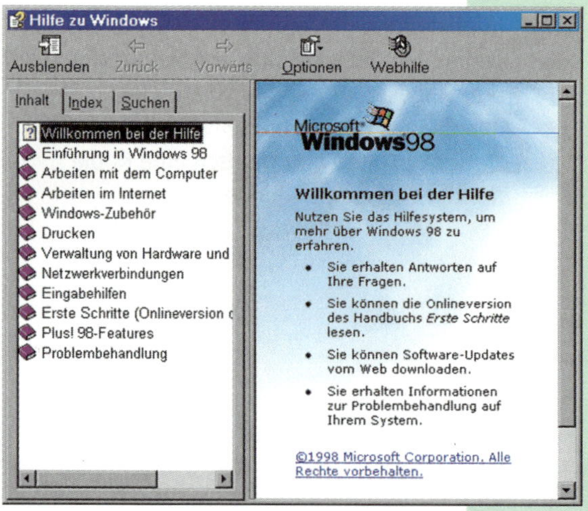

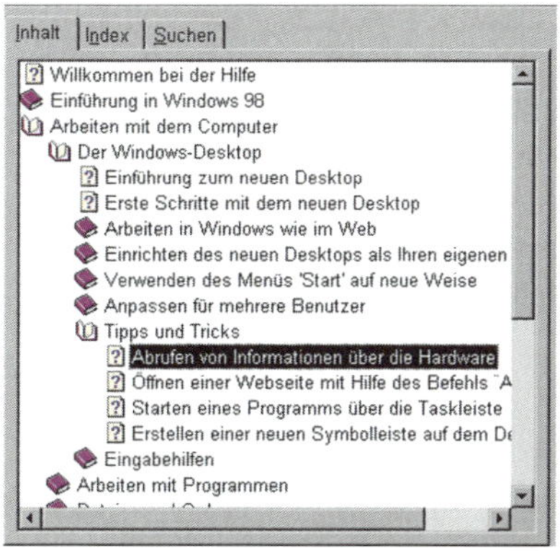

2 Zur Navigation durch die Hilfethemen dient in der linken Fensterhälfte die Kategorie *Inhalt*. Hier sind in einer Explorer-ähnlichen Struktur alle Hilfethemen verzeichnet und können mit einem einfachen Klick aufgerufen werden. Die Tips und Hintergrundinformationen zu dem entsprechenden Thema werden dann in der rechten Hälfte des Hilfefensters angezeigt.

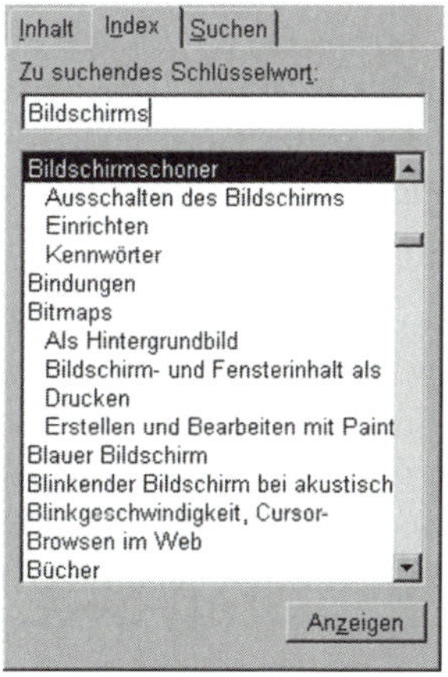

3 Wenn Sie nach einem bestimmten Stichwort suchen, zu dem vielleicht kein eigener Eintrag im Inhaltsverzeichnis existiert, sind Sie in der Kategorie *Index* gut aufgehoben. Hier sind alle relevanten Stichwörter aus der gesamten Windows-Hilfe verzeichnet. Benutzen Sie die Bildlaufleisten, um sich durch die Liste zu bewegen. Wenn Sie genau wissen, was Sie wollen, können Sie den Begriff auch direkt im Feld *Zu suchendes Schlüsselwort* eingeben.

4 Wenn Sie nach einem ganz speziellen Begriff suchen, der auch im Index nicht enthalten ist, bleibt Ihnen schließlich noch die Möglichkeit, in der Kategorie *Suchen* eine Volltextsuche über alle Hilfethemen durchzuführen. Vielleicht ist der gesuchte Begriff ja doch irgendwo erklärt. Geben Sie den gesuchten Begriff dazu wieder im Feld *Zu suchendes Schlüsselwort* ein (Achtung: Dieses Feld ist nicht mit dem gleichnamigen in der Kategorie *Index* identisch!). Mit [Enter] oder der *Themenliste*-Schaltfläche lassen Sie die Hilfethemen nach diesem Begriff durchsuchen. Alle gefundenen Themen werden in der Liste *Thema zur Auswahl anzeigen* aufgeführt. Um eines der Themen auszuwählen, markieren Sie es in der Liste und klicken auf die *Anzeigen*-Schaltfläche.

Lassen Sie sich vom Ratgeber helfen

Windows 98 SE verfügt über eine Reihe von Ratgebern für spezielle Problembereiche. Diese Ratgeber sind nicht nur einfach Dokumente mit Informationen und Anleitungen, sondern interaktive Assistenten. Sie versuchen zunächst, das genaue Problem und seine Ursachen einzukreisen, um dann gezielt Lösungen anbieten zu können. Diese Ratgeber sind ebenfalls in der Windows-Hilfe enthalten.

1 Starten Sie die Windows-Hilfe mit *Start/ Hilfe* und öffnen Sie die Kategorie *Inhalt* (falls diese nicht schon geöffnet ist).

2 Benutzen Sie ggf. die Bildlaufleisten, um sich im Inhaltsverzeichnis ganz nach unten zu bewegen. Als letzten Punkt finden Sie *Problembehandlung*. Klicken Sie einfach auf diesen Eintrag, um ihn zu öffnen.

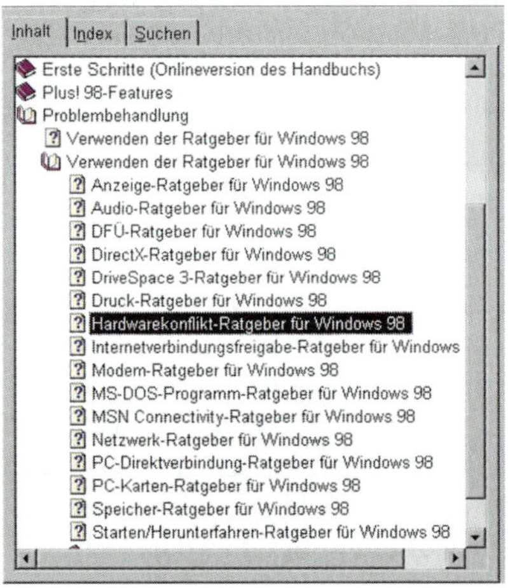

4 Wählen Sie in der Unterliste den Eintrag *Verwenden der Ratgeber für Windows 98 SE*. Damit öffnen Sie eine Liste der vorhandenen Ratgeber. Klicken Sie auf den entsprechenden Eintrag, wenn Sie einen der Ratgeber öffnen wollen.

Der Windows-Bildschirm wird plötzlich blau

Selbst Bill Gates ist es damals bei der offiziellen Präsentation von Windows 98 passiert: Plötzlich wird der Bildschirm blau und enthält nur noch eine mehr oder weniger verwirrende Fehlermeldung. Wenn auch Sie so etwas erleben, befinden Sie sich also in bester Gesellschaft. Windows 98 SE ist zwar in der Regel ein relativ stabiles Betriebssystem, aber diese Stabilität hängt stark von den eingebauten Hardwarekomponenten und der installierten Software ab und somit an einem seidenen Faden.

Das müssen Sie beachten

Eines ist bei einem solchen Fehler ganz wichtig: Windows hat das Problem bemerkt und konnte den totalen Absturz irgendwie verhindern. Trotzdem ist das System nun in einem ungewissen Zustand. Wenn Sie also den Anweisungen auf dem Bildschirm folgend auf die übliche Oberfläche zurückkehren können, sollten Sie unbedingt sofort alle noch geöffneten Dateien sichern. Beenden Sie dann die Anwendungen und starten Sie Windows neu. Nur so gelangt das System wieder in einen wohldefinierten, zuverlässigen Zustand. Nach einem blauen Bildschirm weiterzuarbeiten macht wenig Sinn, da der nächste, dann vielleicht endgültige Absturz erfahrungsgemäß meist nicht lange auf sich warten lässt.

ACPI nachträglich installieren

Der neue Standard für die Energiesparfunktion ACPI wird nicht auf allen PC automatisch mit installiert. Das liegt daran, dass möglichst alle Komponenten des PCs die ACPI-Spezifikationen erfüllen müssen. Das ist leider nur bei sehr neuen PCs der Fall. Komponenten wie z. B. Grafikkarten, die sich ACPI-konform sind, können die Energiesparfunktionen stören. Wenn der PC nicht in den Sparmodus geht, ist das ja nicht so tragisch. Schlimmer wird es, wenn er partout nicht wieder aufwachen will. Wenn Sie einen einigermaßen neuen PC haben, können Sie ACPI aber auf alle Fälle mal ausprobieren. Achten bei den Tests nur darauf, dass Sie keine wichtigen Dokumente geöffnet haben, die bei eventuellen Abstürzen beschädigt werden könnten.

Wenn Windows 98 SE auf Ihrem PC noch gar nicht installiert ist, haben Sie relativ leichtes Spiel: Rufen Sie in diesem Fall das Setup-Programm mit den Optionen *setup /p j* auf. Dann wird ACPI gleich mit installiert. Ist die SE-Installation schon abgeschlossen, wird es etwas umständlicher, aber nicht unlösbar:

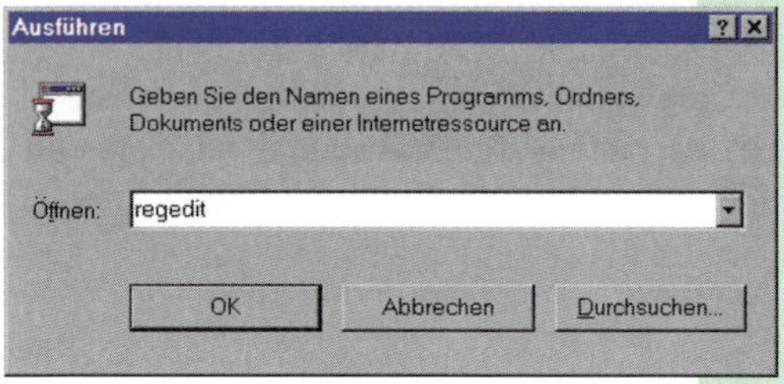

1 Starten Sie zunächst mit *Start/Ausführen* das *Ausführen*-Menü und rufen Sie hier mit dem Befehl *regedit* den *Registrierungseditor* auf.

2 Öffnen Sie im Registrierungseditor den Eintrag *HKEY_LOCAL_ MACHINE\Software\Microsoft\Windows\Current Version\Detect* und fügen Sie mit der Funktion *Neu/DWORD-Wert* einen neuen DWORD-Wert in diese Kategorie ein.

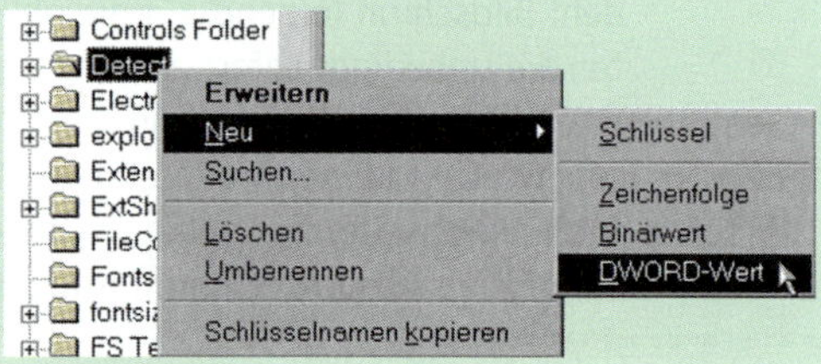

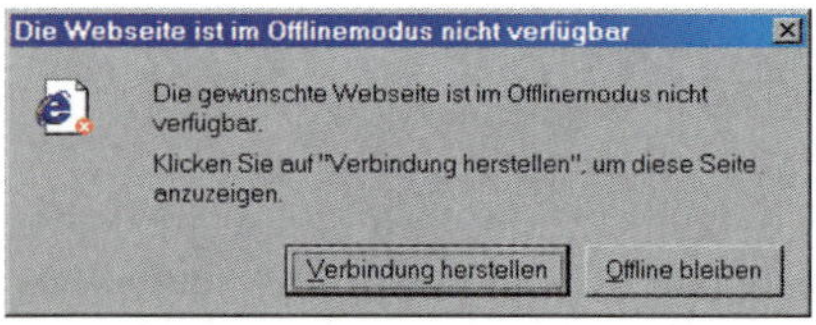

3 Benennen Sie diesen DWORD-Wert mit *ACPIOption* und weisen Sie ihm den Wert *1* zu. Schließen Sie den Registrierungseditor.

4 Rufen Sie mit *Start/Einstellungen/Systemsteuerung* die Systemeinstellungen auf und suchen Sie mit *Hardware* nach neuen Hardwarekomponenten. Windows stößt dabei auf die ACPI-Komponente und installiert sie. Danach stehen Ihnen die ACPI-Funktionen zur Verfügung. Am besten probieren Sie vorsichtig aus, welche davon Ihr PC wirklich zuverlässig unterstützt.

DFÜ-Verbindung kommt nicht zustande

Im Kapitel „Kontakt bitte – Online mit Windows 98 SE" haben wir beschrieben, wie Sie unter Windows 98 SE mit Hilfe eines Modems oder einer ISDN-Karte online gehen. Leider kann es bei den DFÜ-Verbindungen durchaus mal Probleme geben. Wenn das bei Ihnen mal der Fall sein sollte, helfen die folgenden Tips hoffentlich weiter:

1 Überprüfen Sie zunächst die Verbindungsdaten Ihres Internetproviders. Öffnen Sie dazu das DFÜ-Netzwerk im Arbeitsplatz und lassen Sie sich die Eigenschaften der gestörten DFÜ-Verbindung anzeigen. Vergleichen Sie die Daten mit denen, die Sie von Ihrem Anbieter erhalten haben. Oft schleichen sich kleine Tippfehler mit großen Auswirkungen ein.

2 Kontrollieren Sie die Hardwareseite der Verbindung: Sind alle Leitungen (Telefonkabel, aber auch Netzteil des Modems!) richtig gezogen und eingesteckt. Sitzen alle Stecker fest?

3 Externe Modems verfügen in der Regel über eine Reihe von Kontroll-Lämpchen, die den Status und die Aktionen des Geräts anzeigen. Beobachten Sie diese, während Sie versuchen, eine Verbindung aufzubauen. Schalten Sie, wenn möglich, auch den Lautsprecher Ihres externen Modems ein. Tut sich gar nichts, klappt schon die Kommunikation zwischen PC und Modem nicht. Zum Lieferumfang von ISDN-Karten gehört meist auch ein Monitorprogramm, das einen ähnlichen Zweck erfüllt. Benutzen Sie auch eventuell vorhandene Testprogramme.

4 Erfolgt ein Verbindungsaufbau, die Anmeldung beim Provider wird aber abgelehnt, überprüfen Sie speziell die Zugangsdaten (Benutzername und Passwort). Vielleicht hat sich hier ein Fehler eingeschlichen? Ist nichts erkenn-

bar, halten Sie mit Ihrem Provider Rücksprache. Achtung bei neuen Zugängen: Die werden oft erst zu einem bestimmten Zeitpunkt freigeschaltet, auch wenn Sie die Unterlagen schon erhalten haben.

5 Verwenden Sie die richtige Einwahlnummer? Achten Sie auch auf eine eventuell vorgewählte Landes- oder Regionen-Kennziffer. Machen Sie einen einfachen Test: Wählen Sie exakt die gleiche Nummer mit einem normalen Telefon. Bei Modem-Zugängen sollten Sie am anderen Ende den auch von Faxgeräten bekannten monotonen Carrier-Ton hören. Bei ISDN-Zugängen hören Sie meistens ein Besetztzeichen. Meldet sich hingegen eine menschliche Stimme, sind Sie mit hoher Wahrscheinlichkeit falsch. Nutzen Sie aber die Gelegenheit, um nachzufragen.

6 Vielleicht ist der Einwahlknoten Ihres Provider überlastet und deshalb ständig besetzt? Das meldet Windows dann üblicherweise mit einer Fehlermeldung. Auch hier hilft ein Testanruf mit einem normalen Telefon weiter.

7 Wenn Sie alleine partout nicht weiterkommen, können Sie vielleicht einen Bekannten fragen, der beim gleichen Internetprovider Kunde ist. Möglicherweise hat er schon Ähnliches erlebt und kennt genau den entscheidenden Kniff.

8 Für ganz Verzweifelte und Unerschrockene gibt es schließlich noch die Service-Hotline des Internetproviders. Wenn Sie lange Wartezeiten und hohe Telefongebühren nicht scheuen und vielleicht sogar ein Faible für Warteschleifenmusik haben, sollten Sie Ihr Glück bei der Hotline versuchen. Machen Sie sich vorher darauf gefasst, Auskunft über PC, Betriebssystem und verwendete Kommunikationsgeräte geben zu müssen.

E-Mail kommt mit Fehlermeldung zurück

Auch beim E-Mailen mit Outlook Express klappt wahrscheinlich nicht immer alles auf Anhieb. Auch elektronische Briefe können mit einem „Empfänger unbekannt" zum Absender zurückkommen. Allerdings enthält diese Rücksendung meist eine Fehlermeldung, die Ihnen dabei hilft, die Ursache für das Problem zu finden.

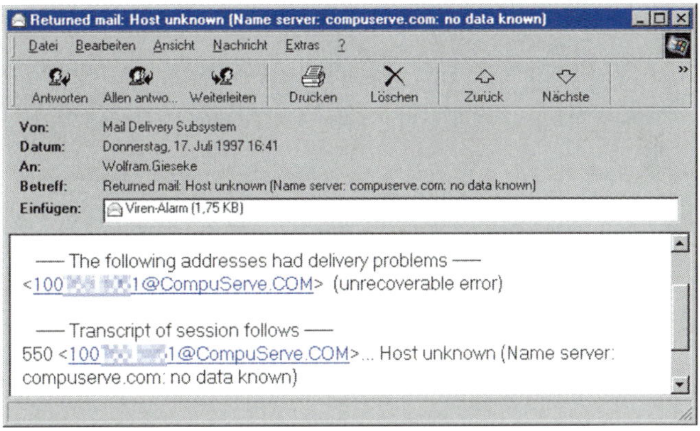

Diese Fehlermeldung finden Sie am Anfang der Rücksendung, vor einer Kopie Ihrer Originalnachricht. Die folgende Tabelle gibt einen Überblick über die wichtigsten Fehler und Ihre Bedeutung.

Fehlermeldung	Bedeutung
Unkown User	Der adressierte Benutzer, also der Teil der E-Mail-Adresse vor dem @-Symbol, ist auf dem angegebenen Internetrechner nicht bekannt. Ursache ist meist ein Tippfehler in der Adresse (z. B. *olfas@mail.bib.de* statt *olafs@mail.bib.de*).
Host Unknown	Der Internetrechner, also der Teil der E-Mail-Adresse hinter dem @-Symbol, konnte nicht gefunden werden. Auch hier ist meist eine falsche bzw. falsch getippte Adresse schuld (z. B. *olafs@mial.bib.de* statt *olafs@mail.bib.de*).
Unknown Domain	Auch hier liegt der Fehler in der Bezeichnung des Internetrechners, genauer in einer falschen Domain-Bezeichnung (z. B. *olafs@mail.bob.de* statt *olafs@mail.bib.de*)

Fehlermeldung	Bedeutung
Unresolvable	Aus der E-Mail-Adresse kann keine korrekte Internetadresse abgeleitet werden. Häufigste Ursache: ein falscher oder fehlender Trennpunkt (z. B. *olafs@mailbib.de* statt *olafs@mail.bib.de*).
Network Unreachable	Der durch die E-Mail-Adresse bezeichnete Zielrechner kann zur Zeit nicht erreicht werden. Schuld daran ist meist ein technischer Defekt. Hier am besten später noch einmal probieren.
Service Unavailable, Connection timed out oder Connection refused	Der Zielrechner kann oder will keine E-Mails entgegennehmen. Ursache dafür kann ein technischer Defekt oder eine falsche Konfiguration des Rechners sein. Vielleicht soll er auch absichtlich keine E-Mail empfangen können. Sollte der Fehler bei mehreren Versuchen immer wieder auftreten, sollten Sie die Korrektheit der E-Mail-Adresse überprüfen.

Stichwortverzeichnis

A

B

C

D

Z

Wenn Sie an dieser Seite angelangt sind ...

dann haben Sie sicher schon auf den vorangegangenen Seiten gestöbert oder sogar das ganze Buch gelesen. Und Sie können nun sagen, wie Ihnen dieses Buch gefallen hat. Ihre Meinung interessiert uns!

Uns interessiert, ob Sie jede Menge „Aha-Erlebnisse" hatten, ob es vielleicht etwas gab, bei dem das Buch Ihnen nicht weiterhelfen konnte, oder ob Sie einfach rundherum zufrieden waren (was wir natürlich hoffen). Wie auch immer – schreiben Sie uns! Wir freuen uns über Ihre Post, über Ihr Lob genauso wie über Ihre Kritik! Ihre Anregungen helfen uns, die nächsten Titel noch praxisnäher zu gestalten.

Was mir an diesem Buch gefällt: ____________________

Das sollten Sie unbedingt ändern: ____________________

Kommentar zur SchnellAnleitung: ____________________

441 341

☐ Ja Ich möchte DATA BECKER Autor werden. Bitte schicken Sie mir die Infos für Autoren.

☐ Ja Bitte schicken Sie mir Informationen zu Ihren Neuerscheinungen

Name, Vorname ____________________

Straße ____________________

PLZ, Ort ____________________

Ihre Ideen sind gefragt!

Vielleicht möchten Sie sogar selbst als Autor bei *DATA BECKER* mitarbeiten?

Wir suchen Buch- und Software- Autoren. Wenn Sie über Spezial-Kenntnisse in einem bestimmten Bereich verfügen, dann fordern Sie doch einfach unsere Infos für Autoren an.

Bitte einschicken an:
DATA BECKER GmbH & Co. KG
Postfach 10 20 44
40011 Düsseldorf

Sie können uns auch faxen:
(02 11) 3 19 04 98

DATA BECKER

Internet: http://www.databecker.de

Mit Klartext: zur vollen Windows 98 Power!

Wehr
Die besten Windows 98 Geheimnisse

853 Seiten
DM 29,95
ISBN 3-8158-1593-2

nur DM 29,95

Wissen Sie eigentlich, was Windows 98 wirklich für Sie leisten kann, wo die Grenzen und Tücken des Betriebssystems liegen und mit welchen Tricks Sie zu mehr Komfort, Leistung und Geschwindigkeit gelangen? Dieser knallhart recherchierte Ratgeber deckt Stärken und Schwächen von Windows 98 gnadenlos auf und enthüllt exklusiv Interna, die sonst kaum einer kennt.

Mit diesem kompetentem Know-how aus erster Hand können Sie endlich 100% der Möglichkeiten Ihres Betriebssystems nutzen. In kurzweiligem, journalistischem Sprachstil werden Lösungen zu allen erdenklichen Themen angeboten. Von der optimalen Installation über die gekonnte Ausnutzung der Multimediafähigkeiten bis hin zur Lösung von Speedbremsen. Dazu werden die Geheimnisse der Registry enthüllt und erstklassige Tips zum Scannen, Drucken, Faxen und Spielen gegeben. Auf knapp 900 Seiten bleibt kein Geheimnis ungelüftet.

DATA BECKER

***Versandkostenfrei** bestellen im Internet: www.databecker.de*